독일 통일 25년 후

독일 통일 25년 후

이기식

KOREA
UNIVERSITY
PRESS
고려대학교
출판문화원

* 이 책은 박준구 기금의 저술 지원으로 출판되었습니다.

머리말

이 책은 독일 통일에 대한 내용이다. 하지만 남북 통일을 생각하면서 집필하였다. 남북 통일은 언제 올 것인가, 온다면 어떤 형식으로 올 것인가를 생각하면서 쓴 것이다. 그리고 남북 통일이 되면 남북한 사회는 어떻게 변할 것인가, 또 남북 통일은 어떻게 준비해야 하는가를 생각해 보았다. 통일에서 생겨날 수 있는 많은 문제점을 따져 보았다. 정치적 견해 차이로 인한 갈등, 경제적 부담을 둘러싼 논쟁, 사회적 갈등에서 야기되는 국론 분열, 남북 문화적 차이에서 생겨날 수 있는 남북 갈등 등을 생각해 보았다.

남북 통일은 언제, 어떻게 다가올지 아무도 모른다. 가까운 장래에 불쑥 남북 통일이 될 수도 있다. 아니면 이 책의 독자는 남북 통일을 못 볼 수도 있다. 남북 통일은 독일처럼 정부가 협의를 통해 진행할 수도 있다. 아니면 북한이 갑자기 무정부 상태가 되어 통일이 올 수도 있다. 그 다음으로는 상상조차 하기 싫은 군사적 충돌로 인한 통일을 생각해 볼 수도 있다. 필자의 견해로 가장 가능성이 높은 것은 갑작스런 북한의 붕괴이다. 이것은 지구상의 여러 독재 정권에서 흔히 볼 수 있는 현상이다. 북한은 현대 세계사에서 보기 힘든 '가족 정권'이다. 한 가족이 대를 이어 통치하는 '가족 기업' 같은 것이다. 이런 경우 '가장'이 사라지면 '기업'도 식물인간처럼 되는 것이다.

소련의 스탈린, 유고슬라비아의 티토, 동독의 호네커, 리비아의 가다피의 경우를 생각해 볼 수 있다. 절대 권력을 휘두르던 사람이 사라지면, 그 정권은 갑자기 진공상태가 된다. 그리고 온 나라는 무정부 상태가 되어, 국민들은 우왕좌왕하게 된다. 북한의 경우도 이럴 가능성이 현재로서는 가장 크다. 물론 북한이 무정부 상태가 된다고 해서, 남북이 자동적으로 통일이 되는 것은 아니다. 북한의 김씨 가족 측근 세력 또는 북한의 군대세력 또는 김씨 정권의 저항세력이 정권을 잡을 수도 있다. 다시 말해서 김씨 측근 세력들이 그들의 특권을 유지하기 위해, 집권을 하려고 할 수도 있다. 또는 북한군대 세력들이 신분 몰락을 피해서 '북중상호방위조약'을 근거로 중국의 군대 개입을 요구할 수도 있다. 이럴 경우 남북통일은 또 미뤄지게 될 것이다.

아니면 북한 저항세력이 김씨 정권의 공백상태를 메울 수도 있다. 현재 북한에 저항세력이 조직화되지 못한 상황이므로, 이것은 현실성이 별로 없는 상상에 가깝다. 하지만 전혀 배제할 수만은 없다. 인간은 권력 지향적이고, 북한 주민들 상당 수가 대한민국의 자본주의에 두려움을 갖고 있기 때문이다. 이런 경우에 새로 태어난 북한 정부에 많은 것이 달려있다. 북한의 새로운 정권은 독자적으로 존재할 수도 있을 것이다. 아니면 1990년에 태어난 동독 정부처럼 바로 통일을 진행할 수도 있다. 이럴 경우 독일의 경우처럼 남북한의 평화 통일이 이루어 질 수 있을 것이다.

통일을 희망하는 또 다른 주장이 있다. 북한 경제 사정이 더욱더 어려워지면 남북 통일이 자연스레 된다는 것이다. 오랫동안 주 북한 러시아 대사를 지낸 한 인사는 이런 말을 했다. 경제 피폐로 인해서 북한은 붕괴하지 않을 것이다. 그 이유는 북한 내부 결속력이 상당히 강하고, 저항세력이 없기 때문이라고 했다. 또는 남북 대화를 강화해서 신뢰를 쌓은 다음에 통일로 나가자는 주장이 있다. 김대중과 노무현 정권 당시의 남북 대화를 보기로 든다.

그러나 지구상의 어떤 독재 정권도 신뢰할 수 없다. 갑자기 주장을 뒤집을 수 있기 때문이다. 독일의 히틀러, 러시아의 스탈린과 푸틴, 짐바브웨의 무가베, 리비아의 가다피 등, 예를 나열할 수 없을 정도이다. 북한 정권은 말할 것도 없다. 그래서 독재자와 신뢰를 쌓는다고 하는 것은 허망한 것이다. 김대중과 노무현 정권 때의 남북 '신뢰'라는 것은, 그들이 요구하는 것을 우리가 들어 주었기 때문이다.

우리는 북한 정권 실세의 말과 복장, 그리고 행동을 유심히 관찰한다. 마치 과학자들이 실험 대상을 관찰하듯이 꼼꼼히 살핀다. 만약 조그만 변화라고 발견하면 그것에 온갖 의미를 부여한다. 마치 대단한 발견이라도 한 것인양 모든 언론이 대서특필한다. 대한민국 언론은 이처럼 그들의 일거수일투족을 마치 스포츠 경기처럼 중계하고 해설한다. 그럼에도 우리는 북한을 잘 알지도 못하고, 북한에 아무런 영향을 미치지 못한다. 오히려 북한이 우리에게 많은 영향력을 행사한다. 남남 간의 갈등을 유발하기도 하고, 우리 정부와 우방 정부 사이의 오랜 우호관계를 이간질시킨다.

남북통일을 갈구하는 우리 국민들 중에는, 일단 통일부터 하자는 사람을 심심찮게 만난다. 통일만 되면 모든 문제는 자연스럽게 풀린다는 것이다. 같은 민족인데 남북의 이데올로기 차이든, 체제 차이든 쉽게 극복할 수 있다는 것이다. 모든 문제는 통일만 되면 자연스럽게 풀린다는 것이다. 이것은 너무 순진한 생각이다. 독일은 통일 25주년이 지났지만, 여전히 많은 분야에서 이질감이 높다. 남녀가 결혼만 하면 될 것 같지만, 결혼 후에 예상하지 못한 문제가 발생한 것과 같은 것이다. 문제가 있다고 혼전으로 갈 수는 없는 것과 같다.

여하튼 통일에 대한 현재의 여러 가정은 동화에 가깝다. 신뢰할 만한 자료가 없는 상태에서 남북 통일을 논의하는 것은 황당하다고 할 수 있다. 그것은 학술적 가치가 없는, 사석에서의 잡담에 가깝다. 인문학은 근거를 갖고 논의를 시작해야 한다. 사막 같은 텅 빈 상태가 아닌, 자료에서 출발해야 한다. 이런 이유에서 남북 통일 논의를 위해서 독일 통일은 우리에게 주요한 참고 자료가 된다. 더욱이 한국과 독일 사정은 여러 측면에서 비슷한 점이 많다. 한국과 독일의 유사점과 차이점을 생각하면, 통독 이야기는 우리에게 학술적 근거를 제공한다. 그리고 남북 통일 논의는 동화적 성격에서 벗어나 학문적 근거를 갖게 된다.

이 책에서는 통일 이후 독일의 변화 상황을 주로 다룬다. 독일의 통일 과정은 우리에게 비교적 많이 알려져 있다. 동서독이 어떻게 해서 통일이 되었는지는 한국의 대중들에게 널리 알려져 있다. 분단 국가의 국민으로서 당연히 가질 수 있는 관심이다. 하지만 통일 이후에 독일이 어떻게 변했는지에 대해서는 별로 관심이 없다. 남녀가 만나 결혼식을 올릴 때까지만 보여 주는 우리의 드라마와 마찬가지다. 두 사람이 같이 살게 되면 새로운 문제가 발생한다는 것을 모르는 것처럼 말이다. 독일 통일의 경우도 그렇다. 동서독은 통일 이전에 정부 및 민간 차원에서 접촉이 잦았고, 일반인들의 왕래가 비교적 자유로 왔다. 그러나 막상 통일을 하고 보니 전혀 예상 못한 문제들이 발생한 것이다.

이 책에서는 그런 문제들을 다루고자 한다. 주로 동독에서의 변화이다. 서독보다는 훨씬 급진적인 변화가 발생했다. 동독인들의 삶은 완전히 다른 양식으로 바뀌었다. 동독인들에게 통일의 기쁨은 오래가지 않았다. 서독의 제품을 쓸 수 있는 즐거움도 금방 사라졌다. 동독 정권 아래서 살아왔던, 그간의 삶 자체를 완전히 바뀌어야 했다. 공산주의는 사라지고 자본주의적 삶이 도입되었기 때문이다. 모든 정치, 사회, 경제, 교육적 제도가 바뀌었다. 지금까지 지켜온 제도와 관습을 잊어야 했다. 성인들도 어린아이처럼 새로운 삶을 시작해야 했다. 성인도 아이들도 모두 인생의 초보자가 되었다. 부모들은 자신들의 생존 걱정에 자녀들에게 알려 줄 인생의 지혜와 경험이 없었다. 모두가 인생 초보자였고, 모두가 새롭게 인생을 시작해야 했다. 이렇게 동독인들은 새로운 삶을 시작했다.

그러나 서독인들은 지금까지 살아온 대로 살아가면 되었다. 통일 이전이나 이후, 서독인의 삶의 양식은 별로 변한 것이 없다. 달라진 것이 있다면, 세금은 많아지고 사회보장제도가 줄어들었다. 그리고 동독 지원을 위한 여러 세금이 신설되었다. 기업의 측면에서는 시장이 더 넓어져 이익을 낼 수 있는 기회가 더 많아졌다. 특히 통일 후 건설 붐에 따른 경제 특수가 5년간 지속되었고, 동독이라는 새로운 일자리가 생겨났다. 그간 일자리가 없던 대학 강사들은 동독 대학에서 교수직을 구했다. 공무원들은 진급을 해서 동독으로 나갔다. 그러나 서독의 하류층은 살기가 더 힘들어졌다. 동독 재건 비용을 대기 위해서 공공 일자리를 많이 줄였기 때문이다. 거기다 사회보장제도도 많이 줄어들었다. 통일 비용이 예상을 훨씬 뛰어넘었기 때문이다. 그래서 서독 하류층은 통일의 최대 희생자라고 할 수 있다.

이 책에서는 통독 후 동독의 변화를 주로 다룰 것이다. 첫 번째 주제는 동독인들의 가난과 이향이다. 통일 전에는 실업자가 그렇게 많이 생길 것이라고 전혀 생각하지 못했다. 통일 이후 많은 동독인들은 실업을 피해서 고향을 떠났다. 통일 4반세기가 흐른 지금도 그 행렬은 끝나지 않았다. 동독의 시골과 중소 도시들은 끊임없이 텅텅 비어 간다. 마을에는 빈집만 늘어나고 노인들만 길거리에서 서성인다. 이들마저 언젠가 세상을 떠나게 될 것이다. 인간이 차지했던 문명의 공간은, 다시 동물과 식물들에게 돌아가게 될 것이다.

두 번째는 동독에서의 가난 문제이다. 동독 주민들은 부모들에게서 물려 받은 재산이 별로 없다. 공산주의 치하에서 살다 보니 자본주의 사회에서 돈 버는 아이디어도 없다. 영업 마인드와 국제 감각도 없고 영어도 약하다. 여러 가지 이유에서 동독 주민들은 재산 모으는 것도 어렵다. 많은 사람들이 가난에 시달리며, 노후를 보낸다. 많은 동독인들은 통일에 대해서 불만이 많다. 모두가 통일 이전에 전혀 예상 못한 문제들이다. 물론 통일 전 동서독 지식인들이 경고했지만 아무도 들으려 하지 않았다. 그런 김 빼는 소리는 듣고 싶지 않았다.

세 번째는 동독에서의 인종주의 문제이다. 동독인들은 외국인을 많이 싫어한다. 통일 이전에도 그랬고 통일 이후에도 그렇다. 통일 이전에는 밖으로 크게 드러나지 않았지만, 통일 이후에는 외부 세계에 본격적으로 알려졌다. 특히 이들은 통일에 대한 불만을 외국 혐오증으로 상쇄하려고 한다. 그들이 급습한 대규모 외국인 습격 사건은 전 세계를 놀라게 했다. 다시 히틀러 독일이 부활했나 하고 놀란 것이다. 통일이 4반세기가 흘렀지만, 동독 지역에서 외국인 혐오증이 줄어들었다는 흔적이 없다. 오히려 페기다Pegida 운동으로 확산되었다는 느낌을 받는다. 동독인들의 외국인 혐오증도 여기서 자세히 다룰 것이다.

동독에서의 인종주의 문제를 학술적으로 다룬 자료가 아주 적고, 한국에는 알려져 있지 않기 때문이다. 동독 지역에서 한국인에 대한 습격이 독일 언론에 몇 번 보도되었다. 그럼에도 한국에서는 여기에 대해서 알려진 바가 없다. 여기에 대해서 학술적으로 분석하는 것은 한국 학자의 의무이다. 독일에서 동독에 대해서 비판적으로 서술하는 것, 특히 동독의 인종주의에 대해서 말하는 것은 터부에 가깝다. 또 동독인들과 동독 언론이 즉각적으로 반론을 편다. 우리나라 학문 경향은 동독에 대해서 우호적으로 보는 시각이 많다. 주로 불쌍한 '오씨'와 오만한 '베씨'에 대해서 이야기한다. 그리고 동서독이 시간이 흐르면서 '진정한' 통일의 길로 가고 있다는 것이다. 정말 그런가 살펴보자.

서독에도 외국인을 혐오하는 세력이 있다. 그러나 동독의 인종주의는 서독의 그것과는 차이가 있다. 동독 인종주의자들은 구체적 폭력을 행사하기 때문에 서독의 인종주의자들보다 더 위험하다. 그래서 이 책에서는 동독에서의 외국인에 대한 범죄를 자세히 다루고자 한다. 우리가 굳이 외국에 대해서 모든 것을 잘 알 필요가 없다. 그러나 우리에게 구체적 위험으로 될 수 있는 내용은 알고 있어야 한다. 예를 들면 동독 지역에서는 밤에 혼자 다니는 것을 피해야 한다.

독일 통일에 대해서 우리에게 알려진 것은 주로 단편적 지식이다. 물론 일반인들이 외국의 사례에 대해서 굳이 전체적으로 알 필요는 없다. 그런데 그 단편 지식은 왜곡된 것이 많다. 또 우리 언론과 정치인들은 그들의 정치 성향에 따라, 자신들에게 유리한 정보를 가려서 전하려고 한다. 가장 많이 알려진 사실은 '불쌍한 오씨'와 '오만한 베씨' 그리고 서독에 의한 '흡수 통일'일 것이다. 이런 것들은 우리의 분석이 아니라 독일의 한 입장을 전달한 것들이다. 이제는 우리의 시각에서 독일 통일을 분석할 때가 되었다.

그 불쌍하다는 오씨를 예로 들어보자. 우리 한국 사람들은 동독인들에게 많은 동정심을 갖고 있다. 서독인들보다 덜 세련되었지만, 솔직하고 인간미가 풍기는 이유 때문일 것이다. 그런데 그 솔직한 오씨는 베씨보다 외국인을 공격하는 경우가 10배가 많다. 물론 베씨가 오만한 것은 사실이다. 그러나 외국인에 대해서는 좀 다르다. 오씨는 외국인들에 대해서 아주 오만할 때가 많다. 오씨는 베씨보다 외국인을 더 오만하게 대할 때가 많다. 그래서 오씨는 '인간 이하'인 외국인을 혐오하고 또 공격하는 것이다. 실제 필자의 경험으로는 동독인들이 외국인에 대해서 훨씬 오만하다. 또 외국인 혐오증은 서독보다 동독 사회에 깊고 넓게 뿌리 내려져 있다. 그래서 이 책에서 동독의 외국인 혐오증을 자세히 다루는 것이다.

또 다른 주제를 다루어 보자. 통독이 한국에는 '흡수' 통일로 알려져 있다. 남북 통일 이야기가 나오면 곧바로, 독일의 흡수통일을 꺼낸다. 몇몇 정치인들은 벌써 남한은 북한을 흡수통일 하지 않을 것이라고 선언했다. 그러나 동서독 통일은 흡수 통일이 아니다. 동독인 스스로가 서독에 편입하겠다고 결정을 내렸다. 서독 정부도 동독에게 통일을 강요한 적이 없다. 합법적으로 구성된 동독 국회가 법 절차에 따라 서독 편입을 의결했다. 서독이나 또는 다른 외세의 강요 받지 않고, 스스로 결정한 것이다. 그리고 동독 주민들은 이 결정에 열렬히 환영했다. 여기에 대해서는 본 책의 통일 연대기에서도 알 수 있다.

그 다음으로는 통일 이후 동독(인)은 변했는데, 왜 서독(인)은 변하지 않느냐고 말한다. 이것은 공정하지 못하다는 것이다. 양쪽이 똑같이 변해서 통일이 되어야 되는데, 한쪽만 변하는 것은 잘못이라는 것이다. 그러면 동독은 자본주의로, 서독은 사회주의로 한 발자욱씩 다가가야 된단 말인가? 그런데 서독 비판자들은 무엇을 구체적으로 어떻게 바꿔야 되는지에 대해서는 말이 없다. 기껏해야 동독인들을 따뜻하게 대해야 된다는 등, 서독은 더 희생을 해야 한다는 등 추상적인 주장만 할 뿐이다.

이와 연관하여 또 다른 비판은, 서독인들은 동독의 장점을 배우려 하지 않는다는 것이다. 여러 사람이 주장했다. 필자도 오래전에 그렇게 주장한 적이 있다. 서독인들이 동독에서 배운 것은 딱 하나, 자동차의 우회전 신호등뿐이라는 것이다. 많은 사람들은 동독에서 배울 것으로 보험제도와 대학생 장학금 제도를 꼽았다. 그런데 그런 사회 보장제도는 동독의 능력을 넘어선 것이었다. 외국에서 빚을 얻어서 제공한 사회복지였다. 그 복지 때문에 동독이 무너진 것과 마찬가지다. 동독에서 배울 수 있는 게 뭐가 있는지 이것도 구체적으로 지적해야 할 것이다.

통일 직전에 동독의 미래에 대해서 여러 아이디어가 나왔다. 서독의 자본주의가 아닌 '진정한 사회주의'를 동독에서 실현해 보자는 주장도 있었다. 새로운 통일 헌법을 만들자는 주장도 있었다. 아니면 동독인들 스스로가 동독의 미래를 결정하게 하자는 주장도 있었다. 그러나 동독인들은 서독으로의 편입을 결정했다. 흡수 통일론과 서독인들에 대한 비판은 통일 전후에 독일에서 잠시 나온 이야기들이다. 우리가 그들의 주장을 굳이 반복할 이유는 없다. 오히려 우리 시각에서 독일 통일을 논의하고 평가할 수 있는 역량을 길러야 할 것이다.

이 책은 그런 시각 전환의 일환이다. 통독이 벌써 25년이 지났는데, 그동안 어떤 변화가 있을까를 다룬 것이다. 독일 통일에 대한 이야기를 하지만, 실제는 한반도에서의 통일을 가정한 것이다. 만약 남북 변화가 오게 된다면 어떤 변화가 있을까, 또는 남북 통일 이후 남북한 사회는 어떤 변화를 겪을까를 생각해 보았다.

제1장에서는 독자의 이해를 돕기 위해 통일 과정을 간단히 적었다. 그리고 통일 과정에서 제기된 중요한 문제를 주제별로 나누어 서술할 것이다.

제2장에서는 통독 25년이 지난 동서독 사회는 정말(!) 통일이 되었는지를 살펴볼 것이다. 한국의 여러 학자들과 언론들은 통일의 장점을 과장해서 보여 준다. 그래서 동서독은 시간이 흐르면서 점차 하나가 되어 간다고 주장한다. 여기서는 구체적인 데이터를 제시하면서 아직도 통일은 먼 길이라는 것을 보여 주겠다. 즉 독일은 아직도 많은 분야에서 동서독으로 나뉘어져 있다. 한국의 다른 학자들의 주장과 다르기 때문에, 비교적 많은 자료를 제시하면서 설명하겠다.

제3장에서는 동독인의 가난 문제를 다루었다. 그리고 독일 중산층 와

해와 빈부 격차를 다루었다. 하층으로 떨어지면 다시 중산층으로 올라설 가능성은 희박하다. 또 독일의 빈부 격차는 갈수록 심해지고, 현재 유럽에서 가장 나쁜 상황이다.

제4장에서는 동독인이 일자리를 찾아 타향으로 떠나는 문제를 다룬다. 젊은이는 고향을 떠나고 노인들만 남아 한국의 농촌 같은 모습을 보여 줄 것이다. 가난에 따른 이향문제가 얼마나 심각한가를 구체적으로 보여 줄 것이다. 이것은 남북 통일이 되었을 때도 우선적으로 해결해야 할 문제일 것이다.

제5장에서는 동독 인종주의에 대해서 서술할 것이다. 그 '불쌍'하다는 동독인들이 얼마나 외국인들을 괴롭히고 죽이는가를 보여 줄 것이다. 왜 동독의 인종주의가 서독과는 다른가가 나타날 것이다. 이러한 차이점은 페기다 운동에서 확인된다.

그래서 제6장에서는 페기다 운동에 대해서 자세히 설명할 것이다. 이것은 동독에서의 외국인 혐오증과 직접 관련이 있고, 동독의 역사와 문화와 연관이 있기 때문이다.

제7장에서는 남북 통일을 위해서 우리가 고려해야 할 점을 나열해 보았다. 남북통일을 한 이후, 나중에 후회하지 않기 위해서 생각하고 준비해야 할 일들을 정리해 보았다. 통독 이후 독일 사회의 변화를 보면서 통일은 이루기도 어렵지만, 통일 이후에 생겨나는 문제들을 해결하는 것도 어렵다는 것을 알게 되었다. 그래서 7장에서는 남북 통일 과정에서 우리가 유의해야 할 것을 적어 보았다.

차례

제3장 동독인의 가난 문제

제4장 동독의 인구 감소

제5장 동독의 인종주의

제6장 페기다 운동과 동독 인종주의

제7장 후회 없는 남북 통일을 위하여

제 1 장 통일 과정과 주요 정책

1. 통일 과정

독일 통일은 전혀 예상하지 못한 것이었다. 통일 직전인 1989년도에도 서독인들은 통일에 대해서 관심이 없었다. 통일에 관심 있는 사람들은 극우 성향의 사람들뿐이었다. 통일 이라는 말만 꺼내도 극우로 낙인 찍히는 시대였다. 그들은 5퍼센트도 되지 않는 극소수의 사람들이었다. 독일의 극우 정당은 1980년대에는 사회적 관심 대상이 되지 않을 정도로 유명무실한 상태였다. 서독인들은 통일에 대해서 무관심 했을 뿐 아니라, 그것이 불가능하다고 생각했다. 그래서 콜 수상이 통일을 추진하자 모두가 놀라운 눈으로 그를 바라 보았다.

동독정부는 서독 정부에 대해서 언제나 우월하다고 주장해 왔다. 히틀러 정권과 싸운 사회주의자들이 만든 국가라는 것이었다. 그러나 실제로는 소련의 위성국가에 불과했고, 그들의 지시에 따라 사회주의를 공식 이데올로기로 채택한 것이었다. 또 소련의 지침에 따라 동독을 노동자와 농민을 위한 공화국으로 규정했다. 그들의 주장에 따라면, 동독은 자본주의 국가인 서독과는 아무 상관이 없는 독립국가라는 것이었다. 만약 동독에서 누군가 통일 이야기를 꺼냈다면, 사회주의 체제하에서만 가능하다고 즉각적으로 대답했을 것이다. 동독 주민들은 학교와 직장에서 반자본주의, 반미 및 반서독에 대해서 교육을 받았다. 통일 직전인 1980년대에도 서독뿐 아니라 동독에서도 통일 논의는 사실상 금기사항이었다.

1.1. 동독인의 서독 탈출

1989년 여름에 헝가리의 수도 부다페스트에서 큰 사건이 벌어졌다. 동구로 여행을 떠났던 동독 주민 수십 명은 고향으로 돌아가지 않고, 헝가리 주재 서독 대사관으로 진입했다. 이들은 동독이 아닌 서독으로 보내줄 것을 요구했다. 그 소식을 듣고, 대사관에 진입한 동독 주민 숫자는 자꾸 늘어갔다. 8월에는 무려 180명이나 되었다. 서독 대사관은 너무 많은 사람을 수용할 수 없다는 이유로 일시적으로 건물을 폐쇄하기도 했다. 그러자 동독 주민 수백 명은 이번에는 체코 주재 서독 대사관으로 진입했다.

헝가리와 체코는 당시 소련 위성국가 중에서 비교적 느슨하게 소련의 간섭을 받았다. 그래서 이들 동독인들은 부다페스트와 프라하에 있는 서독 대사관을 택한 것이다. 서독 정부의 외교적 노력과 국제 적십자사의 중재로 인해서, 이들 동독인들은 서독으로 갈 수 있게 되었다. 이에 용기를 얻은 동독 주민들은 헝가리, 체코, 폴란드 등을 그쳐 끊임없이 서독으로 탈출했다. 이로써 동독의 국제 이미지는 통째로 무너지고, 동독 정권은 위기에 빠졌다.

한편 동독 내부에서는 연일 대규모의 사람들이 시위에 나섰다. 이들은 자유선거와 공산당 독재 체제의 폐지를 요구했다. 이것은 체제를 뒤흔들 수있는 과격한 요구였다. 시위대의 대담한 구호와 규모에 동독 정부는 당황했다. 동독에서는 관제 시위만 허용되었고, 언론과 집회의 자유는 없었기 때문이다. 더욱이 데모를 하면서 자유선거와 공산당 체제의 폐지를 요구하는 것은 금기사항이었다. 이런 와중에 1989년 1월부터 10월까지만 동독인이 무려 17만 명이 서독으로 탈출했다. 이들은 일단 인접 국가를 우회하여 서독으로 탈출한 것이었다.

동독 주민들이 이렇게 과감하게 된 것은 이웃 국가의 변화를 보았기 때문이었다. 헝가리, 체코, 폴란드 등은 이미 자유선거를 거쳐 새로운 정부를 구성했다. 제2차 세계대전이 끝난 후 모든 동유럽 국가들은 소련 위성 국가로서, 소련의 지시와 간섭을 받는 위성국가였다. 자유선거와 독자적 정부 구성이란 상상도 할 수 없는 일이었다. 그것은 위성국가로부터 벗어난다는 것을 의미하기 때문이다. 1989년 6월 폴란드는 동구에서 가장 먼저 자유선거를 실시했다. 다른 동구 국가들도 여기에 자극받아 개혁을 추진했다. 공산당 독재 체제를 버리고 자유선거를 통해서 국회와 정부를 구성한 것이다. 이것이 1989년의 동구에서 벌어진 개혁의 열풍이었다.

동독 주민들도 이제는 우리도 개혁을 할 때가 왔다고 믿었다. 그러나 동독의 공산당 서기장 호네커는 개혁할 마음이 전혀 없었다. 헝가리와 체코는 이미 오스트리아와 서독의 국경선을 개방하거나 관계를 개선했다. 동독 주민들이 오스트리아를 거쳐 서독으로 향해도 아무도 제재하지 않았다. 오히려 현지 주민들은 환호하면서 이들을 환영했다. 이런 소식을 접한 동독 주민들은 연일 서독으로 떠났다.

1980년대 말 동구의 변화는 소련의 공산당 서기장 고르바초프의 등장과 직접 연관이 있다. 고르바초프는 1985년 소련 공산당 서기장에 취임했다. 그는 당시 소련 체제로서는 미국과의 경쟁에서 이길 수 없다고 판단했다. 그래서 개혁을 추진하여 소련을 '매력 있는 사회주의' 체제로 만들려고 했다. 그는 소련을 개방과 개혁으로 이끌며, 다른 위성 국가들에게도 개혁을 주문했다. 그의 개혁에 자극받은 동유럽의 위성 국가들도 개혁을 시도했다. 동독 주민들은 적어도 동독 건국 40주년 행사에서는 무슨 발표가 있을 것이라고 큰 기대를 했다. 그래서 1989년 10월 7일 식장에서 호네커가 개혁을 선포할 것으로 기대했다. 더욱이 그 식장에는 개혁 '전도사' 고르바초프가 오지 않는가.

개혁을 열망했던 동독 주민들은 고르바초프를 보기 위해서 길거리에 나갔다. 차를 타고 지나가는 그를 향해 그의 애칭 "고르비, 고르비" 하면서 목이 터져라 외쳤다. 그가 호네커를 만나면 동독에도 개혁을 추진해 줄 것을 기대했기 때문이었다. 그러나 호네커는 건국 40주년 식사에서 "사회주의는 오로지 전진만 있을 뿐이다"라고 하면서 내외의 개혁 압력을 거부했다. 이에 실망한 많은 동독인들은 대량으로 서독 탈출을 감행했다. 여기에 놀란 동독 공산당은 호네커를 퇴진시키고 크렌츠를 서기장에 임명했다. 크렌츠는 11월 9일에 외국 여행을 자유화 하는 등 개혁 조치를 취했다. 하지만 상황을 되돌리기에는 때가 너무 늦었다. 1989년에만 무려 35만명이 서독으로 탈출한 것이다.

1.2. 동서독 통일 협의 과정

서독 수상 콜은 11월 28일 통일 방안 10단계를 발표했다. 경제 협력 등을 통한 동서독 국가 조약을 체결하고 또 군축 등을 통해서 점진적으로 통일을 한다는 것이었다. 이 모든 과정이 5년 내지 10년이 걸릴 것으로 예상했다. 그런데 동독 주민들은 매일 수천 명의 단위로 서독으로 이주했다. 기세 등등하던 동독 공산당 정부는 무정부 상태가 되었다. 동독 정부는 어떤 일도 할 수가 없었다. 하려고 해도 국민들이 따르지 않았다. 통일 방안 10단계 발표 이후 국내외 사정이 급격히 진행되었다. 5년에서 10년을 예상했던 통독은 불과 1년도 걸리지 않았다.

동독에서는 건국 이래 최초의 자유선거가 1990년 3월 18일에 치뤄졌다. 그런데 이 선거는 동독의 최초이면서 동독의 마지막 선거였다. 이것은 동독 건국이래 맨 처음으로 민주주의 원칙을 지킨 자유선거이면서, 동시에 이 선거는 동독 최후의 자유선거였다. 그 다음 선거는 통일 이후에 동서독에서 함께 치러지고, '동독'이라는 공식 명칭은 통일 이후에는 사용되지 않기 때문이다. 이처럼 역사적 의미를 지닌, 동독 최초의 자유선거로 뽑힌 국회의원이 한 일을 아이러니한 것이었다. 동독이라는 나라를 가능한 빨리 해산하고 동서독 통일 절차를 밟는 것이었다. 즉 자신이 속한 국회를 통해서 동독이라는 국가를 빨리 해체하는 것이었다. 동독의 최초 그리고 최후에 치러진 자유선거를 통해서, 구성된 국회는 이렇게 하여 6개월 만에 자진 해산한 것이다.

자유선거에 의해서 구성된 동독 정부는 1990년 5월 18일 서독 정부와 국가 조약을 체결한다. 이 조약은 동서독 사이의 화폐, 경제 및 사회 통합을 규정한 것이다. 이 조약에 의거하여 동독 주민은 그들이 그렇게 갖고 싶어하던 서독 마르크를 비로소 손에 넣게 되었다. 서독 화폐 마르크는 동독 주민들에게 부와 복지의 상징이었다. 서독 마르크는 이제 독일의 단일 화폐가 되었다. 또한 동독은 그들의 계획 경제를 포기하고 서독의 사회 시장경제를 받아들였다. 동독의 기업들은 사유화되고, 경쟁체제와 자유 가격제를 도입했다. 그리고 동독은 연금, 의료보험, 실업보험 등 서독의 사회복지제도를 도입하게 되었다.

1990년 9월 12일에는 이른바 2+4 조약이 모스크바에서 체결된다. 여기서는 동독과 서독 그리고 미국, 소련, 프랑스 그리고 영국이 모여서 '독일 관련 최종 조약'에 서명한다. 동서독과 4대 전승국가가 서명함으로써, 독일은 2차 대전 패전에 따른 각종 제약에서 벗어날 수 있게 되었다. 1991년 3월 15일부터 효력을 갖게 된, 이 조약에 의거하여 통일 독일은 더 이상 전승국가의 간섭을 받지 않게 되었다. 전범국가 독일은 이제 국내외 문제에 대해서 독자적으로 결정을 내릴 수 있는 완전한 주권 국가가 되었다.

또한 동독 정부와 서독 정부가 협의하여 통일 조약을 만들었다. 이 통일 조약은 9월 20일 동서독 의회에서 각각 비준되어 통일의 절차는 마침표를 찍게 되었다. 동서독 통일 조약에 의거하여 동독은 1990년 10월 3일에 서독에 편입되게 되었다. 동독의 행정 구역도 서독과 같은 형태로 연방 주 형태로 변경되었다. 이런 절차를 거쳐 동서독 통일 절차는 완전히 마무리 되었다. 이런 역사적 통일을 기념하기 위해서 1990년 10월 3일 0시에 독일 국기가 국회의사당 앞에 게양되었다. 동서독 주민들은 길거리로 달려나가 함께 끌어안고 기쁨의 눈물을 흘렸다. 1990년 12월 2일에는 제2차 세계대전 종전 후 최초로 동서독에서 국회의원 선거가 동시에 치러졌다. 통일이 된 독일은 이렇게 동서독 통일 국회와 정부를 구성하여, 새로운 항해를 시작하게 되었다.

2. 통일 과정의 주요 정책

통독 과정에서 주요한 조약은 2+4 조약과 통일 조약이다. 2+4 조약은 동서독의 2개 국가와 4대 전승국가가 함께 서명한 조약이다. 2차 대전의 전승국가는 독일의 주권을 제한하는 조약을 패전국 독일과 채결했었다. 그런데 이번에는 2+4 조약을 통해서 그 제약 조건들을 모두 해제한 것이다. 독일을 이제 전범국가가 아닌, 책임감 있는 국제 사회의 일원으로 받아들인다는 것이었다. 독일은 통일과 더불어 모든 국내 및 국제문제에 대해서 전승국가와 상의 없이 결정할 수 있게 되었다. 이 조약은 1990년 9월 12일에 체결되었다. 그리고 약 1주일 후 1990년 9월 20일에 마침내 동서독의 통일 조약이 동서독의 국회에서 각각 인준된다.

동독과 서독 정부는 1990년 8월 31일에 이른바 '통일조약'이라는 국가 조약을 맺는다. 그것에 따르면 동독은 해체되고 서독으로 편입된다는 내용이다. 이 조약은 1990년 5월 18일에 서명된 화폐, 경제 및 사회 통합 조약과 더불어 통일 과정에서 아주 주요한 조약이다. 1차 국가 조약인 '화폐, 경제 및 사회 연합'이 경제와 사회의 통합을 다루었다면, 2차 국가 조약에서는 거기에 빠져 있던 정치적 통일을 문서에 담은 것이다. 이로서 독일 통일은 법적으로 완결되게 된 것이다.

다음에는 2개의 큰 국가 조약과 2+4의 국제 조약을 통해서 이루어진 큰 변화를 살펴보고자 한다. 이중에는 동서독 모두에 관련되는 것도 있고 동독에만 관련되는 것도 있다. 먼저 이야기하게 될 군사 외교 분야와 몰수재산 처리 문제는 동서독 전체와 연관된다. 그 다음에 말하게 될 공산당 독재 체제에 대한 단죄와 처벌, 화폐통합과 신탁청은 동독하고만 연관이 된다. 특히 화폐통합과 신탁청은 동독인들의 운명을 바꾸는 중요한 내용이다.

2.1. 통일 독일은 나토 회원국가로 남는다

우선 군사 외교 분야를 살펴보자. 1989년 동구의 개혁 바람이 불면서 바르샤바 조약은 존립 기반이 흔들렸다. 1990년 독일이 통일이 되면서 동독은 바르샤바 조약에서 탈퇴했다. 그 주도국인 소련도 1991년에 해체되어 사실상 유명무실한 군사협력체가 되었다. 그래서 1991년 프라하에서 공식으로 해체를 선언했다. 바르샤바 기구의 경쟁 기구인 나토는 이 와중에도 여전히 건실한 상태로 있었다. 문제는 통일 독일이 나토 회원국으로 머물 수 있는지, 그리고 나토 군대가 동독 지역에 진주해도 되는지였다.

이 문제는 1990년 콜과 고르바초프의 회담에서 결정이 났다. 통일 독일은 나토의 일원으로 남아 있으며, 소련군이 동독에 철군하면 동독 지역도 나토 관할 구역에 속한다고 결정되었다. 그 대가로 독일은 소련에 경제 원조를 하고, 소련군의 동독 주둔 비용과 철군 비용도 부담한다는 것이었다. 당시 동독에는 34만명의 소련군대가 주둔했는데, 모두 3년 내지 4년 안에 철군하도록 되었다. 통일 독일은 이제 완전 주권 국가이기 때문에 외국 군대가 철수해야 된다는 것이 명분이었다. 러시아 군대는 철수하지만 나토의 미군은 독일에 체류하는 것도 허용되었다. 콜 수상이 고르바초프에게 경제 원조를 대가로 얻어낸 큰 외교적 성과였다.

소련 군대는 1994년 8월에 모두 동독 지역에서 철수하였다. 서독에 주둔하던 나토는 군병력을 감축하여 그대로 서독 지역에 주둔할 수 있게 했다. 독일은 통일 전에 동서독 모두 67만 명이었다. 서독은 50만 명, 동독은 17만 명의 군 병력을 보유했다. 그러나 독일은 2+4 조약에 따라 34만 명으로 감축했다.

2.2. 동독 공산정권의 범죄를 처벌한다

서독 사람들은 통일 이전에 '비교적' 자유롭게 동독을 방문할 수 있었다. 동독 정부는 원치 않는 서독 사람들의 동독 방문을 거부했다. 물론 동독 사람들의 서독 방문은 이보다 훨씬 더 제한적이었다. 동독 정부가 자국민의 서독 방문을 제한했기 때문이다. 결혼식 등과 같은 큰 가족 행사 또는 동독 정부가 인정하는 공식적 행사에만 서독 방문이 허용되었다. 다만 연금생활자의 경우는 자유롭게 서독으로 갈 수 있었다. 만약 연금생활자가 서독에 정착하게 되면, 동독 정부는 연금 지급을 중단할 수 있었기 때문이다. 통일 이전 동독 사람들 대부분이 서독 텔레비전을 볼 수 있었다. 통일 이전 동서독 주민들 사이의 접촉은, 우리 한반도와는 비교가 되지 않는 상황이었다.

동서독 정부 차원에서의 회담이나 접촉은 물론 잦았다. 서독에 의한 경제 지원 또는 동독의 정치범을 서독으로 데려오는 경우에도 동서독 당국자의 접촉이 있었다. 정상들의 만남은 말할 것도 없다. 통일 전에 서독인들은 동독에 대해서 잘 안다고 생각했다. 그런데 막상 통일이 되고 보니 사정은 달랐다. 그간의 믿음과는 달리 동독은 법치국가가 아니라 불법 독재국가였다. 인권 유린은 다반사였고, 불법적 범죄가 도를 넘었다. 자신들이 만든 법조차 지키지 않고서, 주민들을 불법적으로 다룬 것이었다. 특히 서독 사람들에게 쇼크를 준 것은, 서독 극좌파RAF의 범죄를 지원한 것이었다. 서독 적군파는 서독의 검찰총장, 독일은행 총재 등을 살해했다. 사건 후 서독 검찰은 범인을 검거할 수가 없었다. 알고 보니 동독은 이 범인들에게 미리 군사훈련을 시키고, 사건 후에는 동독에 살도록 도와준 것이었다.

통일 정부는 동독의 공산당 정권을 '불법국가'로 규정했다. 독일의 역사가 벨러는 '살인 공화국'이라고 혹평했다. 물론 서독 사람들은 통일 이전에도 동독의 인권 유린에 대해서는 대체적으로 알고 있었다. 하지만 그 범죄 행위들은 동독의 법조차 지키지 않은 것이었고, 체계적이고 잔혹하게 이루어진 것이었다. 특히 서독 국민들은 연일 보도되는 동독 정권의 범죄 사실에 놀랐다. 선거 부정은 다반사였고, 정치범 재소자에 대한 불법행위, 부정부패, 간첩행위, 운동선수 도핑 등 손을 꼽을 수 없을 정도였다. 그 중 압권은 물론 슈타지의 불법 행위였다. 독일 정부는 동독 공산당 정권이 저지른 범죄를 법률적으로 단죄하고, 해당자를 처벌하며 희생자에게 보상을 하기로 했다. 예를 들면 서독으로 탈출하는 동독인들에게 총질을 하도록 명령을 내린 자들에게 처벌을 내렸다. 독일정부는 2005년에 '동독 공산당 독재 청산을 위한 전문가 위원회'를 구성했다.

2.3. 동독 정권이 몰수한 서독인의 재산을 반환한다

동서독 통일 과정에서 연일 놀라운 뉴스가 터져 나왔다. 예상도 못한 동독 정권의 충격적 범죄 이야기도 있었다. 슈타지의 비공식 요원IM들은 심지어 남편/아내 또는 친구를 감시하고 상부에 보고했다는 것이다. 새로운 법 조항에 의한 억울한 개인사정도 터져 나왔다. 예를 들어 동독 주민이 땅을 구입하여 그 위에 집을 지어 살다가 통일을 맞았다. 그런데 새로운 법에 따르면 집은 여전히 본인 소유지만, 대지는 원주인에게 넘겨줘야 되는 경우가 드물지 않았다. 물론 집만 들고 이사 갈 수는 없으니 계속 살 수 있지만, 당사자로서는 억울하기 짝이 없는 일이었다. 내 돈을 주고 계약서 작성을 하고 법적 보장을 받았는데, 그 법이 무효가 된 것이다. 이것은 몰수 재산 처리법에 관한 규정 때문이었다.

동독 정권은 개인 사유재산을 몰수하여 인민소유로 만들었다. 이때 동독 주민에 대해서는 보상을 해주었지만, 서독 주민 소유의 재산에 대해서는 보상을 하지 않았다. 1970년대에는 몰수한 외국인 소유 재산에 대해서도 보상을 해 주었다. 하지만 서독인 소유에 대한 보상은 여전히 제외되었다. 1990년 통일 조약에서는 몰수된 서독인 재산에 대한 조항이 포함되어 있었다. 보상을 하지 않고 몰수한 재산 또는 동독인보다 보상이 적은 경우는 원칙적으로 재산을 돌려 주기로 했다. 만약 그것이 불가능할 경우는 보상하는 것으로 규정되었다.

통일 조약에 따라 많은 서독인들이 '통일 선물'을 받았다. 이들은 동독에 방기되어 있던 자신의 재산을 돌려 받았기 때문이다. 2차 대전이 끝난 후 많은 동독인들은 소련 점령군을 피해서 서독으로 이주 했다. 이들은 반 세기 후에 자신들의 재산을 되찾은 것이다. 이와 반면 다정한 가족이 원수로 바뀐 경우도 있다. 서독으로 탈출한 동독인들은 다시는 동독으로 갈 수 없다고 생각하고 동독 가족 또는 친지에게 땅 또는 집을 '선물' 했다. 새로운 법이 생기자 이들은 도로 돌려 줄 것을 요구했기 때문이다.

통일 조약에는 동독 정부에 의한 재산 몰수만 규정되어 있고, 소련 점령군에 의한 몰수에 대한 언급이 없다. 2차 대전이 끝나고 소련군은1945년부터 1949년까지 동독 지역을 군사통치했다. 소련 점령군은 토지개혁을 통해서 사유 재산을 몰수했다. 이 경우는 원주인에게 환원되지 않았다. 이에 원 소유자들은 기본법의 평등권과 소유권에 어긋난다면서 연방헌법재판소에 제소했다. 그러나 연방헌법재판소의 판결은 달랐다. 그것은 점령국의 기본법에 의해서 재산 몰수가 취해졌기 때문에, 기본법에 위배되지 않는다는 것이다.

2.4. 동독 화폐는 서독 마르크로 통합한다

1990년 5월 18일에 화폐, 경제 및 사회통합에 관한 국가 조약이 동서독 간에 체결되었다. 이 조약은 1990년 7월 1일부터 효력을 발휘했다. 이 조약에 따라 동독 주민은 꿈에도 그리던 서독 마르크를 갖게 되었다. 문제는 동서독 화폐의 교환 비율이었다. 당시 공식 교환 비율은 4.4:1이었다. 동독 마르크 4.4는 서독 1마르크에 해당되었다. 그러나 암시장에서는 10:1로 교환되었을 뿐 아니라, 동독 마르크는 지속적으로 가치를 잃고 있었다. 서독의 경제 전문가들은 3:1 또는 아무리 잘해도 2:1은 넘어서는 안 된다고 했다.

동독 주민들은 "서독 마르크가 오지 않으면 내가 서독으로 가겠다"고 시위를 했다. 그런데 만약 경제 전문가의 조언대로 화폐 교환을 하게 되면, 동독 주민들이 다시 대규모로 서독으로 올 가능성이 있었다. 동독 주민들도 공산당 치하에서의 '잃어버린 삶'을 보상해 달라고 다시 시위에 나섰다. 더욱이 동독에서는 최초의 자유선거가 다가왔다. 콜 수상은 선거 직전에 1:1로 교환하게 한다고 발표했다. 그러자 기민당의 득표율은 수직 상승을 하여, 동독에서의 다수당의 위치를 차지했다.

그러나 동독 주민이 갖고 있던 모든 동독 마르크를 1:1로 교환하게 해 준 것은 아니다. 나이와 상황에 따라 달리 적용했다. 60세 이상의 동독 주민에게는 6천 동독 마르크까지, 나머지 성인들에게는 4천 동독 마르크, 14세까지 어린이들에게는 2천 마르크까지를 1:1로 교환할 수 있도록 했다. 그 이상의 금액은 2:1로 교환해 주었다. 임금, 연금, 월세 등은 1:1로 계산했다.

많은 동독 주민들은 가능한 1:1로 바꿀 수 있는 금액을 높이고자 했다. 그래서 가난한 친지나 친구의 이름을 빌려 바꾸기도 했다. 그래도 남는 돈으로는 화폐 교환 이전에 동독의 제품들을 구매했다. 그래서 동독 주민들은 물건을 사겠다고 온갖 가게 앞에서 긴 줄을 섰다. 화폐 개혁 전에 돈을 지출하고 싶었던 것이다. 그래서 당시 동독에서는 가게에서 산 물건을 메고 가는 풍경을 어디서나 볼 수 있었다. 그래서 모든 동독 점포는 깨끗하게 정리되었다.

2.5. 신탁청은 동독의 계획 경제를 자본주의 체제로 변환했다

동서독 사이에 맺어진 '화폐, 경제 및 사회통합'이라는 국가 조약에 따라 동독의 인민소유 기업들도 변신이 불가피했다. 동독의 계획 경제는 서독의 '사회 시장경제' 체제로 바뀌어야 했기 때문이다. 즉 모든 동독 기업들은 사회주의적 계획 경제에서 자본주의 체제로 변형되어야 했다. 이 일을 담당하도록 만든 기관이 신탁청이었다. 국가 조약에 의해서 생겨난 이 기관은 동독의 인민소유 기업을 서독의 '사회 시장경제' 이념에 맞게 변경하는 것이었다. 즉 기업을 매각하여 사유화하거나 매각이 힘든 경우는 기업을 폐쇄하는 것이었다.

신탁청은 동독의 모드로 정부에 의해서 만들어진 것이었다. 1990년 동독 최초의 자유 선거에 의해서 생겨난 동독의 정부는 1990년 6월 17일 '인민 재산의 사유화 및 재구성을 위한 법'을 결의했다. 이 법은 1990년 7월 1일자로 효력을 발효하여, 신탁청도 이때부터 공식적인 일을 시작하게 되었다. 통일 과정에서 많은 일을 한 것은 사실이지만, 성급하고 서투른 작업으로 많은 비판을 받게 되었다. 또 작업과정에 지원금 착복, 부정부패, 장부조작 등이 발각되었다. 그래서 신탁청 1994년 말에 문을 닫고, 1995년 1월 1일부터는 개명된 여러 기관으로 나뉘어 업무를 계속했다.

독일 정부는 신탁청 업무를 통해서 많은 수익금을 남겨 통일 비용에 사용하려고 했다. 그러나 수익은커녕 많은 손실을 보게 되어 결과적으로 통일 비용은 더 증가하게 되었다. 3년 반의 업무를 통해서 나타난 결과는 2000억 마르크 적자였다. 여기에 각종 비리가 터져 통일 정부는 이미지 손상을 많이 받았다. 동독 사람들로부터는 '동독 기업에 못질하는 곳' 또는 '실업자 양성소'라는 비난을 받았다. 신탁청 일을 통해서 동독 주민들은 서독 정부에 대한 신뢰를 거두기 시작했다. 독일 정부가 신탁청을 통해서 얻은 것은 불신과 불명예뿐이었다.

신탁청은 모든 기업을 1990년 7월 1일 자로 등록하게 했다. 그리고 지금까지의 인민 소유였던 회사들은 주식회사 아니면 유한회사의 형태로 변경하게 했다. 신탁청 산하에는 1만 5천 개의 기업과 410만 명의 종업원이 있었다. 신탁청은 여기에 더해 슈타지, 동독 군대, 정당 및 각종 단체의 자산도 관리하게 되었다. 이들 기관이 소유한 건물과 토지만 해도 어마어마한 규모였다. 그래서 신탁청은 세계에서 가장 큰 지주회사라는 칭호를 얻었다.

신탁청의 작업은 처음부터 쉽지 않았다. 동독 기업을 매각하려고 하니 기업가치가 형편없었다. 이른바 잘 나간다는 콤비나트의 경우도 기술 수준이 많이 낙후된 상태였다. 경쟁력을 갖추려면 대규모 투자 없이는 불가능했다. 거기다 종업원은 15%정도 과잉 채용되어 있는 상태였다. 생산성도 서독의 27%에 불과했다. 처음 기대와는 달리 매입자를 구하기 쉽지 않았다. 동독 제품이 경쟁력이 없는 것은 고사하고, 화폐통합을 통해서 가격이 비싸졌기 때문이다. 동독 마르크는 화폐교환을 통해서 약 400%

절상되었다. 거기다 동독 노동자의 임금도 1:1로 환산되어 4배 정도 높아진 셈이 되었다. 동독의 경제 사정은 이렇게 날로 나빠지고, 기업 가치는 하루가 다르게 낮아졌다.

신탁청은 빠른 시간 안에 많은 동독 기업을 사유화해야 했다. 기업을 매각하거나, 또는 분할 매각을 했다. 또 가능성이 없는 기업들은 문을 닫게 했고 과잉 인력을 해고했다. 이렇게 하여 신탁청 산하에 있던 기업 종사자는 급감하게 되었다. 1990년의 7월 신탁청 산하 기업에 종사하던 사람은 410만 명이었다. 1992년 4월 1일에는 124만 명으로 줄어들었다. 신탁청 소속 7,800개 기업은 매각 또는 지방단체로 이관되고, 무려 3,700개 기업은 문을 닫았다. 서독 기업이나 외국 기업들이 동독 기업을 인수할 때 종업원을 대개 감축했다. 이렇게 하여 1992년에는 실업자가 동독에서만 130만 명이 되어 실업률은 무려 14.2%가 되었다.

분할 매각을 통해서 새로 생겨난 기업들도 마찬가지였다. 분할 매각 당시에 이 기업에는 77만 3천 명이 일하고 있었지만, 1992년 4월 1일 자 조사에 의하면 55만 3천 명만 일을 하고 있었다. 평균 28%를 감축한 것이었다. 우선 기업들이 매입 당시에 약속한 일자리를 지킬 수 없는 상태였다. 매입자가 없고 기업가치가 하루가 다르게 떨어져, 신탁청은 오히려 지원금을 더 보태어 팔았다. 팔리지 않는 대규모의 콤비나트 경우는 분할해서 팔았다. 이때 분할해서는 안될 회사들을 무리하게 분할하여, 기업 자체의 생존을 불가능하게 한 경우도 있었다. 중소 콤비나트는 기업하기에 부적절한 사람들에게 매각하여 실업자를 양산시킨 경우도 있었다. 동독인들은 기업을 매입할 만한 돈이 없었다. 이것은 공산체제에서 자본주의 체제로의 전환이 쉽지 않는다는 것을 말해 주는 하나의 사례이다.

제 2 장 동서독은 진정한 통일이 된 것인가?

2015년은 통독 25주년이 되는 해다. 1990년 10월 3일 독일 통일을 선포한 지 거의 한 세대가 지났다. 동독 체제를 무너뜨리고 통일을 주도한 세력은 이제 대부분 노년이 되었거나, 그 중 일부는 벌써 세상을 뜨기도 했다. 현재 동독의 견인 세대는 1989년 무혈 혁명 세력의 2세들이다. 이들은 동독 정권하에서 어린 시절을 보내고 통독 전후에 대학을 다닌 사람들이다. 예를 들어 브란덴부르크 주지사인 보이트케는 통일 당시에 훔볼트 대학을 갓 졸업하고 그 대학 연구소에서 조교를 했다. 작센 주지사인 틸리히는 드레스덴 공대를 막 졸업하고 전기회사에서 경력을 쌓기 시작했다. 물론 이들보다 나이가 많은 독일 대통령 가욱이나 수상 메르켈은 동독 시절에 이미 경력의 중반에 들어선 상태였다.

독일 수상 메르켈은 독일 국민의 많은 지지를 받고 있다. 그녀가 소속된 기민당의 지지도는 바로 수상의 인기도에 의존하고 있는 상태이다. 독일 대통령 가욱도 많은 독일 국민들로부터 존경을 받고 있다. 독일 수상과 대통령은 모두 동독 출신이다. 이들의 언행을 보면 동독 출신인지 서독 출신인지 구분이 되지 않는다. 통독 당시 메르켈 수상은 동독 과학원에서 연구원으로 일했다. 가욱 대통령은 동독 시절에 반체제 목사로서 목회활동을 했고, 통일 후에는 슈타지 문서 관리 책임자를 지냈다.

독일 수상이나 대통령을 보면 독일은 완전하게 통일이 된 것이다. 동독 출신인 수상과 대통령의 지지도는 어떤 서독 정치가들보다 높다. 독일 수상 메르켈은 2015년의 난민 사태와 연관하여 지지도는 좀 떨어지긴 했지만, 그녀 없는 기민당은 상상조차 할 수 없다. 대통령 가욱은 2016년 6월에 77세의 고령으로 재선 출마를 포기하자, 많은 독일인들이 아쉬워했다. 이들의 말과 행동에서는 동독 출신이라는 표시가 전혀 나지 않는다. 이 두 사람을 보면 독일 통일은 완성된 것이다.

정말 그럴까? 독일은 지난 25년 사이에 정말 내적 통일을 이룬 것인가? 많은 독일 정치가들은 통일의 긍정적 측면을 주로 이야기 한다. 그렇다면 동독과 서독의 이질적 요소는 사라지고, 통일 독일은 이제 동질적 문화를 가진 진정한 통일 국가가 된 것인가? 여기서는 이 문제를 다루고자 한다.

1. 동서독이 완전 통일된 분야들

독일이 통일 되면서 동서독 간의 차이가 완전히 없어진 것도 적지 않다. 그 중에서 가장 분명한 것은 교육환경과 기대 수명이다. 동독의 교육제도는 통일 후 서독 제도를 받아들여 형식적으로나 내용적으로나 똑같이 되었다. 동독 지역의 학생들도 서독과 똑같은 제도하에서 교육을 받게 되었다. 동독 시절에는 부모의 정치적 성향이나 권력 서열에 따라 대학 진학 여부가 결정되었다. 통일 후에는 초등학교를 마친 후 각자의 재능과 여건에 따라 직업학교를 가거나 인문계 고등학교로 진학한다. 그리고 대학 진학도 자유롭게 결정한다.

동독의 남부에 위치한 작센주와 튀링엔 주의 학생들 성적은 전 독일에서 가장 우수하다. 경제협력개발기구 OECD에서 15세 학생들을 대상으로 실시한 테스트에서 그렇게 확인된 것이다. 서독의 경우도 동독과 마찬가지로 남쪽의 바이에른 주와 바덴-뷔르템베르크 주의 학생들 성적이 가장 우수하다. 이것을 두고 독일 교육의 남북 격차라는 말을 한다. 물론 내용적으로 보면 다르게 설명할 수 있다. 동독의 두 개 주의 성적이 가장 좋은 것은, 그곳 학교에는 외국인 학생이 적기 때문이다. 외국인 자녀들이 많은 곳의 주는 평균 성적이 낮다. 이들은 독일 아이들보다 일반적으로 성적이 좋지 않아, 성적 평균치를 끌어 내리기 때문이다.

아무튼 교육 분야에서 동서독 차이는 없다고 해야할 것이다. 동독 사정이 서독보다 훨씬 좋은 교육현실도 있다. 어린이 교육 시설인 유치원과 탁아소는 동독이 훨씬 좋다. 동독의 부모들은 자녀를 모두 어린이 교육 시설에 보낼 수 있고, 그 비용도 서독보다 싸다. 그러나 서독에서는 모든 어린아이들이 유치원과 같은 시설을 이용할 수 없다. 주마다 약간 차이가 나지만, 전체의 반 정도의 아이들만이 보육 시설을 이용할 수 있다. 동독의 보육 시설이 월등이 좋은 것은 동독 사회주의의 유산이다.

교육 다음으로 동서독 차이가 없어진 것이 있다. 그것은 평균기대 수명이다. 통독 후 25년이 지난 오늘날 동서독 사람들의 거의 비슷한 기대 수명을 가지고 있다. 1949년 서독 건국 후부터 1970년대까지는 동서독인들의 기대 수명은 거의 비슷했다. 여자의 경우는 서독이, 남자의 경우는 동독이 좀더 오래 살았다. 그러나 70년대 중반부터 상황이 바뀌었다. 서독은 기대 수명이 지속적으로 늘어난 반면, 동독은 그렇지 못했다. 만약 이런 상태가 그대로 지속되었다면, 동독 여자는 4년, 동독 남자는 5.7년 정도 서독인들보다 먼저 죽었을 것이다. 그러나 다행히 통일이 되어 동서독인들은 동일한 기대 수명을 갖게 되었다.

1990년 통일이 되면서 의료체계와 의료보험은 동서독이 동일하게 되었다. 그러면서 동독인들의 수명은 길어지기 시작했다. 통일된 지 6년이 지난 1996년 막스 플랑크 연구소의 통계를 보자. 서독 여자는 평균 80.2세 동독 여자는 79.0세를 살았다. 그러나 이 평균수명 차이는 2010년이 되면 거의 사라진다. 서독 여자는 82.8세 동독 여자는 82.6세를 살수 있어 사실상 동질화가 되었다. 그러나 남자들의 경우는 사정이 좀 다르다. 1996년에 서독 남자는 74.1세 또 동독 남자는 71.8세를 살았다. 2010년에 서독 남자는 78.0세, 동독 남자는 76.6세를 살아 여전히 차이가 난다.

막스 플랑크 연구소에 따르면 동서독 평균 수명의 차이는 심장병 때문이다. 또 일부의 주장은 동독인들의 과음에서 원인을 찾기도 한다. 동독은 1970년 중반 이후부터 심장병 치료술이 서독에 비해서 뒤떨어졌다는 것이다. 또한 동독에서의 환경 파괴도 평균 수명 연장에 나쁜 영향을 미쳤다. 반면에 동독의 예방접종체계는 서독 수준이거나 아니면 더 나았다는 것이다. 통일 후에는 이런 차이가 모두 사라지고 동일한 의료보험과 의료 기술을 누릴 수 있게 되었다.

2. 통독 후에도 아직 통일이 안 된 분야들

동서독 교육제도와 평균 수명 평준화를 보면 동서독은 정말 통일이 되었다고 할 수 있다. 그러면 이 두 가지 보기로써 동서독은 이제 완전히 하나가 되었다고 말할 수 있을까? 많은 정치가들이 말하는 대로 동서독은 분단의 흔적을 완전히 지우고 진정한 통일을 이룬 것인가? 위의 보기에서 좀더 따져보자. 평균 수명은 동서독이 거의 균일화가 되었다고 했다. 그러나 동서독인들 중에서 알코올에 의해서 목숨을 잃는 경우를 따져 보면 사정은 좀 다르다. 〈도표 2-1〉에서 볼 수 있듯이 동독 사람들이 술 때문에 목숨을 잃는 경우가 많다. 상위 6개 중에서 동독의 5개 주가 모두 포함되어 있다. 이 도표를 보면 동독 사람들이 서독 사람보다, 또 북부 사람들이 남부 지역보다 알코올에 의해서 사망하는 비율이 높다는 것을 알 수 있다.

이런 동서독의 차이에 대해서 이의를 제기하는 사람들은 독일의 지방

도표 2-1. 알코올에 의한 사망률 (주민 1만 명당, 2011년)

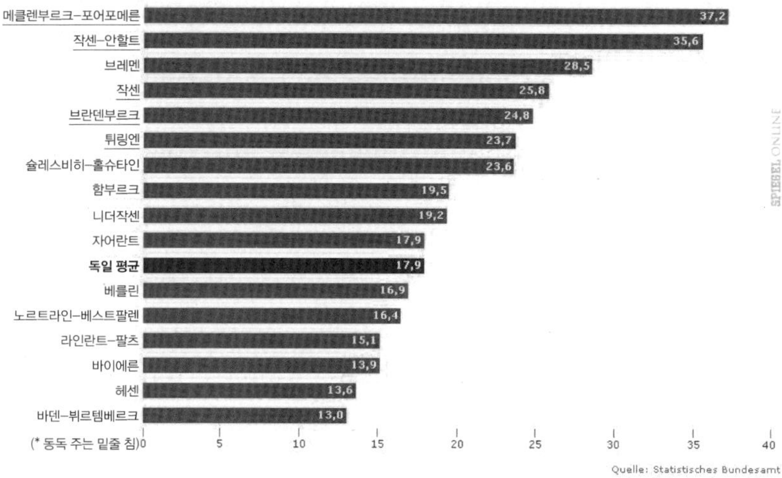

색을 이야기한다. 독일은 역사적으로 작은 소영주국이었고 지금도 연방 국가이기 때문에, 지방 차이가 커다는 것이다. 즉 동서독 차이는 서독 남부의 바이에른 주와 서독 북부의 슐레스비히-홀슈타인주의 차이와 똑같다는 것이다. 그러나 그 주장은 현실과 동떨어지고 그냥 동서독의 차이를 의도적으로 무시하려는 것에 불과하다. 필자 개인의 경험에 의하면 동서독의 차이는 분명하다. 언어의 차이에서뿐이 아니다. 옷차림, 헤어스타일, 언행, 정치적 성향, 취미 등, 모든 면에서 서독인들과 차이가 난다. 잠시만 대화를 해보면 그 차이를 알 수 있다. 또 외국인을 대하는 것도 서독인과는 분명히 다르다.

또는 외국인의 입장에서 보면 사태를 다르게 볼 수 있다. 예를 들어 일반적으로 서독인들은 동독인들에 대해서 시건방지고 아는 체한다는 것이다. 그래서 오만하고 잘난 체하는 베씨로 알려져 있다. 그러나 필자의 개인 경험으로는 정반대다. 동독인들이 외국인들에 대해서 더 우월감을 나타낸다. 이것은 필자 개인 경험에서뿐 아니라, 빈번한 외국인 테러 사건에서도 알 수 있다. '열등한 인간들'과 함께 살 수 없다는 것이다. 여하튼 동서독 차이는 통일 이후에도 여러 분야에서 여전히 나타난다.

필자의 이런 주장을 확인해 주는 연구가 있다. 즉 대부분의 분야는 아직도 통일이 되지 않고 있어, 동서독은 여전히 '분단'된 상태로 있다. 이 장에서는 이 연구소의 연구결과와 다른 자료들을 참조하면서, 필자의 주장을 상술할 것이다. '인구와 발전에 대한 베를린 연구소'Berlin-Institut für Bevölkerung und Entwicklung는 2015년 7월에 독일 통일에 대한 연구 결과를 발표했다. 독일 통일이 공식적 주장과는 달리 얼마나 힘들게 진척이 되고 있는가에 대해서, 연구자들 스스로가 놀랐다고 고백을 했다. 통일 후 25년이라는 세월이 흘렀지만, 많은 분야에서 동서독은 여전히 차이가 나기 때문이다. 물론 의료, 보험, 교육 등은 동서독의 차이가 거의 없어졌다. 하지만 가계수입, 재산, 생산성, 인구변동 등의 자료를 비교하면, 과거의 동서독 국경선에서 양쪽은 분명히 나누어지기 때문이다. 연구팀은 다음과 같은 결론을 내렸다.

> 진정한 통일을 이루는 것은 통일 당시 생각했던 것보다 훨씬 어려웠고 앞으로도 여전히 힘든 과정이 될 것이다. 동서독은 불과 2세대도 못 되는 겨우 41년간 분단되어 있었다. 그렇지만 양쪽 국민들은 그 사이에 서로 상이하게 사회화되어, 가까운 장래에 동서독이 하나가 된다는 것은 유토피아에 가깝다.

2.1. 동독 출신 '디 차이트' 기자들의 경우

통독 이후 동독의 많은 발전에도 불구하고, 동서독의 차이는 엄연히 존재한다. 여러 연구 결과를 보더라도, 동서독 사이의 국경선이 여전히 존재한다는 것을 알 수 있다. 즉 동서독 사이의 국경선은 사라졌지만, 동서독의 차이는 여전히 과거의 국경선을 중심으로 구분된다는 뜻이다. 독일의 유력 주간지 '디 차이트'는 베를린 장벽 붕괴 25주년을 맞이하여 동서독 차이에 대한 특집을 마련했다(2014년 10월 30일자).

그 특집은 비교적 간단하다. 외부 기관에 조사를 의뢰한 것이 아니라, 자기 신문사에 근무하는 6명의 동독 출신 기자들에 의뢰한 것이다. 이들 젊은 기자들은 동서독 관계에 대해서 어떻게 생각하는 가를 적었다. 이들은 모두 어린 시절을 동독 정권하에서 보낸 사람들이었다. 그리고 통일 후 독일의 저명 주간지 디 차이트에 근무하는 것이다. 동독 출신의 젊은이들은 베를린 장벽 붕괴 25주년을 맞아, 동서독 관계에 대해서 본인의 생각을 에세이 형식으로 적었다.

6명의 필자들은 서독 사람에 대한 본인 또는 주변사람의 생각을 적었다. 아니면 일반적으로 동독인들이 서독 사람들에 대해서 생각하는 바를 적었다. 또는 본인이 특정 서독인을 만난 후에 받은 느낌을 적은 경우도 있었다. 개인의 느낌이든 주변 사람의 생각이든 공통점이 있었다. 그것은 서독 사람에 대해서 갖는 콤플렉스였다. 그것은 동독인들 사이에 깊고 넓게 뿌리 박힌 서독 콤플렉스였다.

그런데 '베씨'에 대한 그들의 콤플렉스를 어떻게 나타내느냐가 문제였다. 첫째 유형은 그냥 베씨를 따라 하고 싶어서, 동독 출신이라는 것을 숨기는 것이었다. 두 번째 유형은 자신의 콤플렉스에서 나온 극단적 자긍심이었다. 동독의 것에 대한 무조건 긍지였다. 6명 기자 모두가 이 두 가지 유형에 속했다. 아무도 쿨한 사람은 없었다. 이들 6명의 동독 출신 기자들이 보인 반응은, 필자가 경험한 동독인들의 반응을 그대로 옮겨 놓은 것과 같았다. 독자의 이해를 위해서 6명 젊은 기자들의 주장을 요약해 보겠다.

우선 가장 정직하게 마음을 털어놓은 기자는 방엘이었다. 그는 자신의 글에, "나는 베씨가 되려고 어떻게 노력했는가"라고 제목을 붙였다. 부제로는 "동독은 내게 영향을 미치기에 너무 빨리 죽었다. 그렇지만 나는 동독인으로 느낀다." 그는 또 이렇게 적었다. 통일의 기쁨은 오래 가지 않았다. 가장 큰 이유는 동독의 지도층이 도덕적 정당성을 잃어 버렸기 때문이다. 삶의 지표가 될 수 있는 인물들도 없어지고 기존의 가치들도 사라져, 삶의 모든 방향성을 상실해 버렸다는 것이다. 왜 어떤 사람은 성공하고, 왜 어떤 사람은 실패하는지에 대해서 우리는 알지 못했다. 무엇보다 실업에 대한 두려움은 엄청나게 커졌다는 것이다.

해니히라는 기자는 동서독의 차이가 없어졌다는 주장에 이의를 제기한다. 동서독에 관한 대화가 시작되면, 대화 초반에는 동서독 차이가 없다는 데 모두가 공감한다. 그러나 대화가 3분만 진행되면, 거꾸로 동서독이 어떻게 다른 지에 대해서 열을 내면서 이야기 한다는 것이다. 그래서 필자는 "3분 동안의 규칙"이라는 제목을 붙였다. 즉 3분 동안에는 차이가 없다고 했다가 그 다음부터는 모두가 동서독 사이의 차이에 대해서 말한다는 것이다. 그리고 통계를 보면 동서독의 차이는 여전하고, 동독인은 여전히 서독인과 다르다는 것이다. 그래서 필자 자신은 불안하기 때문에, 오씨라는 사실을 감추려고 한다는 것이다.

로벤슈타인이라는 기자는 서독 출신과의 만남을 이야기 한다. 서독 남부의 슈반벤 출신이 어떻게 와인을 즐기는가를 보고, 동독인들과 얼마나 다른지를 알게 되었다는 것이다. 그는 동독으로 이주한 '지배자' 서독인들에 대해서 불편한 마음을 숨기지 않는다. 또 동독인들이 서독인들에 대해서 어떤 악의적 농담을 하는지를 소개한다. 그래서 부제를 "동독인들은 여전히 서독인에 대해서 콤플렉스를 갖고 있다. 나는 어떻게 그 콤플렉스를 벗어나는 데 성공했는가"라고 붙였다. 그럼에도 필자가 글을 읽고 난 뒤의 느낌은 정반대였다. 이 기자는 서독인에 대한 콤플렉스를 여전히 벗어나지 못했고, 서독인에 대한 적개심으로 가득 차 있는 것이다.

폭스라는 이름을 가진 기자는, 어떻게 동서독인들이 다르게 인생을 살아가는가를 보여 준다. 그리고 동독인의 삶의 방식에 대해서 자랑스럽게 서술한다. 제목을 "동독 남자들이 서독 여자를 뺏어간다"라고 붙이고, 부제를 "동독 남자에게 돈은 그렇게 중요하지 않다. 대신 많은 시간을 아이들과 함께 보낸다. 그래서 서독 여자들이 우리를 좋아한다". 동독 사람들은 허물어져 가는 집에 살면서, 석탄으로 난방을 하고 산다. 출세를 하기 위해서 노력하는 것보다는 삶의 의미를 중요하게 생각하기 때문이라는 것이다. 출세를 해서 소비를 하는 것보다는 공동체와 아이들을 위해서 많은 시간을 갖는다는 것이다. 이 삶의 방식이 서독 여자들에게도 점차 매력적으로 비쳐진다는 것이다.

마호베츠라는 기자는 늦게 태어난 것을 긍정적으로 평가한다. 그러면서 오씨라는 사실을 콤플렉스가 아니라 자랑스럽게 받아들인다. 부모와 조부모 세대들은 통일의 루저로서 불만이 많았다. 특히 서독인들이 동독인들에 대해서 무관심한 것에 대해서 상처를 받았다는 것이다. 그러나 동독의 젊은 세대들은 오씨라는 사실에 대해서 긍지를 갖는다는 것이다. 이것은 부모 세대로부터 물려받은 긍지가 아니라, 동독을 새로 건설하려는 젊은 세대의 긍지라는 것이다. 그런 긍지에도 불구하고, 그는 동독인들이 갖는 불편함을 직설적으로 표현했다. 예를 들어 동독인들을 '이민자'로 표현한 책에 대해서 모두가 분노했다는 것이다.

도베르트라는 기자는 동서독의 차이가 없다고 주장한다. 제목을 "동서독 거짓말"이라고 붙이고, 부제는 "왜 동서독 차이가 없는가"라고 했다. 자신은 동독에서 태어났지만, 통일 독일에서 태어나 동서독 차이가 없는 상태에서 자랐다는 것이다. 또 다른 근거로 수상 메르켈이 이미 5년 전에 그렇게 말했고, 2년 전의 여론 조사에 따르면 절대 다수의 독일인들은 동서독 차이를 인정하지 않는다는 것이다. "오씨"는 이미 멸종되었기 때문에, 언론이 내버려 두면 동서독 차이는 없어진다는 것이다. 이 기자는 동서독 차이라는 주제에 대해서, 거의 신경질적으로 적어 나갔다. 없는 차이를 왜 쓸데 없이 일깨우려고 하느냐는 듯이.

6명의 '디 차이트'지 기자들이 쓴 내용은 필자의 체험과 일치한다. 필자가 동독 출신들에게서 받은 느낌을 기자들의 글에서 다시 읽을 수 있었다. 즉 동독인들은 자신이 동독인이라는 데 대해서, 적지 않은 콤플렉스를 가진다. 즉 서독인에 대해서 열등감을 느끼는 것이다. 열등감 없이 쿨한 사람은 드물다. 대부분 사람들은 그 열등감을 인정하면서 그것에 시달린다. 또는 그 열등감을 무시하면서 그것에 시달린다. 그러면서 서독인들에 대해서 불만 또는 분노를 드러낸다.

서독인에 대한 콤플렉스를 드러내는 또다른 유형은 이와는 정반대이다. 이들은 서독인에 대한 열등감을 오히려 우월감으로써 드러내는 것이다. 예를 들어 과거 동독 정부 또는 동독인들의 삶의 방식이 더 우월하다는 것이다. 동독에 대한 자랑이 끝나지 않는다. 이것으로 그치는 것이 아니다. 가시돋친 베씨 농담을 하는 것이다. 이것이 동독인들의 과거에 대한 향수, 즉 '오스탈기'로 연결된다. 과거를 그리워하고 미화하는 마음을 갖는 것이다.

모두가 열등감의 표현이다. 필자는 이들의 글을 읽으면서, 독일의 유명한 주간지의 기자들이 자신들의 열등감을 제대로 처리하지 못하는 구나 하는 느낌을 받았다. 그러면 다른 일반 동독 사람들은 어떨까? 동독인의 열등감 문제가 상당히 심각하다는 것을 알 수가 있다.

'디 차이트'지 특집을 다룬 지면에 다음과 같은 통계도 함께 실렸다. 이것은 작은 데이터지만 동서독인의 차이를 말해 주는 것이다. 내용은 이렇다. 18세부터 29세 사이의 독일인들에게 다음 질문을 던졌다. 동독과 서독의 젊은이들은 여기에 상이한 대답을 주었다.

A) (서독인의 경우) 동독으로 이주할 수도 있는가? (동독인의 경우) 서독으로 이주할 수도 있는가?
서독인: 40.7% 동독인 57.9%

B) 사회주의는 원리는 좋으나 실천이 나빴다고 생각하느냐?
서독인: 40.4% 동독인 63.4%

c) 본인은 하류층 또는 노동자 계층에 속한다고 생각하는가?
서독인 21.3% 동독인 41.6%

d) 오늘날 아이를 낳는다는 것은 무책임하다고 생각하는가?
서독인 25.0% 동독인 43.8%

e) 본인의 능력에 비해서 대우가 빈약하다고 생각하는가?
서독인 35.1% 동독인 57.7%

2.2. 왜 동독인들은 불만인가

동독인들은 통일을 통해서 많은 것을 얻었다. 독재 정권에서 해방되어 그렇게도 갈구하던 자유를 얻었다. 직업 선택, 거주 이동, 여행의 자유 등 모든 자유를 성취했다. 그렇게 갖고 싶어하던 서독 마르크도 가질 수 있게 되었다. 또 그렇게 원하던 서방 세계로의 여행도 할 수 있게 되었다. 그럼에도 불구하고 많은 동독인들은 통일 후 그들의 생활에 만족하지 않는다. 그간의 통계를 보면 동독인의 생활만족도가 한번도 서독인보다 높게 나타난 적이 없다. 그 원인은 무엇인가.

1990년 10월 3일 우리의 개천절에 독일은 공식적으로 통일을 선언했다. 우리나라의 개천절에 그들도 새로운 하늘을 연 것이다. 동서독이 통일되자 그들은 지구상에서 가장 행복한 민족이 되었다. 그 통일의 감격을 전 세계의 인류들도 함께 나누었다. 특히 우리 민족의 부러움은 이루

말할 수 없었다. 우리 남북한도 금방 통일이 될 수 있을 것이라는 상상도 해 보았다.

통독을 가장 기뻐했던 사람은 동독 주민이었다. 베를린 장벽 앞에 또는 여러 도시의 시청 앞에 몰려들어 서로 끌어안고 울었다. 모르는 사람들과도 손을 잡고 환희의 눈물을 흘리면서, 행복한 미래를 꿈꾸었다. 그들은 동독 정권의 독재에서 벗어나, 그들이 원하던 개인의 자유와 여행의 자유를 얻었다. 원하는 것을 다 얻은 그들은 지금 행복해 할까? 행복해하지 않다면 그 원인은 무엇일까? 우선 동서독 주민들의 생활 만족도를 살펴보자.

〈도표 2-2〉는 독일인들의 생활 만족도를 나타내는 것이다. 0은 가장 불만족 상태를 나타내고 10은 최고의 만족도를 나타내는 것이다.

1990년 통일 된 당시 동독인들의 생활 만족도는 서독인에 비해서 많이 낮았다. 통일 1년이 지나면 동독인의 생활 만족도는 땅에 더 곤두박

도표 2-2. 동독인과 서독인의 생활만족도 비교

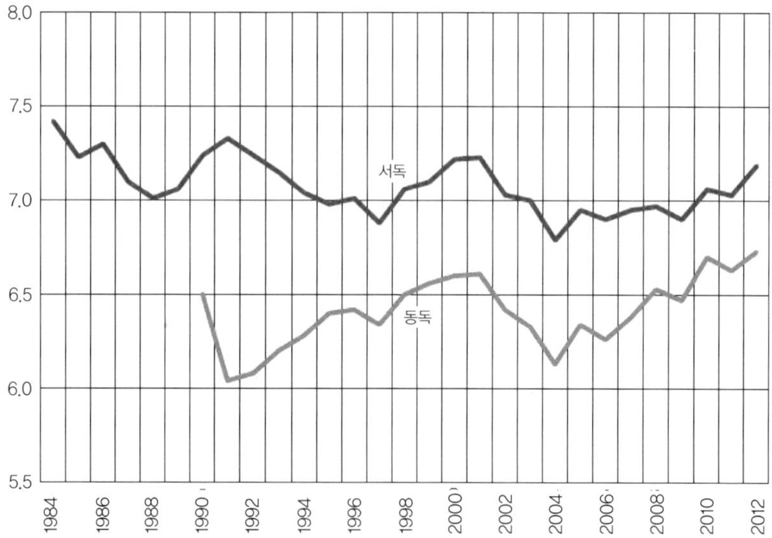

질한다. 그리고는 서독이 동독에 대규모의 지원 및 투자가 진행되자 서서히 만족도가 높아진다. 그리고 2001년부터 다시 만족도가 떨어졌다가 2003년부터 다시 서서히 높아진다. 그럼에도 여전히 서독인이 가장 불만스러웠던 수치 아래에 머물고 있다. 서독인들의 경우는 통일의 행복은 잠시 머물고 생활 만족도는 떨어진다. 그 원인은 동독에 대한 대규모 경제 지원을 위해서, 허리띠를 졸라매야 했기 때문이다. 여기에 서독의 경제발전이 주춤하고, 발칸 반도의 전쟁으로 난민이 독일로 많이 몰려왔기 때문이다.

사민당과 녹색당의 연합 정부가 들어서자 다시 상승 곡선으로 이어가다가, 2004년이면 다시 최하점에 달한다. 그것은 불황에다가 사민당 정부가 추진한 '아젠다 2010'의 영향이다. 그런데 서독인들의 경우도 통일 직후를 제외하고는, 동독인들과의 변화와 거의 일치한다. 전체적으로 본다면 서독인들의 생활 만족도는 통일 이전이 높다는 것을 알 수 있다. 이 조사는 2015년에 간행된 '인구와 발전에 대한 베를린 연구소'에서 따 온 것이다. 이 조사는 다음에 언급하는 조사 결과와 세부적으로는 약간의 차이가 나지만, 전체적으로는 큰 차이가 없다.

그러면 동독 주민들의 불만 원인이 무엇인지 알아보자. 여기에 대한 자료는 동독 주민의 입장을 잘 반영하는 조사결과라고 할 수 있다. 조사 책임자는 이런 전공과 경력을 가지고 있고, 또 자료를 발간한 연구소도 통독 이후에 동서독 협력을 위해서 만들어진 것이기 때문이다. 베를린-브란덴부르크 사회과학 연구센터Sozialwissenschaftliches Forschungszentrum Berlin-Brandenburg e.V.가 통독 20주년을 맞이하여 발간한 연구서를 보자. 이 자료의 제목은 "평화적 혁명 20주년 1989년부터 2009년까지"이다. 그리고 부제는 "동독 주민의 시각에서"라고 붙였다. 다음 자료들은 여기에서 나온 것이 많다.

2.3 동독인의 통일 후 생활 변화

〈도표 2-3〉은 통독 이후 베를린을 제외한 동독 지역의 상황을 일목요연하게 보여 준다. 인구 변동과 경제 사정을 잘 말해 주고 있다. 통독 직후인 1991년에 동독 인구는 1463만 명이었는데, 장벽 붕괴 20주년인 2008년에는 1310만 명으로 줄었다. 물론 이 중에는 서독인이 동독으로 이주한 경우도 있으니, 실제 동독인의 이향 숫자는 더 많다고 보아야 한다. 또 직장은 서독에 있는데, 그냥 동독에서 사는 사람들도 적지 않다. 그리고 서독으로의 이주한 숫자는, 조사기관마다 결과가 좀 다르다는 것을 참고해야 할 것이다.

이 기간 중에 취업자는 1백만 명 정도 줄어들었고, 실업률은 10.2%에서 14.7%로 증가한다. 이 통계에서 우리가 감안해야 하는 것은 서독으로 취업을 위해 떠난 사람들은 실업률에서 빠져 있다. 또 고령 등의 이유로 취업을 포기하고 조기 연금생활에 들어간 사람들도 실업률에서 빠진다. 여기에 취업 연수생을 포함하면, 실제 실업자 숫자는 이보다 훨씬 더

도표 2-3. 동독의 취업자 및 수입 변동

	1991	1995	2000	2005	2008
주민수 (천명)	14,632	14,204	13,900	13,387	13,084
취업자수 (천명)	6,795	6,058	5,907	5,609	5,787
실업률 (%)	10.2	14.8	18.5	20.6	14.7
세전 수입 (유로)	11,097	18,523	20,014	21,324	22,370
가처분소득 (유로)	7,145	11,333	13,309	14,558	15,064

표 2-4. 자가 비율 및 가전제품 소유 변동(단위: %)

	1989	1993	1998	2003	2008
자가비율	27	19.0	25.9	31.7	32.5
자가용	57	66.2	70.6	71.9	73.3
TV	–	96.2	97.8	95.4	94.8
휴대전화	24.6(모든전화)	48.8(모든전화)	10.8(휴대용만)	70.1(휴대용만)	86.1(휴대용만)
컴퓨터	12	16.3	33.9	57.2	71.5

늘어난다. 이 기간 동안에 동독인들의 소득은 두 배로 늘어나, 세전 수입은 11.097유로에서 22.370유로로 증가한다. 가계 1인당 가처분 소득도 7.145 유로에서 15.064유로로 늘어나, 두 배 이상의 증가를 보인다. 이 도표를 보면 통일 후 동독 주민들의 경제적 상황은 많이 나아졌다.

〈도표 2-4〉에서 알 수 있듯이 동독인들은 통일 이후 자가 거주 비율이 높아졌다. 통일 직전 27%에서 1993년에는 19%로 줄어들었다가, 2008년에는 다시 32.5%로 높아졌다. 통일 직후에 자가 비중이 낮아진 것은 취업 등의 이유에서 이사를 했기 때문일 것이다. 자동차의 경우는 동독 주민 73.3%가, 텔레비전은 거의 모든 가정이 갖고 있다. 또 그들이 갖고 싶어하던 전화기는 통일 전 24.6%에는 불과했지만, 2008년에는 핸드폰을 합쳐 무려 86.1%가 소유하게 되었다.

베를린 장벽이 붕괴한 지 20년이 지나자 동독 사회에 많은 변화가 있다는 것을 알 수 있다. 주민들의 숫자는 줄어 들었고 실업자는 늘었다. 취업을 한 사람들은 소득이 2배가 되었고, 가전제품을 비롯한 재산이 늘었다. 이런 상황에 대해서 동독 주민 자신들은 어떻게 평가하는가.

2.3. 동독인의 자기 사정에 대한 평가

〈도표 2-5〉는 동독 주민들이 자신들의 경제적 상황을 어떻게 생각하는 가를 보여 준다. 통일 후부터 2000년까지는 만족도가 높아진다. '매우 좋다'와 '좋다'는 늘어나고, '나쁘다'와 '매우 나쁘다'는 줄어들었기 때문이다. 그러나 그 다음부터는 경제 만족도가 낮아 진다. 그것은 2000/2001년에 있었던 연금개혁과 '하르츠 4'를 포함함 '아젠다 2010'으로 인해서, 동독 주민들의 생활이 나빠진 경우가 적지 않기 때문이다. 즉 노동시장과 사회보장제도의 개혁으로 저소득층의 삶이 나빠진 것이다.

슈뢰더 정부(1998-2005)는 이른바 '독일병'을 고치기 위해서 많은 제

표 2-5. 자신의 경제 사정에 대한 평가 (동독 주민 18세 이상, 단위: %)

	1990	1992	1994	1996	1998	2000	2002	2004	2006	2008	2009
아주 좋음	2	3	2	3	1	3	2	2	2	2	2
좋음	38	39	43	42	39	44	33	31	24	24	30
반반	43	47	43	40	44	40	42	43	46	45	44
나쁨	16	9	9	12	13	11	17	17	22	22	19
아주 나쁨	2	2	3	3	3	2	5	7	7	7	5

(무응답도 있어 합이 100이 안 되는 경우도 있음)

도를 개혁했다. '라인강의 기적'을 이룬 독일은 당시 '유럽의 병자'로 통했다. 노동법은 노동자 해고를 어렵게 만들고 노동자들은 걸핏하면 병가를 내고 집에서 놀았다. 거기다 취업은 하지 않고 사회보장제도의 도움으로 생계를 유지하는 사람들도 적지 않았다. 이런 '독일병'을 슈뢰더 정부는 개혁하고자 했다. '아젠다 2010'로 명명된 개혁 정책의 주요 내용은, 노동시장의 유연성확대와 사회보장제도의 축소였다. 슈뢰더 정부는 노동자 해고 규정을 완화하고 의료보험 및 사회복지혜택을 축소했다. 이런 일련의 개혁으로, 동서독의 저소득층 생활 여건이 나빠졌다.

이런 배경에서 점점 많은 동독 주민들이 자신들의 장래에 대해서 부정적 견해를 나타냈다. 노동자의 해고는 쉬워지고 정년은 연장되었으며 각종 보험 혜택이 줄어들었다. 여기서 우리와는 좀 다른 문화에 대해서 언급해야겠다. 독일인들을 포함한 유럽인들은 일찍 정년을 맞고 싶어한다. 예를 들어 프랑스 우체국 직원이 53세에 연금에 들어가는 것을 많은 사람들이 부러워한다. 독일은 슈뢰더 정권의 연금 개혁에 따라 정년이 65세에서 67로 연장되었다. 여기에 대해서 많은 노동자들이 불만을 나타내었다. "죽을 때까지 일하란 말이냐"라고 하면서 시위에 들어갔다.

〈도표 2-6〉은 동독인들에게 현재가 아니라 5년 후에 대해서 물었다. 즉 5년 후에 본인의 경제 사정이 어떻게 변할 것이라고 생각하느냐를 물은 것이다. 2001년 경우에는 43% 동독인들이 미래에 대해서 비교적 낙관적이었다. 즉 19%는 5년 후에 자신의 경제가 나아질 것이라고 말했고, 34%는 변화가 없고, 21%는 나빠질 것이라고 했다. 그러나 2006년에는 자신의 5년 후 미래에 대해서 가장 부정적이었다. 그 후부터는 미래에 대한 부정적 견해가 좀 줄어들었다. 그러나 전체적으로 보면 이 조사 기간 동안에 5년 후의 미래에 대해서 부정적 경향이 많이 늘어났다. 즉 동독 주민들은 5년 후 자신의 경제 사정에 대해서 부정적으로 된 것이다.

〈도표 2-7〉은 경제적 측면이 아니라 삶 전체가 어떻게 바뀔 것인지에 대해서 알아보았다. 즉 향후 5년 이후에 본인의 삶 전체가 어떻게 될 것이라고 보느냐고 물었다. 대답은 '좋아질 것이다' 아니면 '나빠질 것이다'라고만 대답할 수 있었다.

여기서 가장 눈에 띄는 것은 연령에 따라 아주 상이한 대답을 하는 것이다. 나이가 많으면 많을수록 미래에 대해서 회의적이다. 특히 50대 이상은 거의 절망적이어서 자신의 삶이 나아질 것이라는 사람은 아주 극소수에 달한다. 그래도 약간 희망을 갖고 있는 사람들은 18세부터 30세까

도표 2-6. 향후 5년 후의 본인 경제 사정에 대한 평가

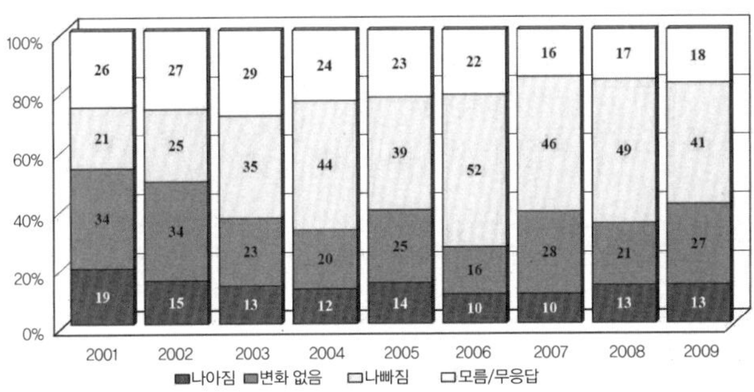

도표 2-7. 향후 5년 후 본인의 생활에 대한 평가(단위: %, 대답은 좋아짐 또는 나빠짐으로만 가능)

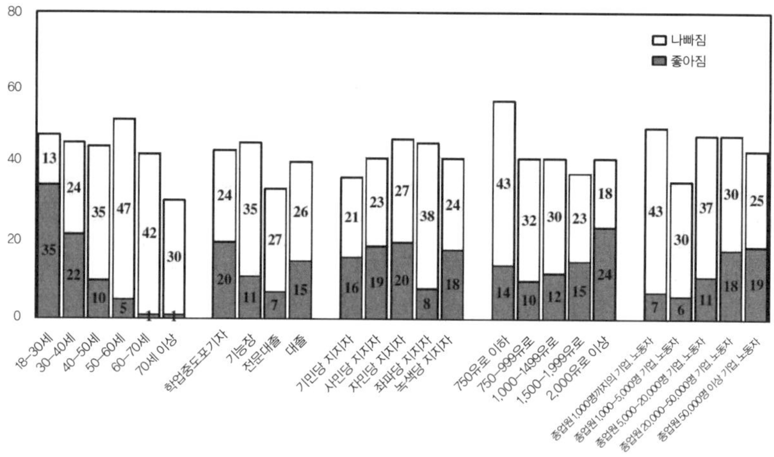

지의 젊은이들이다. 이들 중 35%는 자신의 삶이 5년 후에는 나아질 것이라고 믿는다. 이들 젊은 이 중에 다만 13%만 자신의 미래에 대해 부정적이다. 학력은 별 차이를 미치지 못한다. 특이한 것은 9년 의무 교육을 중도에 포기한 사람이 더 낙관적이다.

정당별로는 좌파정당 지지자가 가장 부정적이다. 그래서 동독 공산당의 후신인 좌파정당이 동독에서 높은 득표를 하는 것이다. 소득에 따른 차이는 소득이 많을수록, 종업원이 많은 회사에 근무하는 사람일 수록 미래에 대해서 희망적이다. 그럼에도 전체적으로 보면 부정적인 비율이 아주 많이 높다. 이것은 동독인들이 미래의 본인의 삶에 대해서 부정적으로 생각하는 사람들이 많다는 것을 말해준다.

3. 통독은 동독 주민에게 '대박'이었나?

〈도표 2-8〉은 동독인들이 통일에 대해서 어떤 평가를 내리는가를 알아본 것이다. 이것은 2002년과 2009년에 각각 실시한 설문 조사로서, 통

일에 대한 동독인들의 입장 변화를 알 수 있다. 여기서 재미있는 것은 설문의 대답이 극단적으로 나타나는 것이다. 두 번의 조사에서 동서독 차이는 적다고 생각하는 사람들은 7%에서 19%로 높아졌다. 반면에 통일에 대해서 부정적으로 생각하는 동독인들은 절대 다수를 차지하고 있다.

2009년 응답자의 5%는 동서독이 함께 발전하고 있고, 14%는 동서독에는 작은 차이만 있다고 대답했다. 이것은 2002년의 응답자보다 각각 4%와 8%가 늘어난 수치이다. 그러나 동서독 차이는 여전히 크다고 대답한 사람의 비율은, 2002년에는 59% 2009년에도 여전히 53%에 이르렀다. 차이가 더 커질 것이라고 대답한 사람은 이 기간에 17%에서 8%로 줄어들었다. 하지만 50년이 지나고 동서독 차이는 극복할 수 없다라고 대답한 사람은 17%에서 21%로 늘었다. 전체적으로 보면 2002년에는 동독인의 93%, 2009년에도 여전히 81%의 동독인들이 통일에 대해서 부정적이다.

이 설문과 연관된 세부조사를 살펴보면 좀더 많은 내용을 알 수 있다. 성별로는 남자보다는 여자가 이 동서독 차이를 더 부각시켰다. 남자들은 그간의 이룬 업적을, 여자들은 현재의 차이를 생각했다. 연령별로는 나이가 많을수록 부정적이었다. 25세 미만은 동서독 차이가 적다고 보는 반면에, 50세 이상은 부정적이었다. 특히 50년이 지나도 동서독 차이는 극복할 수 없다고 믿는 사람들은 실업자와 저소득 층이 많았다. 학력이 높을수록(!) 통일에 대해서 부정적이었다. 통일 평가에서 가장 결정적인 요소는 개인의 수입 정도였다. 수입이 높을수록 긍정적인 대답을 했다.

이번에는 통일에 대한 종합적 견해가 아니라 개인의 삶에 대해서 물어보았다(2009년). 통일 후 19년이 지난 지금에 보면, 통일은 개인적으로 이익 또는 손해가 되었는지를 알아보았다. 즉 통일이 개인의 삶에 미친 영향을 조사해 본 것이다. 응답자의 38%는 통일이 자신에게는 이익이었

도표 2-8. 통일에 대한 동독인들의 평가 (단위: %)

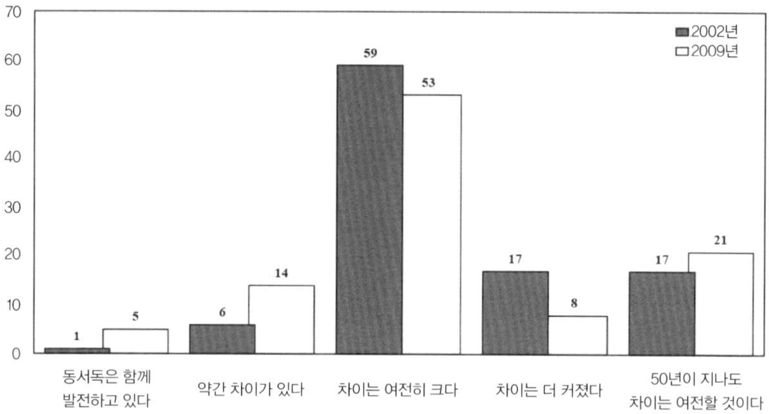

다고 대답했다. 30%는 이익과 손해가 반반이라고 응답했고, 23%는 통일이 개인적으로는 손해라는 것이었다. 이 도표에서 눈의 띄는 것은 응답자의 취업 여부이다. 취업을 한 사람들은 통일이 개인적으로 이익이었다고 대답한 반면에, 실업자가 된 사람들은 개인적으로 손실이 컸다고 대답했다.(〈도표 2-9〉 참조)

이 도표와 연관된 세부 자료에서, 통일로 이득을 보았다는 사람을 집단으로 나누어 보자. 대졸자(58%)는 숙련공(36%)보다, 공무원(60%)은 자영업(53%)와 노동자(32%)에 비해서 통일이 개인적으로 이득이었다는 것이다. 가계 소득이 월 2천 유로는 넘는 사람들(69%)은 월 가계 소득 750 유로 미만의 사람들(17%)보다 통일에 긍정적이었다. 여기에 비해서 통일이 부정적인 집단을 알아보자. 여자(32%)가 남자(44%)보다 부정적이었다. 그것은 동독 시절에 여성들의 취업률이 높았고 남녀 평등이 더 나은 상태였기 때문일 것이다. 재취업이 힘든 50대와 60대(35%), 실업자(54%)와 저소득층(41%)도 통일에 대해서 부정적이었다.

동독인들은 자신의 상황에 따라 통일에 대해서 각각 다르게 평가한다

도표 2-9. 통독 후 19년은 개인적으로 이득이었나 손해였나 (동독인 대상, 2009년, 단위: %)

	합계	성별		나이					취업 여부	
		남	여	35세 미만	35-49	50-59	60-69	70세 이상	취업	실업
전체적으로 이익	18	13	24	24	20	10	17	16	21	2
이익이 큼	20	19	20	13	22	18	23	27	24	8
반반	30	34	26	22	28	36	35	34	30	33
손실이 큼	18	20	16	14	22	23	16	16	16	35
전체적으로 손해	5	5	5	2	6	12	6	3	4	19
해당 없음	9	9	8	25	2	2	3	4	5	2

는 것을 알 수 있다. 여러 조사에서도 확인되었듯이, 이 도표에서도 경제적 요인이 평가의 결정적 요소라는 것을 알 수 있다. 이번에는 통일이 자신에게 미친 영향을 연도별로 한번 살펴보자.(〈도표 2-10〉 참조)

〈도표 2-10〉은 동독 주민들이 통일에 대해서 어떻게 생각하는가를 알아본 것이다. 이 질문에 대해서 처음 조사한 1994년의 경우를 보자. 통일이 본인에게 이익이었다는 사람은 43%, 손해라는 사람은 18%에 그쳤다. 2009년의 경우는 이익이었다는 사람은 38%로 줄어들고, 손해라는 사람은 23%로 늘어난다. 특히 통일은 본인에게 손해만 끼쳤다는 사람은 1994년의 2%에서 2009년에는 5%로 늘어났다. 전체적으로 보면 이익과 손해가 반반이라는 사람은 줄어들었다. 통일이 대체적으로 손해였다는 사람과 모르겠다는 사람들은 시간이 흐르면서 더 늘어났다. 여기에 대해서 조사자들은 통일 전의 기대가 실현되지 않았기 때문이라고 해석했다.

4. 동독인들은 통일에서 무엇을 기대했나?

동독 사람들은 통일에서 무엇을 기대했나? 그 기대가 정말 실현되지 않아 실망하는 것인가? 아니면 다른 이유가 있는 것인가? 다음의 도표에서 알 수 있듯이, 통일 전 동독 사람이 가장 원했던 것은 풍족한 생필품 공급이었다. 동독인의 50%는 통일이 되면 양질의 생필품을 충분히 공급받기

도표 2-10. 통일은 이익이었나, 손해였나 (동독인 대상, 단위: %)

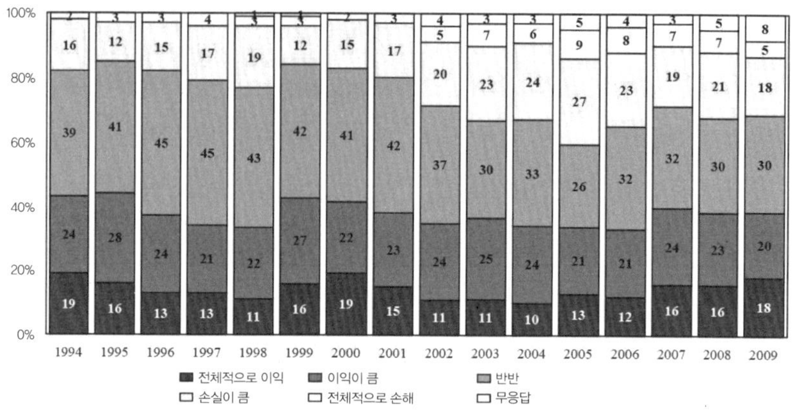

를 기대했다. 동독 시절에 생필품 공급이 언제나 부족했던 것을 생각하면 당연한지도 모른다. 생필품 다음으로 동독인들 48%는 서방 세계로의 여행을 원했다. 동구 쪽으로만 여행을 할 수 있었던, 그들로서는 서방 세계를 비롯한 전 세계를 보고 싶었을 것이다. 물론 통일 후에 동독인들이 그들이 꿈꾸었던 세계 여행을 마음껏 한 것은 아니다.

그리고 45%의 동독인들은 냉전 체제가 종료되고, 전쟁 위험이 사라지기를 기대했다. 동서독도 한반도처럼 서로 총을 겨누고 있었다는 사실을 생각하면, 일리가 있는 바람일 것이다. 동독 군인들은 서독으로 탈주하는 동족을 향해서 총을 쏘아 죽이지 않았던가. 또 41%의 동독 주민들은 헤어진 가족이 함께하기를 희망했다. 36%는 자유로운 전화 통화를 희망했다. 이것은 우리에게는 좀 낯설지만, 동독 시절에 아무나 전화기를 가질 수 없었다. 전화를 가지려고 하면 바로 슈타지로부터 의심을 받았다.

35%의 사람들은 자유롭게 말하고 글쓰는 자유를 원했다. 34%는 감시체제가 사라지고 국가의 간섭이 사라지기를 바랐다. 또 33%는 독재체제가 사라지는 것을 원했다. 31%는 교육을 받을 수 있는 자유, 30%는 삶에

대한 자기 결정권, 30%는 빠른 통일, 28%는 경제 발전, 24%는 연금 상승, 23%는 모든 예금장부가 통째로 사라지길 원했다. 이것은 특권층의 자금에 불만을 가졌기 때문일 것이다. 22%는 직업적 성공, 22%는 깨끗한 환경, 20%는 관료주의의 제거, 19%는 자기가 좋아하는 직업을 갖는 것, 17%는 자기 능력을 인정받는 것, 15%는 독일 최고의 스포츠맨, 15%는 사회활동에 참여하는 것이었다.(〈도표 2-11〉 참조)

동독 주민이 그런 희망을 가진 지가 벌써 20년이 흘렀다. 충족된 희망도 있고 아직 그렇지 못한 것도 있다. 또 어떤 희망들은 1989년 가을부터 1990년 말까지만 해당되는 것으로, 오늘날에는 낯설기까지 하다. 이 질문을 35세 이상의 동독 성인들에게 했다. 실제로 당시의 희망은 이들이 기대했던 것들보다 더 많이 충족되었다. 〈도표 2-11〉에서도 그것을 알 수 있다. 동독인 스스로도 인정하듯이 많은 것들이 충족되었다. 예를 들어 소비생활은 72%, 주거환경은 62%, 여행은 61%, 개인의 자유는 56%, 삶의 실현은 52%, 여가는 51%, 문화의 다양성은 47%가 실현되었다는

도표 2-11. 1989년 통일 직전에 통일에 대해서 무슨 기대를 했는가 (35세이상, 2009년, 단위: %)

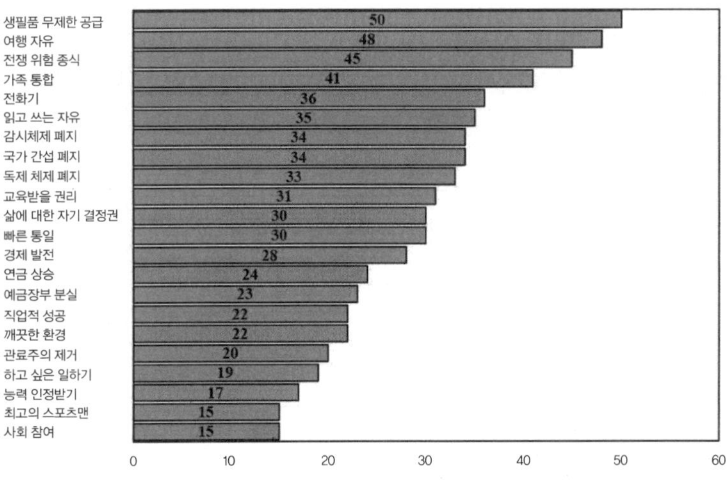

것이다. 또 이것은 동독 주민이 기대했던 것보다 더 잘 되었다는 것이다.

이와는 반대로 기대했던 것보다 더 나빠진 것들도 있다. 주민의 54%는 생활여건, 51%는 사회정의, 50%는 사회 안전망, 44% 건강체계, 41% 수입증가, 40%는 공동체 생활에 대해서 더 나빠졌다고 대답했다.(〈도표 2-12〉 참조)

도표 2-12. 통일 직전의 내 기대의 실현 정도(35세 이상, 2009년)

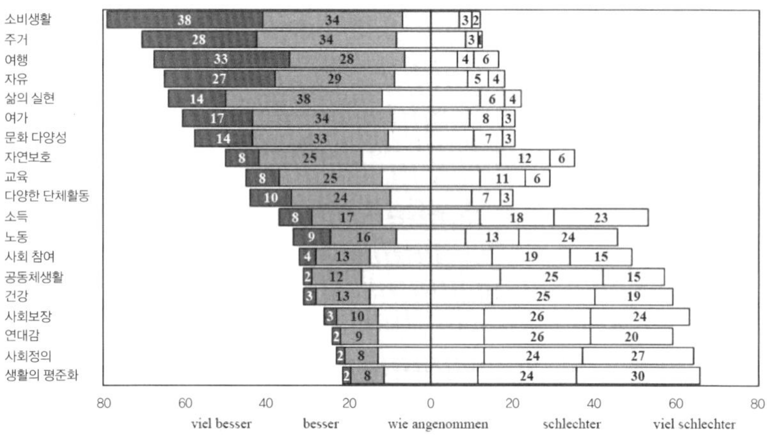

3. 동독인들의 통일 후의 소속감

동독 사람들은 통일을 통해서 많은 것을 얻었다고 생각한다. 그러면서도 여러 가지 아쉬운 점이 있다고 토로한다. 어떤 것들은 기대 이상으로 잘 되었고, 또 어떤 것들은 실망스러울 정도로 잘못 되었다는 것이다. 그런 본인들의 정체성에 대해서 물어보았다. 주관적으로 볼 때 어디에 소속감을 느끼는지를 알아본 것이다. 우선 동독인으로서 독일인이 "나는 동독인이라고 생각한다"는 사람은 1997년에 16%였다가, 2009년에는 25%로 높아졌다. 즉 자신을 통일 독일의 시민이 아니라 동독인으로 느끼는 사람들이 많아진다는 뜻이다.

도표 2-13. 자신의 소속감 (동독인 대상, 1997-2009, 단위: %)

	1997	2000	2002	2004	2006	2008	2009
독일인으로 느낀다	16	21	20	17	21	22	25
차라리 동독으로 돌아가고 싶다	10	6	10	13	14	11	10
동독 복귀도 싫고, 독일이 불편하다	68	65	67	64	60	62	60
해당 없음	6	8	3	6	5	5	5

두 번째 "나는 동독인으로서 잃어버린 동독을 다시 갖고 싶다"라고 생각하는 사람은 10% 정도에 머문다. 나는 동독을 다시 찾고 싶지도 않고, 통일 독일의 국민으로 생각지 않는다고 생각하는 사람은 68%에서 60%로 줄었다. 질문이 적절치 않다고 생각하는 사람은 5% 정도이다. 동독 주민들은 결국 대부분이 동독 주민도, 통일 독일의 시민도 아니라는 생각이다. 소속 불명의 정체성이다.(〈도표 2-13〉 참조)

동독 주민의 정체성을 확인하기 위해서 질문을 바꾸어 보았다. "통일 독일에 대한 소속감은 어느 정도인가?"라는 질문을 던져 보았다. 47%의 동독 주민들은 통일 독일에 대해서 소속감을 아주 많이 또는 많이 느낀다고 대답했다. 50%는 별로 또는 전혀라고 대답했다. 여기에도 연령별로 다르게 대답한다는 것을 알 수 있다. 30세 미만은 55%가 통일된 독일에 대해서 소속감을 느끼는 데 비해서, 50대는 겨우 38%에 머문다. 반면에 실업자는 32%만이 소속감을 느낀다는 것이다. 또 직업 교육을 많이 받을수록, 개인 및 가계 수입이 많을수록 소속감이 더 높아진다는 것을 알 수 있다.(〈도표 2-14〉 참조)

이번에는 다시 질문을 바꾸어, 어디에 가장 소속감을 느끼는가라고 물어보았다. 결론은 비교적 간단하다. 동독 사람들은 통일된 독일에 대해서 큰 소속감을 느끼지 못한다. 동독 주민의 68%는 동독에 대해서, 또 62%는 자기 지역(고향)에 소속감을 나타낸다. 자신이 속한 연방주와 통일 독일 그리고 유럽에 대해서는 소속감을 별로 보이지 않는다. 여기서도 나이

도표 2-14. 통일 독일에 대한 소속감은 얼마나 강한가? (동독인 대상, 2009년, 단위: %)

	합계	성별		나이					취업 여부	
		남	여	30세 미만	30-39	40-49	50-59	60세 이상	취업	실업
아주 강함	13	13	12	7	11	14	10	18	11	11
강함	34	30	38	48	33	31	28	30	35	21
별로	40	45	35	35	42	42	44	40	42	52
전혀	10	7	13	7	13	10	16	7	9	13
무응답	3	5	2	3	2	3	2	5	3	3

도표 2-15. 당신은 어디에 소속감을 느끼는가? (대답은 강하게/아주 강하게라고만 대답할 수 있음) (단위: %, 동독인 대상, 2009, 연령별)

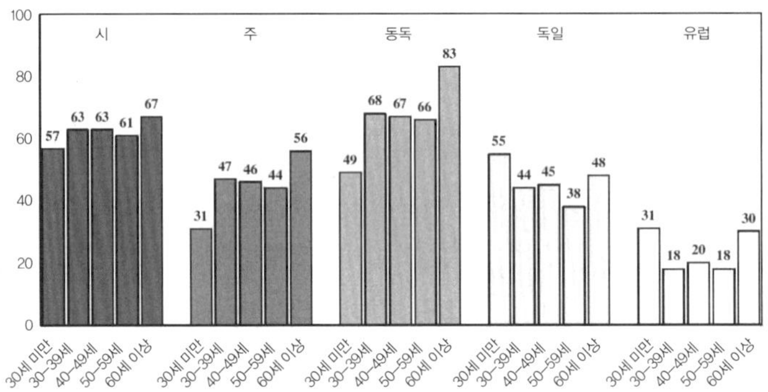

가 젊을수록 통일 독일과 유럽에 더 많은 소속감을 느낀다고 대답했다. 이들은 동독을 별로 체험하지 않았기 때문일 것이다.(〈도표 2-15〉 참조)

자신을 통일 독일과 동일시하는지를 연령별대로 다시 물어보았다. 〈도표 2-16〉을 보면, 통일 독일에 대해서 정체성을 갖는 것은 나이별로 차이가 난다는 것을 알 수 있다. 35세 이하와 장노년층(1969-1950년생) 사이에 분명한 차이가 난다. 이를 좀더 구체적으로 알아보면, 2009년을 기준으로 30세 미만은 41%, 70세 이상은 30%가 통일 독일에 대해서 정체성을 느낀다는 것이다. 두 번째는 본인의 소득과도 직접 연관이 된다. 도표에서 볼 수 있듯이, 2000년부터 동일시 경향이 낮아진다. 그것은 슈뢰더 정권의 노동시장과 사회보장제도의 개혁에 따른 것이다. 이 정책으

도표 2-16. 본인은 진정한 통일 독일의 시민이라고 생각하는가?(동독인, 그렇다고 한 경우만 체크함)

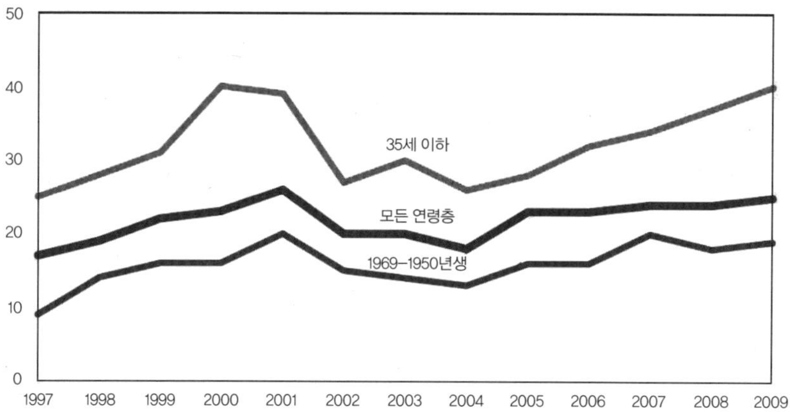

로 소득이 낮은 사람들의 생활이 나빠졌기 때문이다.

그러니까 젊은이들이라고 정체성이 마냥 높아지는 것이 아니라, 본인의 생활 소득과도 연관되는 것이다. 이는 대졸자는 32%가 통일 독일과 동일시한다. 또 대도시에 사는 동독인의 33%, 주민 1천 명 미만의 소도시 주민은 불과 14%만이 통일 독일과 동일시한다. 그리고 실업자 26%, 하층노동자 13%, 저소득층 24%는 통일 이전의 동독으로 되돌아가고 싶어한다. 그런데 이들의 기대를 엄밀히 따져 보면, 동독 체제를 다시 원한다기보다는 적절한 소득이 가능한 일자리를 원하는 것이다. 결국 국가 정체성을 높이기 위해서는 소득을 향상시켜야 한다는 것을 알 수 있다.

6. 동독인의 불만 원인

통일에 대해서 그렇게 행복해했던 동독인들의 불만은 무엇인가? 무엇에 대해서 불만이며, 그 원인은 무엇인가? 이번 설문은 동독인들의 불만 원인에 대해서 알아보았다. 동독인들이 가장 불만스러워하는 것은 동서독의 경제적 격차이다. 무려 77%의 동독인들은 동서독의 생활 여건이 동질화되지 않은 것이 불만이다. 72%의 동독인들은 동서독 소득의 격차에 대해서 불만이다. 또 60%의 동독인들은 동서독이 하나가 되지 못하고, 여전히 평행 사회로 있다는 데에 대해서 불만이라는 것이다. 표현만 차이가 나는 것이지 내용은 거의 동일하다. 즉 동독인들은 서독인들보다 여전히 못산다는 데 불만인 것이다.

불만의 두 번째 원인은 동독 시절 그들의 삶과 연관이 된다. 이것은 물론 동독 정권하에서 인생의 상당 기간을 보낸 장노년층에 주로 해당되는 사실일 것이다. 물론 젊은층은 장노년층보다는 비교적 자유롭지만, 반드시 무관하다고는 할 수 없을 것이다. 그들의 부모 그리고 자신들의 정체성과 연관되지 때문이다. 동독인의 54%는 동독 사회가 이룬 업적을 제대로 인정받지 못한다는 사실에 불만이다. 49%의 동독인들은 통일 이전의 동독인의 삶에 대해서 부정적으로 표현하는 것이 불만이라는 것이다.

이 응답은 많은 것을 말해 준다. 즉 동독인들 중에는 동독 시절을 긍정적으로 보는 사람들이 많아졌다는 것이다. 그래서 많은 동독 사람들은 통일 정부가 슈타지를 처벌하는 데에 대해서 불만을 갖는다. 동독인 스스로는 슈타지의 희생자라고 주장했지만, 막상 독일 정부가 슈타지 과거를 정리하는 데 대해서 불만을 갖는다. 슈타지 정리를 불만스러워하는 동독인들은, 동서독 통일 정부를 '서독'의 정부라고 생각한다. 그래서 '서독'이 동독을 '정리'한다고 믿는 것이다.

세 번째로 불만스러운 것은 앞의 것에 비하면 정도가 약하다. 30%의 동독인들은 통일 과정에 참여할 기회가 적었다는 것이다. 동독인 22%는 동독인들이 서독인들만큼 존경을 받지 않아 불만이다. 그 다음으로는 동독의 문화 및 스포츠 업적에 대한 평가 절하된 것이 불만이다(18%). 물론 동독은 스포츠에 대단한 업적을 보였지만, 그 대부분은 약물 사용의 결과라는 것이 나중에 드러났다.

도표 2-17. 통일에 대한 동독인들의 불만 원인 (단위: %, 2009년, 동독인)

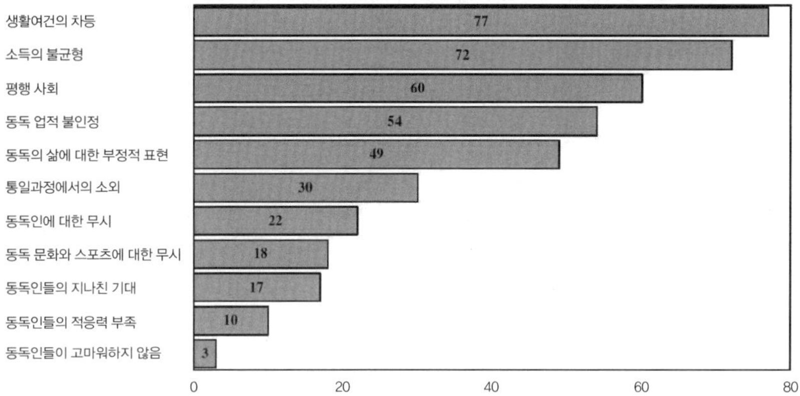

네 번째는 통일 이후 동독 주민의 불만에 대해서 반성적인 내용이다. 즉 동독 주민들이 통일에 대해서 기대가 지나치게 큰 것이 원인이라는 것이다(17%). 동독인들은 변화된 환경에서의 적응 능력 부족하다는 것이다(10%). 그리고 3%의 동독인들은 외부의 도움에 대해서 고마워할 줄 모르는 동독 주민에 대해서 불만이다.

이 설문 결과를 보면 동독인의 불만은 경제적 요인이라는 것이 다시 확인된 것이다. 즉 통일 독일에 대한 동독인들의 소속감을 높이려면, 그들의 소득 증대가 필수적이다. 그런데 그 방법이 쉽지 않은 것이 독일 정부의 고민이다. 이 결과를 한국에 적용해 보면, 남북 통일의 경우도 북한 주민의 소득을 높이는 것이 얼마나 중요한가를 알 수 있다. 그런데 동독의 경우와 마찬가지로 자본주의에 대한 이해 부족과 경험의 부족으로, 소득 증대 정책은 쉽지 않을 것이다.(〈도표 2-17〉 참조)

〈도표 2-18〉은 동독인 스스로가 미래에 어떤 희망을 갖는가를 나타낸다. 두 개의 연령대로 나누어 미래에 대한 개인의 희망을 표시하고 있다. 통일 직전인 1989년에는 동독인의 반 이상이 희망을 가졌다. 모든 연령

도표 2-18. 미래에 대한 희망 (단위: %, 동독인, 1989-2009)

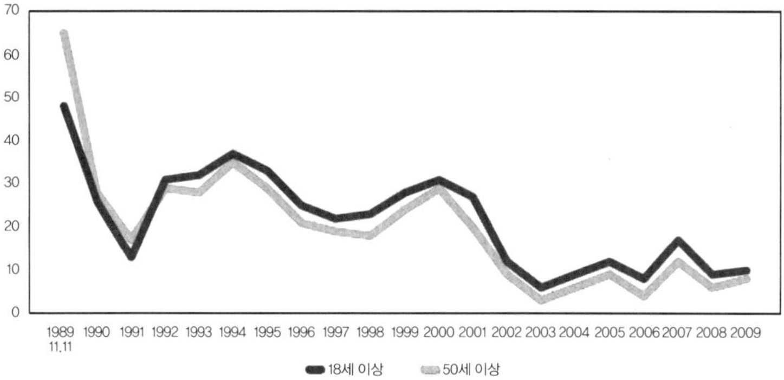

층이 미래에 대한 희망을 가졌던 것이다. 그러나 등락은 조금 있지만, 동독인 모두가 희망을 잃어 간다는 것을 보여 준다. 특히 50세 이상의 동독인들은 통일 직전에는, 젊은 사람들보다 더 큰 희망을 가졌다. 하지만 통일 직후부터는 그 희망이 젊은이들보다 더 작아졌다. 도표를 전체적으로 보면, 동독인들의 희망은 나이와 상관없이 거의 같이 움직이면서, 작아지고 있는 것이다.

희망이란 현실과 동떨어져 있지 않으며, 그 희망은 주어진 여건하에서 이루어질 수 있는 법이다. 독일 노동시장에서 50세 이상은 새로운 일자리 구하는 것이 어렵다. 실업자가 된 장년층은 노력을 하다가, 결국 취업을 포기하는 경우가 적지 않다. 이들은 대부분 조기 연금을 신청하여 살아간다. 그러면 연금액은 상당히 삭감되어, 노후 생활은 경제적으로 어려워진다. 통일 이전에 꿈꾸었던 보다 나은 인생과는 이렇게 하여 깨어진 경우가 적지 않다. 만약 이들 연금생활자가 모아둔 재산이 없다면, 여생을 가난과 함께 보내게 된다.

〈도표 2-18〉 안에서 희망이 커지는 시기와 작아지는 시기로 나누어 생각해 볼 수 있다. 많은 사람들이 희망을 갖는 해는, 통일 직전인 1989

년부터 1990년까지, 1991년부터 1994년까지, 그리고 1997년과 2000년이다. 반대로 희망이 줄어드는 시기는 통일 직후인 1990년부터 1991년까지, 1994년부터 1997년까지, 2000년부터 2003년까지, 그리고 2005년부터 2008년까지이다. 특히 희망이 바닥을 치는 해는 2003년인데, 이때는 사민당의 슈뢰더 정권이 아젠다 2010을 발표했을 때이다.

노동시장과 사회보장제도를 개혁하는 새로운 정책은 하류층에 큰 영향을 끼쳤다. 50세 이상뿐 아니라 많은 동독인들에게 해당되는 사안이어서, 아젠다 2010에 대한 이들의 두려움은 컸다. 희망이 커지는 1994년과 1998년에는 선거와 영향이 있다. 정치인들이 온갖 약속을 했기 때문에 동독인들이 잠시 희망을 갖게 된 것이다. 그러나 그 다음 선거 때부터는 동독인 들의 반응의 폭은 좁아졌다. 이제는 동독인들도 정치가들의 공약을 믿지 않게 되었기 때문이다. 동독인들은 1990년의 자유선거가 인생처음이었다. 선거가 계속되면서, 일희일비하는 것도 줄어들게 되었다. 2007년에 희망이 좀 커졌지만, 이때 닥친 유럽 경제 위기로 그 희망마저 사라지고 말았다.

6.1. 동독인들의 불만 분석

동독인들은 1989년 베를린 장벽이 무너지는 순간 큰 행복에 도취되었다. 동서독 통일이 되면 서독인과 같은 자유와 생활 수준에 도달할 줄 알았다. 통일 직전인 1990년 3월의 선거유세에서, 콜 수상은 5년 이내에 서독의 복지 혜택을 주겠다고 약속하지 않았던가. 그러나 통일의 기쁨이 채 사라지기도 전에, 수많은 동독인들은 실업자가 되어 길거리로 내몰렸다. 많은 사람들은 통일에 대한 기대가 실망으로 바뀌었고, 일자리를 가진 사람들도 서독인들만큼 소득이 되지 않았다. 서쪽만 바라보면 동독인들은 그냥 화가 났다. 통일의 행복은 잊은 지 벌써 오래되었다.

그러나 상황을 좀 냉철히 따져 보자. 실제 동독인들의 생활은 통일로 인해서 많이 개선되었다. 통독 당시의 후진적 사정에 비하면 비교할 수 없을 정도로 나아졌다. 그런 것을 감안하면 동독인들은 마냥 행복할 수 있을 텐데, 실제로는 자신들의 처지에 불만스러워 한다. 물론 동독인들의 불만족을 이해 못하는 바가 아니다. 예를 들어 실업자가 되었다가 조기 연금생활자가 된 경우를 가정해 보자. 동독 시절에는 상상도 못하던 일이다. 동독에는 공식적으로 실업자가 없지 않았던가.

그런데 동독과 똑같은 길을 걸었던 동구의 다른 국가를 생각해 보자. 헝가리, 체코, 폴란드 등도 마찬가지로 자본주의의 충격을 받았다. 사회주의에서 자본주의로의 전환이 쉽지 않기 때문이다. 그런데 동구인들은 동독인들만큼 불만이 높지 않다. 왜 그럴까? 이들은 자신의 과거 상황과 현재를 비교하여, 좋은 점과 나쁜 점을 동시에 생각한다. 하지만 동독인들은 자신의 과거가 아니라 서독인들과 비교한다. 자신의 여건이 좀 나아지면 또다시 서독인과 비교하는 것이다.

베를린의 독일 경제 연구소DIW가 동서독인들의 만족도를 조사한 적이 있다. 생활수준, 여가, 노동, 주거환경, 소득, 의료체제, 유아보육시설 등에 대한 만족도가 어떤 지를 조사해 보았다. 이중에서 동서독의 만족도가 거의 비슷한 것은 주거시설에 관한 것뿐이었다. 동독인들은 자신의 주거 시설에 대한 만족도가 서독인에 비해서 대체로 낮았다. 그러나 시간이 흐르면서 여건이 개선되어 이제는 거의 동일한 수준에 이르렀다. 그러나 나머지는 모두 서독인에 비해서 만족도가 낮았다. 시간이 흘러도 변화가 없었다. 이중 가장 만족도가 낮은 것은 본인의 소득이었다. 유일하게 동독인들이 서독보다 만족도가 높은 것은 유아 보육시설이었다.

그러나 통일 후 모든 것들이 동독인들에게 불리하게 진행된 것은 아니다. 동독인들의 평균 소득은 1991년에 9,442유로였지만, 2009년에는 22,702유로가 되었다. 서독인은 1991년 22,702유로에서 2009년에 33,086유로로 증가했다. 물론 평균치이고 모든 사람들이 이렇게 소득이 증가한 것은 아니다. 동독인들은 아직도 서독인에 비해서 월급이 적다고 불평을 한다. 같은 동포인데 왜 우리는 적게 받느냐는 불평을 한다. 그러나 〈도표 2-19, 20〉을 보면 왜 적게 받는가를 알 수가 있다.

통일 직후 동독 노동자의 임금은 서독의 반에 미치지 못했다. 시간이 흐르면서 동독 노동자의 임금도 늘어났지만, 서독의 3/4 수준에 정체되어 있다. 생산성을 비교해 보면 여기에 대한 대답이 나온다. 동독 노동자의 생산성은 서독에 비해서 떨어진다. 통일 이전 동독 노동자들의 생산성은 서독의 30%에도 미치지 못했다. 통일 직후인 1991년에는 70%, 2012년에는 73%에 이른다. 그래서 동서독의 생산성과 임금은 더 이상 좁혀지지 못하고 있다.

동독인들에게 유리한 것이 또 있다. 연금은 동독인들이 더 많이 받는다. 통일 이전 동독 남성의 연금은 서독인의 1/3정도밖에 되지 않았다. 하지만 통일 조약에 따라 동독인들의 연금은 급속히 증가하여, 통일 후 7년이 지나면 서독인보다 더 많이 받게 된다. 통일 이전 동독 여자들의 연금은 서독 여자들의 2/3에 불과했다. 그러나 통일 후 2년이 지나면 서독 여자보다 더 많은 연금을 받는다. 그것은 동독 여자들은 서독 여자들보다 더 오래 일했기 때문에, 남자들과는 사정이 다르다.

그러나 서독인들의 경우 회사연금, 사적 연금, 사유재산 등에서 30% 정도 많은 가처분 소득을 갖고 있다. 또한 서독인의 재산은 동독인들의 두 배가 된다. 그것은 동독인들은 동독 시절에 사유재산을 증식할 기회가 없었기 때문이다. 또 동독 지역의 부동산 가격은 서독 지역에 비해서 많이 싼 것도 이유이다.

동독 지역의 주택 임대료는 서독의 반이 되지 않는 경우가 많다. 서독에서 가장 비싼 뮌헨은 평당 30유로, 슈투트가르트는 24유로이다. 쾰른, 프랑크푸르트, 함부르크 등도 평당 21유로이다. 반면에 동독에서 가장 비싼 곳은 에어푸르트로 18유로, 드레스덴은 15유로이다. 독일에서 임대료

도표 2-19. 동서독 노동자의 월급비교(당위: 유로, 1991-2014)

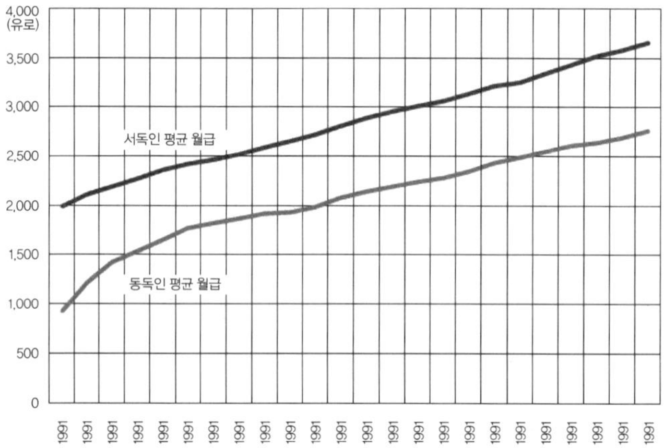

도표 2-20. 동서독 노동자의 시간당 생산성비교 (단위: 유로)

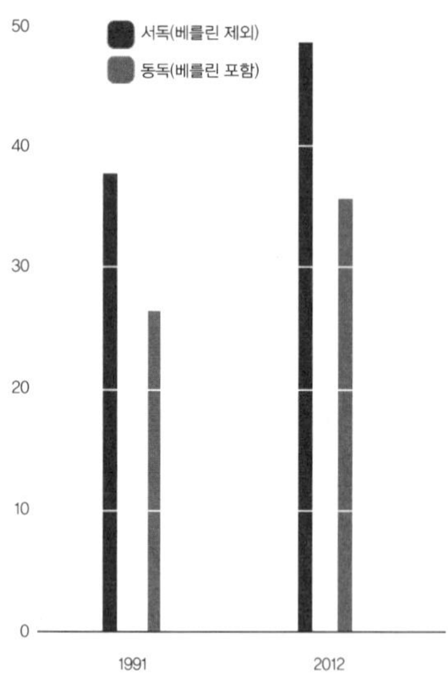

는 보통 소득의 1/3을 차지하기 때문에, 동독의 낮은 방세는 소득 보상효과가 있다. 거기다 동독의 물가가 싸기 때문에 생활비가 많이 적게 든다.

동독인들이 서독인들보다 만족도가 높은 유아 보육시설을 보자. 3세 미만의 유아를 보육하는 시설을 예로 들어 보자. 동독에서 어린 유아를 보육 시설에 맡길 수 있는 비율이 평균 45.9%이다. 작센-안할트주(55.1%), 메클렌부르크-포어포메른주(49.5%), 브란덴부르크주(48.3%), 튀링엔주(42.8%), 작센주(40.1%)가 이렇게 좋은 시설을 갖고 있는 것은 물론 사회주의 산물이다. 동독에서 교육은 개인이 아닌 국가 담당이었기 때문이다.

반면에 서독에서 유아를 보육시설에 맡길 수 있는 비율은 평균 14.4%에 불과하다. 가장 높은 곳은 함부르크(22.2%)이고 가장 낮은 곳은 노르트라인-베스트팔렌주(11.5%)이다. 아이를 보육시설에 맡기지 못하면, 부모가 가정에서 돌봐야 된다. 동독에 비해서 형편없는 비율이다. 그럼에도 불구하고 서독인들의 만족도는 동독인들보다 조금 낮다. 개인 소득에 대한 동서독인들의 만족도 차이하고는 비교가 되지 않을 정도로 낮다.

또 다른 보기를 들어 보자. 독일 통계청 2013년 보고서에 따르면, 동독인의 2/3는 자신의 능력에 비해서 정당한 대우를 못 받고 있다고 생각한다. 단지 1/3만이 능력에 맞는 대우를 받고 있다고 생각한다. 서독인들의 경우는 이와 정반대이다. 즉 서독인 2/3는 자신의 능력에 맞는 정당한 대우를 받고 있다고 생각하고, 1/3는 그렇지 못하다는 것이다. 또 다른 보기를 들어 보자. 독일경제연구소의 2010년 발표에 따르면 서독인 66%, 동독인 77%는 자신의 미래 경제 사정에 대해서 걱정한다고 했다. 이중에서 서독인 18.5%와 동독인 24.6%는 그 걱정이 매우 크다고 했다.

동독 사람들의 불만을 이해할 수 있다. 그러나 주택임대료와 생활비가 동독이 싸다는 것을 고려하면 사정은 다르다. 단순 임금 차이와 구매력 차이가 비례하는 것은 아니기 때문이다. 그런데 객관적 상황과 동독인들의 주관적 평가를 비교해 보자. 필자의 의심은 동독인들의 불만은 생활화 된 것은 아닌가 하는 느낌이 든다. 개인 소득에 대한 불만에서 생겨난 것이 확산되어 버린 것이 아닌지 모르겠다. 그래서 주민 모두가 불만스러워하는 불만의 '문화'가 생긴 것이 아닌지, 모두가 불만스러워하는 불만사회가 된 것은 아닌지, 그래서 가까이 있는 행복조차 모르는 것은 아닌지. 아니면 이들이 자본주의 기본 성격을 아직 몰라서 그런 것은 아닌지 모르겠다.

6.1.1. 동독인 자화상 평가

동독인과 서독인은 아직도 차이가 나는가? 여기에 대해 독일인들 사이에 서로 의견이 엇갈린다. 2015년 최근 조사를 인용해 보자. 동서독 사람 전체에 물으면, 약 반 정도는 아직 동서독인들 사이에는 차이가 있다는 것이다. 그러나 동독인들에게만 물으면 무려 71%가 여전히 차이가 있다는 것이다. 서독인보다는 동독인들에게서 동서독 차이가 더 크게 부각되는 것이다. 왜 서로 이렇게 다르게 인식하는가. 필자의 생각에 서독인들은 개인주의 성향이 강하여 자신 일에 몰두하여 남한테 관심이 적다. 그래서 남과 비교도 잘 하지 않는다. 이보다 더 중요한 것은 서독인들은 동독에 관심이 별로 없다. 이산가족이나 직업의 연관성 있으면 다르지만, 그렇지 않으면 관심없는 동독은 '외국'이나 마찬가지다. 반면에 동독인들은 집단주의 성격이 강하고, 자신의 처지를 서독인과 잘 비교한다.

동서독인들은 통일 후 시간이 흐르면서 상대방을 더 잘 이해하게 되었나. 그 대답은 부정적이다. 시간이 흐른다고 상대편을 더 잘 이해하는 것도 아니고, 부정적 시각이 줄어든 것도 아니다. 동독인을 예로 들어보자. 1990년 동독인의 25%는 서독인들의 긍정적 측면을 발견할 수 있다고 했다. 그런데 2010년에는 겨우 14%만이 그렇다고 대답했다. 즉 동독인은 서독인에 대해서 더 부정적이 되었다. 다만 서독인에 대한 비판적 입장은 41%에서 35%로 줄어들었다. 서독인을 대상으로 한 조사에서도 유사한 결과가 나왔다.

이와 유사한 결과가 5년 후인 2015년에 다른 조사에서도 나왔다. 동서독인은 서로에 대해서 어떻게 생각하느냐이다. 동독인의 60%(서독인: 30%)는 상대방에 대해서 부정적으로 생각한다. 동독인의 20%(서독인: 15%)만이 상대편에 대해서 긍정적으로 본다. 그럼 스스로에 대한 평가는 어떤가. 동독인 62%(서독인 32%)는 자신에 대해서 긍정적으로 보았다. 동서독인 모두 17% 정도는 자신들에 대해서 부정적으로 보았다. 이 조사결과를 보면 두 가지를 알 수 있다. 동서독인들은 여전히 상대방을 부정적으로 보고 있다. 그런데 이 경향이 동독인들에게서 더 강하게 나타난다. 동독인들은 자신에 대해서 더 긍정적으로, 서독인에 대해서 더 부정적으로 생각한다.

〈도표 2-21〉은 동서독인들이 상대방에 대해서 어떻게 생각하는가를 좀더 상세하게 보여 준다. 물론 여기서 각각의 집단에 대해서 일관된 모습이 아니라 모순된 견해를 보여 준다. 동서독인은 상대방에 대한 평가가 일치하지 않는 것이다. 그런 불일치에도 동서독인들 사이에 한 가지 측면은 합의를 본다. 즉 서독인은 자기 확신이 강하고 동독인들은 가족관계가 진하다는 것이다.

도표를 세부적으로 살펴보자. 서독인들이 보기에 동독인들은 기대치가 너무 크고 모든 것을 가지려고 한다(8%). 불만이 많고(5%), 아는 체한다(4%). 또 외골수 기질이 있고(3%), 가정적(3%)이다. 반면에 동독인 스스로는 자신에 대해서 겸소하고(20%), 부지런하다(19%). 또한 가족주의적(13%)이고, 남을 잘 돕고(11%), 솔직하다(10%)는 것이다.

도표 2-21. 동서독인들의 자화상과 상대방에 대한 견해

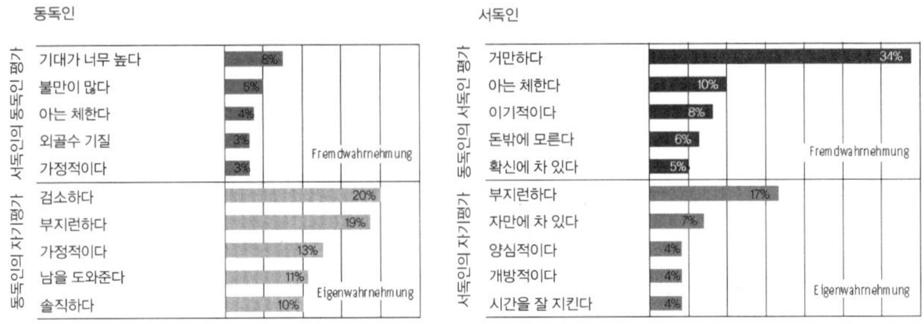

동독인들이 보기에 서독인들은 오만하고 자만심이 강하다(34%). 아는 척하고(10%), 이기주의적이고(8%), 돈밖에 모르고(6%), 또 확신에 차 있다(5%)는 것이다. 서독인들은 자신에 대해서 부지런하고(17%), 오만하고 자만심이 강하다고(7%) 생각한다. 또한 양심적이고(4%), 개방적이며(4%), 시간을 잘 지킨다(4%)고 믿는다.

이 조사 결과를 보면 동서독인들 사이의 평가는 이렇게 엇갈린다는 것을 알 수 있다. 또 전통적 편견인, '오만한 베씨와 불평만 늘어놓는 오씨'가 깨어지지 않았다는 것을 말해준다. 1990년조사와 2010년 조사를 봐도 알 수 있다. 통일 직전에 동서독인의 60%는 서로 간에 차이가 난다고 말했다. 그 후 20년이 흐른 2010년에도 동서독인들 50%는 여전히 그렇다는 것이다.

서로 자주 만나면 서로 간의 오해가 줄어들 텐데, 동서독인들은 서로 잘 만나지를 않는다. 2016년 독일 내무부 장관도 이 사실을 증언했다. 서독 출신인 이 장관은 동독의 드레스덴에 살고 있다. 그런데 드레스덴에 사는 서독인들은 서독인들끼리 만난다는 것이다. 이 사실은 다른 데이터에서도 확인할 수 있다. 서독에 일을 하는 동독인들 또한 자기네들끼리 만난다는 것이다. 이렇게 자기네들끼리만 만나는 것도, 오해가 줄어들지 않는 이유 중의 하나이다.

서독인들의 반 정도는 1989년 11월 베를린 장벽 붕괴 후에 1년 사이에 동독인을 만난 경험이 있다. 반면 동독인80%들은 약 반년(!) 사이에 서독인을 만난 경험이 있다는 것이다. 동독인들이 상대방을 만나는 데 더 적극적이었다는 것을 알 수 있다. 물론 이들이 정기적으로 만나는 것은 아니고, 시간이 지나면서 그 접촉도 많이 줄어들었다. 서독인 11%, 동독인의 1/3만 다른 지역에 있는 동포들과 정기적으로 접촉이 있다는 것이다. 그러니까 동독인들은 서독에 대해서 관심이 많다. 이것이 자신의 상황과 서독인의 상황을 자꾸만 비교하는 계기가 될 것이다.

그럼에도 약간의 희망을 주는 것은 서로 낯선 감정이 줄어들었다는 것이다. 서독인은 2000년에 30%, 2010년에는 20%가 동독인을 낯설게 느꼈다는 것이다. 이 통계는 하이트마이어 교수의 연구와 거의 일치한다. 하이트마이어 교수는 1991년부터 2006까지 동서독인들 사이의 느낌을 조사했다. 이 기간 동안에 30%의 동서독인들은 상대방에 대해서 서로 낯설게 느낀다. 그것도 외국인들보다 더 낯설게 느껴진다는 것이다. 그런데 상호간의 이런 낯선 느낌은 시간이 흐르면서 10% 줄어들어, 2006년이 되면 20%가 된다.

6.1.2. 동독인들의 외국인에 대한 우월감

위의 통계는 동서독 사람들이 주로 상대편에 어떻게 느끼는가를 보여 준 것이다. 그것은 독일인들 사이의 느낌을 보여 주는 것이다. 그러나 많은 독일인들은 외국인들을 다르게 대하는 경우가 적지 않다. 직접 무시하는 경우도 있고 또는 폭력을 행사하는 경우도 있다. 서독인들의 경우 외국인을 혐오하는 숫자가 약 30%가 된다. 여러 조사 결과에서 보면 잠재적으로 외국인을 혐오하는 사람들이 대개 그 정도 된다. 그런데 외국인을 싫어하는 것은 동독이 심하다. 이것은 통계적으로도 그렇고 필자의 경험으로도 그렇다. 이것을 구체적으로 보여 주는 사례는 많다. 통독 이후의 외국인 테러사건과 2014년부터의 페기다 운동 등이 말해 준다. 특히 2006년 축구 월드컵 경기 일부를 동독 지역에서 치르려고 했다. 이때 여러 외국인 단체들이 들고 일어나, 동독 지역의 노-고-에어리어No-go-Area를 발표하는 등 반발했다.

동독인들이 외국인들을 대하는 것은 서독인들과는 좀 차이가 난다. 여기에 대한 실증적 조사는 필자가 아직 발견하지 못했다. 아마 없을 것이다. 이런 주제는 터부에 가깝기 때문이다. 그래서 여기서는 필자의 직접 간접 경험에서 설명하려고 한다. 필자의 경험은 동독의 '지방 소설'에서도 확인되었다. 필자는 동독의 지방 소설을 분석했다. 이 소설은 특정 지역을 무대로 줄거리를 꾸려 놓은 소설이다. 예를 들면 라이프치히 또는 드레스덴 등을 무대로 하여 씌어졌는데, 모두가 범죄소설이다. 이 지역 소설의 독자는 그 지방에 사는 주민 또는 여행자들이다. 그러니까 소설가는 지역 주민들의 기대와 마음을 잘 알고서 쓴 것이다. 이것은 지역주민의 심성을 인식하는데 주요한 자료가 된다고 생각하여, 필자가 분석한 적이 있다.

필자의 소설 분석으로는 동독인들은 외국인뿐 아니라 서독인들도 싫어한다. 물론 이 소설에 등장하는 사람들은 서독의 경찰과 검찰 간부들이다. 그렇지만 서독에 대한 동독인들의 견해라고 볼 수 있을 것이다. 동독 사람들의 눈에 서독인들은 '점령자'들이다. 그것도 능력도 없는 사람들이, 경력을 쌓으려 동독에 오는 것이다. 무능을 드러내다가, '유능한' 동독 부하들의 능력에 힘입어 경력을 쌓는다. 그러면서도 잘난 척하고 오만한 자세를 나타낸다. 화가 난 동독인들은 이들 서독인들과 한번씩 구분짓는다. 서독인들은 어차피 임기만 채우고 나면 서독으로 간다는 것이다. 이들이 하는 방법은 작센의 사투리로 동독인들끼리 대화를 나누는 것이다. 이 사투리는 서독 사람들이 거의 알아 들을 수가 없다. 또는 동독인들은 동독 시절의 화재로 대화를 나눈다. 동독인들은 이처럼 사투리와 이야기 소재를 통해서 서독 사람들과 구분짓는다.

물론 동독인들이 서독인을 대하는 것은 한국인과 같은 유색인을 대하는 것과는 다르다. 서독인들에 대해서는 싫어하는 감정을 직접 드러내지 않는다. 동독에 사는 서독인들은 자신의 상관일 가능성도 있고, 서독인이 따질 가능성도 있다. 또 서독인들에 대해서 콤플렉스를 갖고 있기 때문이다. 그 대신에 유색 외국인에 대해서는 직접 거리낌 없이 드러내는 경우가 많다.

필자의 경험에 따르면 동독인이나 서독인이나 잘난 척하는 것은 마찬가지이다. 이것은 서양인들이 동양인에 대해서 우월감을 느끼는 그런 것들이다. 그런데 서독인보다는 동독인들이 잘난척 하고 시건방진 경우가 더 많다. 또 그것을 직접 드러내는 경우가 많다. 동독인들은 유색인을 '하류' 인간으로 보는 경우가 많기 때문이다. 이것을 잘 드러내는 것이 페기다 운동이다. 외국 경험이 없는 동독인들은 한국인을 모두 베트남 사람으로 본다. 적지 않은 동독인들은, 우리 같은 사람들을 '보잘것없는' 유색인으로 생각한다. 또는 동독 시절 베트남에서 온 계약노동자와 마찬가지로 생각한다.

예를 들어보자. 필자가 빵가게에서 우리가 말하는 도너츠를 주문했다. 흔히 독일에서 말하는 식으로 "베를리너 두 개를 주시오"라고 했다. 판매원이 대꾸하기를 "이곳에서 판쿠헨이라고 하니까, 다음부터는 그렇게 주문하시오"라고 '훈계'를 했다. 다른 지역에서 판쿠헨은 팬케익을 말한다. 샴페인을 살 때였다. 드라이한 샴페인은 독일에서는 프랑어 단어인 '브뤼'brut라고 말한다. 가게 아주머니는 굳이 그것을 독일어 방식으로 발음하는 것이다. 그리고 필자의 '맞는' 발음을 자신의 '틀린' 발음으로 고

치려 했다. 필자보고 다음부터는 '브루트'라고 하라는 것이다.

동독인의 또 다른 특징은 다른 나라에 대해서 잘 모른다. 아마 그들의 우월감 때문에 아시아나 아프리카에 대해서 알 필요를 못 느낄지 모른다. 필자가 만난 나이가 좀 든 동독인들은 한결같았다. 한국에서 왔다고 하면, 즉각적으로 '자유로운 한국'(북한)이냐 '자본주의 한국'(대한민국) 왔느냐라고 묻는다. 그리고는 일자리를 구하려 동독에 온 줄 아는 경우가 종종 있다. 그리고는 한국에 대해서 더 이상 알고 싶은 것이 없다. 외국인에 대한 편견과 더불어 알고 싶은 것도 없기 때문일 것이다.

나이가 젊은 동독인 중에서 직장 관계로 아시아 지역에 체류 경험이 있는 사람을 몇 번 만난 적이 있다. 이들은 아시아 국가와 아시아인들에 대한 우월감이 대단했다. 그리고 아시아인에 대한 온갖 편견과 인종주의적 발언을 숨기지 않았다. 그것도 필자 앞에서 직접 속마음을 털어 놓았다. 아시아의 역사나 문화에 대해서는 전혀 관심이 없다. 그들의 우월감은 서독인에 대한 열등감에서 나온 것이다. 그 우월감은 동독 시절에 이미 모잠비크인, 베트남인, 쿠바인들에게 명료하게 보여 주었다.

동독인들이 유색인에 갖는 우월감은 이미 동독 시절에 생겨난 것이다. 이들은 그 편견을 수정할 필요를 느끼지 않는다. 필자가 동독에서 열렸던 세미나와 토론회에 참가할 때 받은 인상이다. 참가자의 대부분이 동독인들인 경우이다. 동서독을 비교하거나 동독에 대해서 논의할 때, 동독을 칭찬해야 된다. 그러면 참석자들이 박수를 보내고 누군가 비판을 하거나 서독보다 못하다는 말을 하면 분위기는 싸늘해진다. 심지어는 동독인이 서독인보다 더 관대하다는 주장을 할 때, 그들은 더 큰 박수를 보냈다.

동독인들은 서독의 전국적 언론 매체를 읽지 않는다. 저명한 '남독신문'이나 '프랑크푸르트 알게마이네'와 같은 전국지를 보지 않고, 동독의 지역 신문을 보는 경우가 많다. 이들 지역 신문의 특징은 지구상의 사건에 대해서는 단편적 보도를 주로 한다. 역사적 배경하에 체계적 분석을 하여 보도하지 않는다. 주로 지역의 사건 사고를 보도하는 것이 특징이다. 그래서 그들의 세계에 대한 지식은 늘지 않는다.

동독인들은 여행을 하더라도 서독인과는 다른 곳으로 간다. 주로 동독 지역 아니면 바이에른 또는 오스트리아로 간다. 즉 독일어가 되는 곳으로 간다. 반면에 서독인들은 주로 외국으로 간다. 동독인들은 통일 전에 서방 세계로 여행을 가고 싶다고 했다. 그러나 통일 직후인 1991년 동독인의 67%는 동독에서 휴가를 보냈다. 서독으로 간 사람들은 주로 바이에른에서 휴가를 보냈다. 이때 서독인 대부분은 스페인, 이탈리아, 오스트리아로 여행을 떠났다. 또 41%의 서독인들은 서독에서 휴가를 보냈고, 동독으로 휴가를 떠난 사람은 4%에 불과했다.

그 후 10년이 지난 2009년에도 동독인들은 대부분 독일에서 휴가를 보냈다. 27%는 동독 시절 때처럼 그들이 가장 선호하는 발틱해로 떠났다. 그 다음이 오스트리아로 떠난 사람들이다. 서독인들은 2009년의 경우에 30%는 이탈리아, 스페인으로 떠났다. 그 다음이 바이에른이고 북해 또는 발틱해로 떠났다. 통일 후 많은 시간이 흘렀지만, 동독인들은 주로 동독 지역을 비롯한 독일어 지역으로 떠난다. 반면에 서독인들은 남쪽 나라로 여행을 떠나는 습관에는 변함이 없다.

필자가 경험한 또 다른 특징은 동독인들은 낯선 사람과 접촉을 피한다. 서독 지역에서 흔히 모르는 외국인들과도 간단한 스몰 토크를 하지만, 동독에서는 아주 드물다. 그리고 동독에서는 타인의 작은 선행에 대해서 고맙다는 말을 하지 않는다. 예를 들어 남이 주차할 때까지 기다려줘도 고맙다는 말을 하는 사람은 드물다. 또 운전을 난폭하게 하여 무리하게 남을 추월하는 경우가 많다. 물론 이것은 서독과 비교하여 그렇다는 것이지, 한국보다 사정이 낫다는 말은 아니다.

독일에서 주민 1인당 교통사고의 사망자가 가장 많은 곳은 브란덴부르크, 작센-안할트, 튀링엔이다. 가장 적은 곳은 함부르크, 브레멘, 베를린이다. 여기에 대한 해명으로 동독의 도로 사정이 좋지 않아 응급치료 의사가 현장에 접근이 늦다는 것이다. 그런데 필자의 견해는 좀 다르다. 동독 시절에 엔진힘이 약한 트라비를 몰던 사람들이 힘 좋은 서독 차를 마구 모는 것이다. 또 자동차 운전 경험이 적은 사람이 많다. 그것은 그들의 주차 능력을 보면 알 수 있다. 자리가 좁은 곳에서 주차를 하지 못한다.

필자의 지인인 한 동독 사람이 취미 과정을 개설했다. 서독인의 경우라면 그것으로 끝이고 더 이상 요구를 하지 않는다. 그런데 이 동독인은 필자를 보고 자신이 개설한 과정에 등록하라는 것이다. 거듭 등록을 촉구했다. 이와 유사한 경험을 필자는 여러 번 했다. 적절한 거리감을 갖지 못하고, 거듭 재촉을 하여 서로 관계만 어색하게 된 것이다. 이것은 동독인들이 서독인들에 비해서 더 직접적이라는 것을 말해 주는 것이다. 또 자신의 영업에 대해서는 너무 강한 집착을 보여 돈밖에 모른다는 소리를 할 수도 있을 것이다. 이 점에서는 한국에 더 가깝고, 또는 '인간적'이라고 할 수 있을 것이다. 지나치지 않는 우아함이 이들에게는 결여되어 있다고 할 수 있을 것이다.

제 3 장 동독인의 가난 문제

가난 문제는 세계적으로 심각하다. 물론 가난은 오늘날만의 문제가 아니고, 인류 역사와 함께 언제나 있어 왔다. 기술이 발달하고 사회 전체가 부유해질수록 가난 문제는 해결할 수 있다고 믿어 왔다. 기술은 새로운 일자리와 부를 만들 수 있기 때문이다. 그러나 현실은 예상과는 다르게 진행되었다. 시간이 흐를수록 빈부 격차는 더 커지고, 수많은 사람들은 인간적 품위를 지킬 수 없을 정도의 가난에 시달리고 있다. 더욱이 이 가난은 빈국에만 국한되는 것이 아니고, 부유한 나라에서도 심각하게 전개된다. 지구상 어디에도 가난 문제를 해결한 나라는 없다. 사회보장이 잘 되어 있다는 독일도 예외는 아니다.

독일 경제는 유럽의 선두주자이다. 유럽 제1의 경제 규모이고 세계 네 번째 부국이다. 미국, 중국, 일본 다음으로 큰 경제 규모이다. 유럽 대부분 나라들은 2008년부터 시작된 경제 위기로 휘청거리고 있지만, 유독 독일만 경제적 활기를 잃지 않고 있다. 전 세계 사람들이 놀라운 눈으로 독일을 바라보고 있다. 독일 경제가 다른 나라와 다른 데는, 여러가지 이유가 있다. 독일인들의 준법성, 학교교육의 현장성, 노사 간의 현실적 타협, 독일 정부의 세계화 정책, 기업의 경쟁성 등을 들 수 있다. 그런데 전문가들이 이것 이외에 반드시 꼽는 것이 있다. 그것은 독일 사민당 정부(1998-2005) 시절에 추진한 '아젠다 2010'에 의한 노동시장 개혁이다.

노동시장 개혁으로 인한 가장 큰 변화는 노동자 해고가 쉬워진 것이다. 이전까지는 사용자가 노동자를 해고하는 것은 아주 힘들었다. 여러 가지 법과 제도들이 노동자를 보호했기 때문이다. 독일 기업과 국가 이미지는 오랫동안 부정적이었다. 그래서 독일은 1980년대부터 '유럽의 병자'로 낙인 찍혀 있었다. 노동자들은 공장에 일하러 가지 않아도 월급을 받을 수 있었다. 의사의 진단서만 있으면 일터 대신에 요양을 갈 수도 있고 집에서 쉴 수도 있었다. 또 사회보장 덕분에 아예 취업을 생각조차 않는 사람들도 있었다. 여러 사회보장제도 혜택을 중복적으로 볼 수 있었기 때문이다.

독일 경제는 통일 특수로 잠시 반짝했다가 다시 침체에 빠져들었다. 여기에 사민당과 녹색당의 연정이 칼을 댄 것이다. 그것도 노동자를 위한다는 사민당이 추진했다. 이 정책에 실망한 사민당 당원 1/3이 탈당했다. 그 개혁은 중복된 사회보장제도를 단순화시키고, 노동자보호법들을 정비했다. 사민당 정부에 의해 2003년부터 실시된 이른바 '아젠다 2010'으로 독일 경제는 건강한 옛 모습을 찾게 되었다. 다시 유럽 경제의 기관차가 된 것이다. 프랑스와 이탈리아를 비롯한 대부분 국가들이 휘청거려도, 독일 경제는 늠름한 자세를 보인다. 세계 경기가 좋아서, 남들이 달리면 독일은 더 잘 달렸다. 그래서 독일의 노동시장 개혁은 전 세계의 모범 사례로 칭찬받고 있다.

독일 경제는 오늘날 다른 나라의 부러움을 독차지하고 있지만, 어두운 이면을 갖고 있다. 그것은 수많은 수많은 노동자가 해고와 가난의 불안에 떨고 있기 때문이다. 한 가지 보기를 들어 보자. 우선 노동 개혁으로 비정규직이 많이 늘어났다. 기업들이 '값비싼' 정규직 대신에, 비정규직 비율을 높였기 때문이다. 1993년 경우 동독의 비정규직은 8%였고, 서독은 12%였다. 그러던 것이 2013년에는 동독은 27%, 서독은 25%로 높아졌다. 왜 20년 사이에 동서독의 비정규직 비율이 왜 급상승했나. 서독의 경우는 많은 여성들이 비정규직에 취업을 했고, 동독의 경우는 많은 정규직을 비정규직으로 만들었기 때문이다. 동독 기업들이 인건비를 줄이려고 한 결과이다.

2015년 1월 1이부터 독일에는 최저임금제가 전면적으로 실시되었다. 사민당이 연정의 조건으로 기민당과 협상했기 때문이다. 일용직 등 모든 노동자는 시간당 8.5유로를 받을 수 있게 되었다. 노동자에게 그 이하를 지급하면 처벌을 받게 되었다. 이 새로운 조항으로 많은 일용직들이 혜택을 보게 되었다. 그것은 2013년의 경우 동독의 24%, 서독 11% 노동자가 시간당 8.5유로 이하를 받았기 때문이다. 최저 임금제로 혜택을 보는 노동자도 늘어났지만, 그로 인해 손해를 보는 경우도 생겼다. 그동안 저임금이 많던 직종에서는 해고 사태가 벌어졌다. 예를 들어 식당과 미장원에서는 많은 일용직들이 해고 통보를 받았다. 가난한 사람들이 미용소가는 횟수를 줄이고, 외식 기회를 줄였기 때문이다.

그리고 노동 개혁의 결과로서 많은 일자리는 계약직으로 바뀌었다. 이들 노동자는 계약이 끝나고, 계약 연장이 되지 않으면 다른 일자리를 구해야 한다. 동독은 계약직이 70%, 서독은 67%에 이른다. 이런 사람들은 계약이 끝나면 실업자가 되기 쉽다. 이를 통해서 노동은 그 생명력을 잃어버렸고, 노동 불안은 하류층뿐 아니라 독일 중산층까지 번졌다. 독일에서 중산층은 세후 평균 소득의 70-150%에 해당되는 집단을 말한다. 독일 경제연구소의 조사에 따르면, 이들 중산층이 그들의 미래에 대해서 불안해 하는 것이다. 하류층으로 떨어질 수도 있다는 두려움 때문이다. 아니 그보다 너 큰 두려움은, 자식의 미래에 대한 불안이다. 자식들이 하류층으로 떨어질 수도 있다는 불안감이다.

1. 독일 중산층의 와해

독일 중산층은 자신의 능력에 대한 믿음이 강하고 위기에 대한 적응력이 높다. 그것은 학교, 사회, 가정으로부터 배운 무형의 자산들이다. 독일 중산층의 힘은 바로 가족에게서 나온다. 그런데 독일 중산층은 가족의 핵인 자식들에 대해서 걱정하기 시작한 것이다. 자식이 직장을 제대로 얻을 수 있을까, 또는 높은 경쟁에서 살아남을 수 있을까를 고민하게 되었다. 그래서 이들은 교육 정책과 정치권에 대한 믿음을 접은 지 오래다. 독일 사회가 안정적인 이유는 중산층 때문이다. 독일 사회의 두터운 이들 중산층이, 사회적 소용돌이가 있을 때마다 버팀목이 되었다. 그런데 이 중산층이 자신들의 미래에 불안해 하기 시작한 것이다.

베르텔스만재단의 연구에 따르면 독일 중산층은 계속 줄어들고 있다. 연구에 따르면 중산층 일부는 상류층으로 올라가고, 또 일부는 하류층으로 떨어지기 때문이다. 중산층에서 상류층으로 올라간 것은 좋은 현상이지만, 문제는 하류층으로 떨어진 사람들은 다시 중산층으로 올라서기가 어렵다. 중산층 비율은 1984년부터 1997년까지 65%였다가 2010년에는 58%로 줄어들었다. 특히 변화가 큰 것은 중산층의 하류층, 즉 평균소득의 70-110%에 속하는 사람들이 많이 줄어들었다. 그 사람들은 하류층으로 떨어진 것이다.

이와는 약간 다른 시각에서 조사한 독일 정치교육센터bpd의 연구결과도 이와 유사하다. 2014년 말에 발표한 이 연구에서는 중간 계층을 평균 가처분 소득의 80-150%로 잡았다. 즉 70%에서 80%로 높여 잡은 것이다. 싱글의 경우 세후 소득이 월 1,310에서 2,457유로이면 중산층에 속한다. 통일 후를 3단계로 나누어 중산층의 변화를 살펴보았다. 기점은 독일 전체의 통계치를 잡을 수 있는 1991년을 기점으로 잡았다. 그 시점부터 1997년까지 중산층은 50.7에서 55.1%로 높아진다. 그것은 중산층도 통일 특수를 누렸기 때문이다. 그 후 경기가 나빠지면서 2005년에는 49.9%로 줄어든다. 이 다음부터는 비교적 안정적 상태로 2011년에는 49.1%가 된다. 이 조사도 중산층이 줄어든다는 경향을 다시 확인한 것이다.

독일에서 가난하게 되는 가장 큰 이유는 실업이다. 실업을 하게 되면 우선 실업보험 혜택을 한두 해 받게 된다. 젊은층은 1년 정도, 나이가 든 노동자는 2년 정도를 받게 된다. 그 액수는 월급과 일한 기간에 따라 다양하다. 그 기간에 일자리를 구하지 못하면, 이른바 하르츠 IV 수혜자로 받게 된다. 실업기간이 길어질수록 일자리를 구할 가능성은 줄어든다. 또 실업 기간에 취업 노력을 하지 않으면 지원금도 삭감된다. 이런 과정을 거치게 되면, 몇 년 사이에 가난 계층으로 추락한다. 독일에서는 가족이나 친척이 도와 주는 경우는 드물다. 실업급여나 기타의 사회보장 제도에 의존하여 생활하는 것은 빈곤층의 생활이라고 할 수 있다.

현재 독일에서는 장기 실업상태에서 하르츠 IV를 받고 사는 사람이 약 2백만 명이 된다. 자녀들도 그 지원금을 받게 된다. 성인은 399유로이고, 아이들은 나이에 따라 234유로에서 302유로를 받게 된다. 성인들은 하르츠 IV를 받는다는 사실이 사회적 불명예로 인식된다. 어쩌면 나머지 인생을 국가의 도움을 받으면서 가난하게 살 가능성이 크다. 또 당사자는 물론이고 그 자식들도 가난하게 살아갈 가능성이 크다. 부모의 가난이 자식에게 대물림할 가능성이 크기 때문이다.

독일도 우리와 마찬가지로 대졸자의 월급이 가장 많다. 그래서 독일의 대학 진학률도 점차 높아지고 있다. 학교 성적이 좋지 않는 아이들은 과외수업을 받게 된다. 우리와 같은 학원은 없지만, 개인 교습을 받을 수 있다. 중상류층 아이들 상당한 수가 개인 과외를 받고 있다. 그런데 그 비용을 댈 수 있는 계층은 적어도 중산층이다. 입학제도가 우리보다 엄격하지는 않지만, 역시 중요한 것은 성적이다. 많은 아이들이 성적을 갖추어 인문계 고등학교 그리고 대학으로 가려고 한다. 대학생 비율을 부모 출신별로 분석한 결과, 상류층 자녀들이 점점 더 많이 대학에 진학하고 있다. 1991년 29%이던 것이, 1994년 32%, 1997년 36%, 2000년에는 38%에 이른다. 2003년부터 줄곧 41% 전후에 머문다. 반면에 하류층은 줄곧 11%에 머문다. 그래서 노동조합이 마련한 대학생 장학금마저도 하류층 자녀들은, 낮은 진학률로 인해서 혜택을 제대로 보지 못하고 있다.

2. 하류층은 상승 기회 없음

하류층 어린 아이들은 가정과 사회에서 중상류 아이들과 다른 교육을 받는다. 예를 들어 이들은 스포츠 교육과 음악 교육을 받지 못한다. 또 부족한 학교 수업을 보완할 보충교육을 받을 기회도 없다. 이렇게 되면 인문계 김나지움으로 진학하기 힘들어지고, 대학 진학은 더욱더 어려워진다. 그 결과 좋은 직장은 물론이고 나중에 개인의 수입도 적을 수 밖에 없다. 또 취미 교육을 받지 못한 이들은 중상류 아이들과 함께 놀 수도 없다. 취미가 다르고, 생활 문화도 다르기 때문이다.

다른 아이들이 소풍을 가거나 수학여행을 떠나면, 가난한 집 아이들은 함께 가지 못하고 집에 있어야 한다. 이들은 그래서 하층 아이들과 자유시간을 함께 보낼 것이고, 앞으로도 그럴 가능성이 커다. 또 이들의 부모가 중상류층과 교류 가능성도 적어, 가난한 집 어린 아이들은 어릴 때부터 하류층하고만 접촉하게 될 가능성이 커다. 취미가 없거나 중상류 계층 아이들과 다르고, 또 생활 문화도 다르기 때문이다. 독일에서 이 계층에 속하는 하류층은 약 20% 정도가 된다. 독일 정부는 그들의 문화 생활을 장려하기 위해 월 30유로의 문화지원비를 제공한다. 이 장려제도를 이용하여 스포츠나 취미 교육을 받을 수 있지만, 많은 아이들이 이 제도를 이용하는 것은 아니다.

이처럼 독일에서 한번 하류층에 떨어지면 상승 기회가 적다. 가난은 대물림을 하게 되어 가난한 집 자식들이 계층 상승하기란 아주 힘든 것이다. 교육을 통한 계층 상승이 독일에서는 이렇게 힘들다. 하류층 자식들은 교육받을 기회가 적고, 또 계층 간의 생활 문화가 다르기 때문이다. 독일은 부모의 계층이 자녀 교육의 질과 소득 계층을 결정하는 나라이다. 그것도 경제협력개발기구OECD에 속하는 나라 중에서 사정이 가장 나쁜 국가이다.

독일에서 만약 실업자가 되면 중산층은 짧은 시간 내에 하류층으로 떨어진다. 부모로부터 물려받은 재산이 적거나, 바로 직장을 구하지 못하면 신분 추락이 이루어진다. 실업자가 되면, 먼저 집세를 낼 수 없어 쫓겨난다. 만약 부부 중에 한 사람만 일을 했다면, 그 가능성은 더 높아진다. 독일의 노숙자는 2014년에 33만 5천 명에 이른다. 이 수치는 2012년보다 18% 많은 것이다. 이들은 월 399유로 지원금으로 인생을 꾸려 가게 된다. 실업자가 다시 일자리를 구할 수도 있지만, 장년층의 경우는 보통 어렵다. 실업자가 된 사람이 그나마 쉽게 구할 수 있는 일자리는 미니잡Minijob이다. 이것은 사용자가 단기간 임시직으로 노동자를 고용할 수 있는 제도이다. 사용자들은 이들에게 월 450유로만 지불하면 된다. 의료, 실업 및 연금보험을 들지 않아도 된다. 세금관계는 노동자의 여건에 따라 다르다.

2014년의 경우 5백만 명 정도가 미니잡으로 살아가고 있다. 또 약 250만 명의 사람들은 소득 증대를 위해 부업으로 미니잡을 하고 있다. 이 일을 하는 사람 중에는 여자가 남자보다 더 많다. 또 지역에 따라 다르기는 하지만 심한 지역에서는, 여자가 미니잡의 2/3를 차지한다. 이들은 유급 휴가는 없고, 만약 아파서 집에 쉬면 월급을 받지 못한다. 이들 저소득층은 이미 공공취업센터에 평균 365유로의 빚을 지고 있다.

동독 사람들이 서독 사람들보다 대체적으로 가난하다. 주요한 이유 중의 하나는 동독 실업률이 많이 높기 때문이다. 동독의 실업률은 대체적으로 서독의 두 배가 된다. 그리고 동독 노동자의 월급은 평균적으로 서독에 비해서 낮다. 동독인들의 월급은 평균 2천 8백 유로이며, 이것은 서독의 80%에 달한다. 동독인의 월급이 이 수준에 달한 것은 이미 오래다. 하지만 그 격차는 정체되어 더 이상 좁혀지지 않는다. 그 이유는 여러가지이다. 주요 원인의 하나는 동독의 생산성이 낮기 때문이다. 또 다른 이유는 서독에는 대기업이 많아 월급이 많은 편이다. 독일도 우리처럼 대기업의 월급이 중소기업보다 더 높기 때문이다.

동독에는 중소기업 비중이 서독보다 높은 편이다. 그래서 동독 노동자의 반 이상이 이런 적은 규모의 업체에서 일한다. 또 동독에는 농업이나 단순한 서비스 업종이 많다. 예를 들어 콜 센터나 육가공업체 등이 많다. 거기다 노동협약을 맺은 노동자가 적다. 예를 들어 1천명이상 업종의 경우 86%가 노동협약을 맺고 있다. 반면 10-50명 사이의 소규모 기업에는 겨우 20%만이 노동협약을 맺고 있다(서독은 57%). 동독에서도 노동 협약이 있는 업소의 노동자 반 정도는 서독 임금의 97%를 받는다. 이것은 임금 협약은 동서독 노동자의 임금 격차를 줄이는 데, 중요하다는 것을 말해 준다.

독일에서의 남녀 임금 차이는 비교적 큰 편이다. 동일한 일을 하더라도 여자의 임금은 남자보다 적다. 경력 10년 차를 예로 들어 보자. 스페인은 여성 근로자는 남자보다 24.3% 적은 월급을 받는다. 폴란드 여성은 22.6%, 네덜란드 여성은 22.4%, 핀란드 여성은 22.2%, 독일 여성은 20.2% 적게 받는다. 반면에 영국 여성은 12%, 덴마크 여성은 11.5%, 벨기에 여성은 4% 적게 받는다. 그런데 동서독 여성 노동자들 사이에도 차이가 난다. 서독 여성 노동자는 남자 동료보다 평균 16.2% 적게 받는 데 비해서, 동독 여성은 무려 21.6% 적게 받는다. 또 다른 통계에 따르면, 현재 독일 남자 노동자의 평균 월급은 3,357유로인데 비해서 여성 노동자는 2,627유로에 불과하다.

3. 독일에서의 실업

3.1. 서독에서의 실업

서독에서의 실업은 1970년대부터 지속적인 사회 경제적 문제이다. 서독은 2차 세계대전 패전 이후 완전한 알거지 상태였다. 마샬 플랜과 한국전쟁 특수로 독일 경제는 급속히 발전하게 된다. 독일 경제가 수출 경제의 호황을 누리면서, 서독은 1960년대 '라인강 기적'이라는 이름으로 세계 무대에 다시 등장한다. 그런데 짧은 기간의 급속한 경제 발전으로 독일에는 노동력이 부족하게 된다. 서독은 부족한 노동자를 그리스, 이탈리아 등지로부터 수입한다. 우리나라가 이 당시에 광부와 간호원을 서독으로 파견하게 된 것도 이런 맥락에서였다.

독일의 경제 발전은 1973년 1차 석유파동으로 끝나게 된다. 중동전쟁에 반발한 페르시아만의 산유국들이 석유를 감산하고 가격을 대폭 올렸기 때문이다. 배럴당 2.9달러하던 석유를 3개월 만에 4배로 인상했다. 그러자 선진국의 물가는 상승하고 경제는 마이너스 성장에 빠지게 되었다. 2차 대전 직후인 1940년대 말부터 시작된, 라인강의 기적도 1차 석유파동과 함께 막을 내린다.

1979년의 2차 석유파동은 서독을 비롯한 전 세계 경제에 또다시 결정타를 입혔다. 이란은 1978년 12월 호메이니 주도의 이슬람혁명이 성공하자, 이어서 석유 수출 중단을 선언한다. 그러자 배럴당 13달러 하던 석유는 20달러까지 폭등한다. 1980년 이란과 이라크 전쟁이 일어나자 석유 값은 배럴당 무려 30달러를 넘어선다. 서독 경제도 그 영향을 받아서 실업자는 무려 2백만 명을 넘어선다. 일손이 부족하던 독일 사회는 정반대로, 갑자기 실업자가 넘쳐나기 시작한 것이다. 전후에 경제 기적을 이룬 서독에 이렇게 많은 실업자가 발생한 것은 전혀 새로운 상황이었다. 이 시절부터 서독은 경제 기적의 국가, 또는 경제 모범국가에서 '유럽의 병자'로 서서히 탈바꿈하게 된다.

1969년 사민당이 집권하면서 온갖 사회보장제도를 만들어 이중삼중의 혜택을 주었다. 사회보장제도의 단맛을 아는 사람들은 굳이 일하려고 하지 않았다. 실업자들은 온갖 사회보장제도를 이용하면서 노동을 기피하는 현상이 생겨났다. 이것을 과감하게 파괴한 것이, 2005년에 슈뢰더 정권이 도입한 '하르츠 4'이다. 각종 보조금과 보험을 통합하고 일자리를 기피하는 사람들에게 실업급여를 삭감한 것이다. 이 법안의 효과를 보아 독일은 현재 어떤 유럽국가보다 실업률이 낮다.

3.2. 동독에서의 실업

반면에 동독의 노동자들은 동독 시절에 실업 걱정이 전혀 없었다. 노동은 권리이면서 의무였기 때문이다. 신체적 정신적 장애자라고 하더라도, 회사는 파면 할 수가 없었다. 노동을 거부하거나 서독행을 신청한 경우에는 노동의 권리와 의무가 배제되었다. 즉 실업 상태가 되는 것이다. 동독에서 노동을 거부하게 되면, 형사처벌을 받거나 당국의 감시를 받았다. 주위 사람들로부터도 특이한 사람으로 낙인이 찍혔다. 어쨌거나 동독에서는 실업자가 없었고, 실업 걱정은 없었다. 일거리가 없더라도 공장문을 닫는 일은 없었다. 공장이 문을 닫으면 정부는 다른 직장을 마련해 주었다. 자신 직업 훈련이나 경력과 무관한 직장에 배정되어, 슬금슬금 시간을 때워도 실업자가 되지 않았다.

또 동독 시절에는 생산에 필요한 인원보다 더 많은 노동력이 배정된 경우가 많았다. 거기다 합리적으로 노동력이 배정되지 않은 경우도 많았다. 예를 들어 자전거 조립 공장의 경우 사무실에서 일하는 사람이 조립공의 숫자보다 많기도 했다. 뮌헨 대학의 경제연구소ifo에 따르면, 1980년대 말 동독의 사업장에는 15-30% 많은 노동자가 과잉 고용되었다. 동독 노동자들은 노동시간에 물건을 사러 바깥에 나가, 가게 앞에서 줄서 기다렸다. 동독인들은 노동 시간의 1/3을 생필품을 사려고 줄서서 기다리는 데 소비했다. 많은 동독 노동자들은 이런 방식으로 살아온 것이었다. 그런 노동윤리에도 실업 걱정 없이 살았던 것이다. 그래서 통독 직후부터 체험하게 된 실업은 그들에게 큰 충격이었다. 이 실업 충격이 이들의 머릿속에 깊이 박혀, 아직도 큰 불안 요소로 작용하고 있다.

〈도표 3-1〉은 통일 후 동독에서 얼마나 빠른 속도로 실업자가 늘었나를 보여 준다. 물론 동서독 양쪽 독일에서 빠르게 실업자가 늘어났다. 그런데 동독에서의 실업률의 증가폭은 훨씬 가파를 뿐 아니라, 취업자 수

도표 3-1. 동서독의 실업 및 취업률 변화 (단위: %)

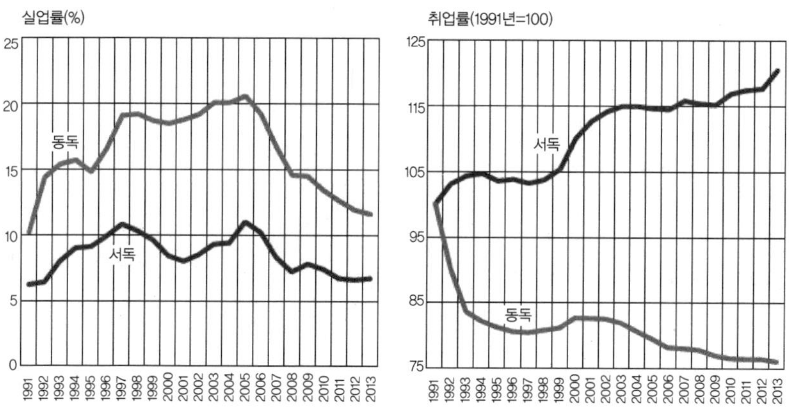

가 격감한다. 서독에서는 통일 후에 실업자가 늘어나지만, 취업자도 동시에 늘어난다.

동독에서 특히 실업자가 많이 늘어난 이유는 많은 동독 기업이 문을 닫았기 때문이다. 왜 그 많은 동독 기업들이 파산을 선고해야 했던가. 대답은 간단하다. 동독 제품은 화폐통합으로 경쟁력이 없어졌기 때문이다. 우선 동독 제품은 제품의 질에 비해서 갑자기 비싸졌다. 이론적으로 보자면 화폐통합으로 400% 비싸졌다. 거기다 노동자들 임금마저 높아졌다. 두 번째는 동독 기업의 생산성이 서독의 그것에 못 미친다. 통일 후 10년이 지나면 비로소 서독 생산성의 약 70%에 도달한다. 통일 후 4반세기가 지난 지금도 동독 생산성은 서독에 미치지 못한다. 왜 그런가.

그 이유는 우선 동독 산업 시설의 85%가 1965년 이전의 서구 수준이다. 이런 낡은 시설로서는 노동 생산성은 물론이고, 제품 자체가 경쟁력을 가질 수가 없다. 두 번째는 동독의 생산시설 가동률이 서독의 경쟁업체에 비해서 낮다. 세 번째는 동독 기업 경영진들의 경영 마인드와 경험이 부족하다. 사회주의 '온실'에서 자란 동독 기업들은 국가 지원으로 독점체제를 누렸다. 그래서 동독 기업들은 통일 후 잔혹한 자본주의의 경쟁체제 하에서 살아남기란 쉽지 않았다. 거기다 국제 경험도 부족하여, 새로운 시장을 개척하는 데는 역부족이었다. 그밖에 필자가 지적하고 싶은 것은 자본주의에 대한 이해 부족이다. 동독에서 자란 이들은 반자본주의 교육을 배운 것이다. 이런 체제 교육은 자본주의 진입에 방해하는 역할을 할 것이다.

통일 정책 가운데에 신탁청 제도는 완전히 실패작이었다. 이 기관의 임무는 동독의 국영기업들을 민영화하는 것이었다. 신탁관리청이 관장해야 될 공장은 무려 4만 5천 개였다. 여기에 종사하는 사람은 무려 4백 1십만 명으로, 동독 전체 일자리의 40%를 차지했다. 신탁청은 이 중에서

4천여 개의 기업을 문을 닫게 함으로써, 많은 실업자가 한꺼번에 쏟아져 나왔다. 구매자가 없었기 때문이다. 신탁청은 동독의 민영화 작업도 제대로 하지 못했고, 실업자만 양산한 결과를 가져왔다. 거기다 수익도 제대로 창출하지 못해, 독일 정부에 많은 부채를 안겼다. 그래서 신탁청은 여러 측면에서 실패작이라고 할 수 있다.

독일의 통일 특수는 통일 후 5년이면 끝이 난다. 새로운 일자리는 쉽게 창출되지 않아 실업자는 자꾸 늘어만 갔다. 여기에 1990년대에는 동구지역에서 독일인들이 2백 5십만 명이 귀국하여 사정은 더 어려워졌다. 이들은 1945년 이전에 동유럽에 정착한 독일인들이었다. 또는 독일인과 결혼했거나 그들의 후손들이었다. 이들은 새로운 독일 정책에 의해서 독일로의 귀국이 가능해졌다. 이들은 러시아, 폴란드, 카자흐스탄, 루마니아 등지 '고국'으로 돌아온 것이다. 이들 귀향자들이 한꺼번에 노동시장에 편입되면서 실업자는 더 늘어났다.

서독의 경우에는 이민자와 난민이 끊임없이 찾아와 노동시장은 쉽게 나아질 기미를 보이지 않았다. 발칸반도, 중동, 아프리카, 아프가니스탄, 이라크 등에서 전쟁 난민 또는 정치적 난민들이 매해 10만 명 이상이 서독으로 몰려 들었기 때문이다. 이들이 취업할 가능성은 그렇게 높지 않다. 체류 허가를 받은 사람 중에서 약 반 정도가 취업을 하고 나머지는 실업자로 살아간다. 반면에 동독의 경우는 2005년부터 실업자가 줄어든다. 경제 사정이 좋아진 것도 있지만, 2008년 이후에 40만 명의 노동자가 줄었기 때문이다. 조기 연금 생활자도 많아졌고, 젊은이들은 서독으로 일자리를 찾아 떠났다. 그리고 통일 직후에 동독의 출산율이 급격히 떨어져, 신규 노동시장에 진입할 사회 초년생이 줄어들었기 때문이다.

4. 독일의 빈부 격차

빈부 격차는 어느 특정국가의 문제가 아니라, 전 세계의 문제이다. 빈부 격차가 줄어드는 나라는 없고, 모든 국가에서 빈부 격차가 커지고 있다. 경제협력개발기구 2011년 보고서에 따르면, 34개 회원국에게서 공통으로 발견되는 현상이다. 이들 국가의 상위 10%의 소득은 하위 10%의 9배에 해당된다. 그리고 이 차이는 지난 30년간 최고 수준이라고 한다. 독일의 빈부 격차는 평균치보다 심해서, 그 차이는 무려 10배가 난다. 독일의 경우 2008년 경우 상위 10% 의 평균 연 소득은 57,300유로이고, 하위 10%의 연 소득은 7,400유로였다. 그런데 유럽 경제 위기 시대에 빈부 격차는 더 늘어났다는 것이다.

이렇게 소득 격차가 확대되는 가장 큰 이유는 기술발전이다. 경제협력개발기구 보고서에 따르면, "기술이 발전하면서 고급 기술을 가진 사람들이 미숙련 기술자보다 훨씬 많은 연봉을 받게 된다". 비정규직을 확대하면서 생산성은 향상되었지만, 소득 격차는 더 벌어진 것이다. 또 세금과 복지제도에 따른 소득 재분배 효과도 1990년 이후 갈수록 줄어들었다. 또 고소득자의 감세도 소득격차가 더 커진 이유라는 것이다.

전체 수입에서 임금이 차지하는 비중은 점차 낮아진 반면에, 회사 경영이나 자산에 따른 수입은 늘어난다. 즉 노동에 의한 것보다는 투자에 의한 수입이 많아지는 것이다. 2008년 통계에 따르면 임금이 국민 전체의 총소득에서 차지하는 비중은 41%이다. 여기에는 세금 17.5%와 각종 보험료 17.1%를 지불해야 한다. 그런데 자산에 따른 수입은 7.1%의 세금과 2.1%의 각종 부담금을 빼면 된다. 즉 임금으로 재산을 모으는 것보다, 자본으로 통해서 재산 모으는 게 유리하다.

4.1. 불리한 봉급 생활자

〈도표 3-2〉는 봉급 생활자의 월급이 2000년부터 2010년 사이에 어떻게 변했는지를 보여 준다. 세전 월급을 나타내고 있는데, 여기서도 상위 봉급자들은 소득이 늘어나고 하위는 오히려 줄어든다는 것을 보여 준다.

독일 사람들의 월급은 그렇게 많은 것이 아니다. 〈도표 3-3〉은 정규직의 세전 월급을 나타낸 것이다. 2015년 현재 독일 노동자 1천 5백만 명의 월급을 분류한 것이다. 여기서 알 수 있는 것은 노동자의 2/3가 세전 월급 3천 유로를 받고 있다. 2006년 독일경제연구소DIW 조사에서도, 노동자의 63%가 3천 유로 미만의 월급을 받는다. 그러므로 저소득 월급자

도표 3-2. 독일 봉급자의 평균 세전 월급(2000-2010년)

	2000	2005	2010	2000-2010 사이의 월급 증감율(단위: %)	2000-2010 사이의 변동액수(단위: 유로)
1분위	320	289	259	-19.1	-61
2분위	798	636	614	-23.1	-184
3분위	1290	1120	1048	-18.8	-242
4분위	1658	1520	1440	-13.1	-218
5분위	1958	1902	1798	-8.2	-160
6분위	2253	2245	2162	-4.0	-91
7분위	2554	2573	2485	-2.7	-69
8분위	2865	2967	2845	-0.7	-20
9분위	3434	3543	3440	0.2	6
10분위	5368	5340	5481	2.1	113

도표 3-3. 정규직 월급 분포도 (세전 수입)

세전월급(유로)	노동자 비율(%)
1-1000	3.4
1001-1500	9
1501-2000	14.54
2001-3000	37.3
3001-4000	20
4001-5000	8.5
5001-7000	5.4
7001	1.86

의 비중이 늘어난 것을 말해 준다.

4.2. 독일 빈부 격차는 유럽 최고

유럽의 어떤 나라도 독일만큼 빈부 격차가 심한 나라는 없다. 재산 분포가 독일만큼 불평등한 나라는 없다. 이 조사에 포함시킨 내용은 부동산, 금융자산, 주식, 현금 등이다. 2015년 독일경제연구소DIW 조사는 이러한 빈부 격차를 다시 확인시켜 준다. 최상위 0.1% 부자는 약 4만 가구인데, 이들은 독일의 총 사유자산의 17%를 소유한다. 상위 1%는 33%를 소유하고, 상위 10%는 63.7%를 소유한다. 반대로 하위 50%는 모두 합쳐야 2.5%만을 소유한다. 물론 이것은 사실의 일부만을 말해 줄 뿐이다. 부자들은 보통 조사에 응하지 않기 때문에, 누구도 이들이 실재 얼마의 재산을 보유하고 있는지를 모른다. 그것은 특히 이자소득, 주식배당금, 투기수익금 등은 알아내기가 힘들기 때문이다.

독일에서 상위 10%에 들려면 동독은 11만 유로, 서독은 24만 유로를 가져야 한다. 이렇게 차이가 나는 이유 중의 하나가 부동산 가격 때문이다. 동서독의 부동산 가격 차이가 아주 크기 때문이다. 예를 들어 단독주택의 경우 동독의 남부 하르츠 지방은 평방미터당 440유로인 반면에 뮌헨은 6,080유로이다. 독일도 우리와 마찬가지로 자산에서 부동산이 차지하는 비중이 높다. 서독은 85%, 동독은 73%가 부동산이다. 거기다 부자들은 유산을 자녀들에게 물려주는 게 많다. 예를 들어 2014년에 부자들이 다른 사람에게 선물 또는 유산으로 물려준 것이 1,090억 유로이다.

독일의 부자 대부분은 서독에 몰려 있고, 가난한 사람은 동독에 더 많다. 예를 들어 500명의 독일 최고 부자 중에서 동독 지역에 거주하는 사람은 20명에 불과하다. 나머지는 모두 서독이나 서베를린에 거주한다. 반면에 하류층은 동독에 더 많다. 독일에서는 보통 평균 소득의 60%에 미치는 못하는 사람을 하류층이라고 한다. 이들 하류층은 동독의 작센주(18.8%), 작센-안할트주(20.9%), 메클렌부르크-포어포메른(23.6%)이다. 반면에 서독의 바이에른(11.3%), 바덴-뷔르템베르크(11.4%)에는 하류층 비율이 낮다.

물론 이 비교는 서독의 부유한 연방 주와 동독 지역을 비교한 것이다. 물론 서독의 가난한 지역은 동독과 마찬가지 여건이 나쁘다. 독일의 하류층은 약 18% 정도인데, 이 수치는 경기에 따라 약간 유동적이다. 물론 여기에는 지역마다 차이나는 물가를 비교해야 할 것이다. 예를 들어 집세 차이는 아주 커서, 그것을 고려한다면 구매력의 차이는 또 달라진다. 위에서 예를 든 뮌헨과 남부 하르츠 지방의 집세 차이는 엄청나서, 이것을 고려하면 구매력은 많이 상쇄가 된다.

실제 동독인들은 서독인들에 비하여 가난하다. 처분 가능한 재산도 적고, 벌어들이는 소득도 적다. 가장 큰 이유는 부모로부터 물려받은 재산이 적고, 수입이 적기 때문이다. 동독의 사회주의 정권하에서 사유재산을 보유하거나 증식할 수가 없었다. 부모로부터 물려받을 재산은 없는 것이나 마찬가지다. 직장에서 받는 월급이 서독의 동료에 비해서 여전히 적다. 이런 재산 사정은 대부분의 동독 주민에게 당분간은 나아질 가능

도표 3-4. 유럽 각국의 빈부 격차

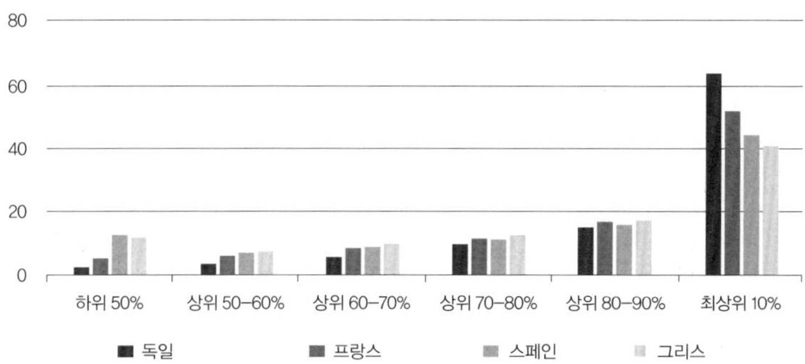

성은 없다고 봐야 할 것이다.

고도로 발달한 지식사회에서는 단순한 육체 노동을 통해서는 부를 축적할 수가 없다. 고도의 지식을 부로 바꿀 수 있는 사람만이 노동을 통해서 부를 모을 수 있다. 또는 세계화 질서에서 국제적 경제 변동을 이용할 수 있는 사람만이 부를 축적할 수가 있다. 이런 지식을 갖고 있는 사람은 많지가 않다. 노동자가 노동을 통해서 부를 축적할 수 있는 그런 시대는 이미 지났고, 이제는 고도의 지식이나 재산을 통해서 부를 축적할 수 있는 시대이다. 그런 의미에서 동독인들이 서독인 규모의 부를 모을 수 있는 것은 적어도 가까운 장래에는 쉽지가 않을 것이다.

제 4 장 동독의 인구 감소

1. 독일로 유입되는 인구

인간이 고향을 떠나 다른 나라로 가는 데는 두 가지 이유가 있다. 하나는 전쟁 때문이고 다른 하나는 보다 나은 인생을 위해서다. 전자는 전쟁을 피해서 안전한 곳으로 피신을 하는 것이다. 현재 시리아, 이라크, 리비아 그리고 에리트레아의 난민 같은 경우가 여기에 해당된다. 후자는 경제적 이유에서 보다 나은 인생을 위해 다른 나라로 이동한다. 물론 개인의 안전과 경제적 이유가 분리되지 않는 경우가 많다. 탈북자나 유럽으로 향하는 중동과 아프리카의 난민들이 그렇다.

독일에는 2차 세계대전 후 모두 다섯 차례의 큰 인구이동이 있었다. 그중에서 가장 규모가 큰 것은 2차 대전 후에 동구에서 몰려든 1천 7백만 명의 난민이었다. 이때 폴란드에서 6백만 명, 체코에서 3백만 명이 추방당하여, 독일로 몰려들었다. 이들은 나치 정권의 지원을 받아서 이곳으로 이주했거나, 또는 그 이전부터 살던 사람들도 있다. 독일이 패망하면서 많은 사람들은 독일인이라는 이유로, 조상 대대로 살던 곳에서 쫓겨난 것이다. 또는 2차 대전 패망 후 독일 영토 일부가 폴란드에 귀속되면서, 대대로 이곳에 살던 독일 사람들이 추방된 경우도 있다. 이들 독일 난민들은 겨우 맨몸으로 독일로 돌아왔다.

두 번째로 1960년대 외국인들이 대규모로 독일로 이주한 경우다. '라인강의 기적'을 이룬 독일은 일손이 부족하여 노동자들을 '초청'한 것이었다. 독일 정부는 이들에게 오토바이를 선물하면서 대대적으로 환영했다. 이들은 대부분 미숙련공이었다. 그러나 서독 정부로서는 숙련공이 아니어도 상관 없었다. 우수한 노동 인력은 베를린 장벽 설치까지 동독으로부터 유입되었기 때문이다. 서독 정부는 가장 먼저 1960년 스페인과 그리스로부터 노동자를 들여왔다. 그 다음은 터키, 모로코, 포르투갈 등지로부터도 들여왔다. 이 당시 우리나라에서도 광부와 간호원으로 많은 사람들이 일자리를 찾아 서독으로 떠났다. 1973년 오일쇼크가 오자 외국 노동자의 유입은 중단되었다. 이때까지 들어온 외국인 노동자는 모두 4백만 명이었다.

세 번째는 전쟁 난민들과 정치 망명자, 또는 독일로 이주하려고 하는 외국인들이다. 이 중에서 문제가 되는 경우가 난민들이다. 1980년대에 매년 3만 내지 5만 명이 독일로 몰려 들었다. 그러다 1990년대 발칸반도에서 여러 번의 전쟁이 벌어지면서, 난민은 10만 명에서 40만 명으로 증가되었다. 이 당시 동독 지역에서 대규모의 외국인 테러가 벌어졌다. 그 후에 난민법이 강화되자 유입이 매년 줄어들어 3만 명 선까지 내려앉았다. 그러나 중동지역의 내전으로 2013년부터 난민이 다시 급증한다. 2014년에 20만 명의 난민 숫자는 2015년에는 무려 1백만 명으로 폭증한다. 이 행렬은 당분간 멈출 가능성이 적어, 계속 많은 사람들이 독일로 몰려들 것이다.

네 번째는 1990년대에 또 다른 독일인 이민 행렬이 있었다. 1989년 동서 냉전 체제가 사라지자, 그들이 살던 곳에서 독일로 돌아온 사람들이다. 이 중에는 심지어 수세기 전부터 이주해 살던 사람들도 있고, 또는 2차 대전 후에 강제로 억류되어 있던 사람들도 있다. 이들은 철의 장막이 사라지자 고국으로 돌아올 기회가 생긴 것이다. 이들은 독일인, 독일인과 결혼한 사람들 또는 그 후손들이었다. 이들 중에는 오래전에 이주했기 때문에, 대부분 독일어도 독일 문화에 대해 전혀 무지한 사람들이었다. 1990년 40만 명을 시작으로, 2011년까지 모두 250만 명이 그리던 '고국'으로 돌아온 것이었다. 이들이 살던 곳은 대부분 러시아, 카자흐스탄, 폴란드, 루마니아였다.

다섯 번째 집단이동은 통일 전후에 동독에서 서독으로의 이주한 사람들이다. 동독 공산정권을 피해서 또는 경제적 이유에서 동독을 떠나 서독으로 향한 사람들이다. 이것은 1989년 말 통일 직전부터 시작된 새로운 '게르만족의 대이동'인 것이다. 이들이 서독으로 이동한 이유는 취업을 하기 위해서였다. 서독이라고 해서 아무데나 몰리는 것이 아니라 큰 도시 주변으로 몰려든다. 북쪽으로부터 알아보자. 함부르크, 쾰른, 프랑크푸르트, 슈투트가르트, 뮌헨이다. 동독 내에서는 베를린으로 인구가 몰려든다. 이를 두고 크게 보면 'C'자 형으로 인구가 이동한다는 것을 알 수 있다.

2. 독일의 인구 감소 지역

사람이 몰리는 서독의 도시들은 인구가 늘고, 이향민이 많은 곳은 인구가 줄게 된다. 여기에서는 독일에서 인구가 급속하는 동독지역을 다루고자 한다. 동독 지역은 라이프치히, 드레스덴과 같은 대도시를 제외한 대부분 지역에서 인구가 감소하고 있다. 농촌은 중소 도시로, 중소 도시는 대도시로 인구 이동을 하는 것이다. 가장 큰 이유는 공부와 직장 때문이다. 인구 감소가 빨리 진행되는 지역은 사회 인프라가 급속히 줄어들어 사람 살기가 힘들어지고 있다. 밤에도 가로등을 켜지 않고, 버스 운행을 중단하기도 한다. 심지어는 슈퍼마켓도 없는 곳이 드물지 않다. 학교도 유치원도 병원마저도 문을 닫아야 하는 곳이 적지 않다.

동독에서의 인구 이동 현상이 이제는 서독에서도 벌어지고 있다. 그 원인은 취업을 위해서 고향을 떠나는 것이다. 서독에서 인구가 감소하고 있는 곳은 서독의 내륙 지역이다. 헤센 주의 북부지역과 노르트라인-베스트팔렌 주의 일부 지역 그리고 자어란트 주에서 인구가 빠르게 줄어들고 있다. 이곳은 동독과 유사한 현상을 겪고 있다. 인구가 떠나 세금이 적게 걷혀, 재정 사정이 아주 약하다. 그래서 도로나 공공 시설을 신설 또는 보수를 할 수 없을 정도다. 아무튼 동서독에서의 공통점은 일자리를 찾아 타향으로 떠나는 것이다.

〈도표 4-1〉은 독일 인구가 2030년까지 어떻게 변할 것인가를 추정한 것이다. 가장 눈에 띄는 것은 동독 지역이다. 동독의 모든 도시들은 이미 통일 후에 인구가 줄었다. 슈베린과 할레 같은 도시들은 심한 경우 약 30% 줄어들었다. 그럼에도 대부분의 동독 지역은 2030년까지 10% 이상 더 줄어든다는 것이다. 인구가 늘 것으로 예상되는 지역은 대도시인 라이프치히, 드레스덴, 에어푸르트 그리고 포츠담뿐이다. 그것은 주변 중소도시에서 대도시로 이주한 결과이고, 포츠담의 경우는 베를린의 중상류층이 이주했기 때문이다.

물론 독일 전체의 인구는 현재 줄어들고 있고, 앞으로 더 줄어들 것이다. 동서독을 막론하고 인구는 줄어들 것이라는 예상이다. 2060년까지의 인구 변동 추정을 살펴 보자. 독일 인구는 현재 8천 1백만 명 정도이다. 2060년이 되면 6천 7백만 명 내지 7천 3백만 명 정도가 될 것이다. 외국으로부터의 인구 유입이 얼마가 될 것인가가 결정적이다. 이 추정에서도 동독 지역은 훨씬 더 심각하다. 동독은 이미 1949년 건국 당시 1,880만 명에서 1989년 통일 직전 1,640만으로 줄어들었다. 베를린 장벽이 만들어지는 1961년까지 이미 270만 명이 서독으로 떠났기 때문이다. 2013년의 동독 인구는 1,250만이지만, 2060이 되면 900만 명으로

도표 4-1. 독일의 인구 변동 예상(단위: %, 2012-2030년)

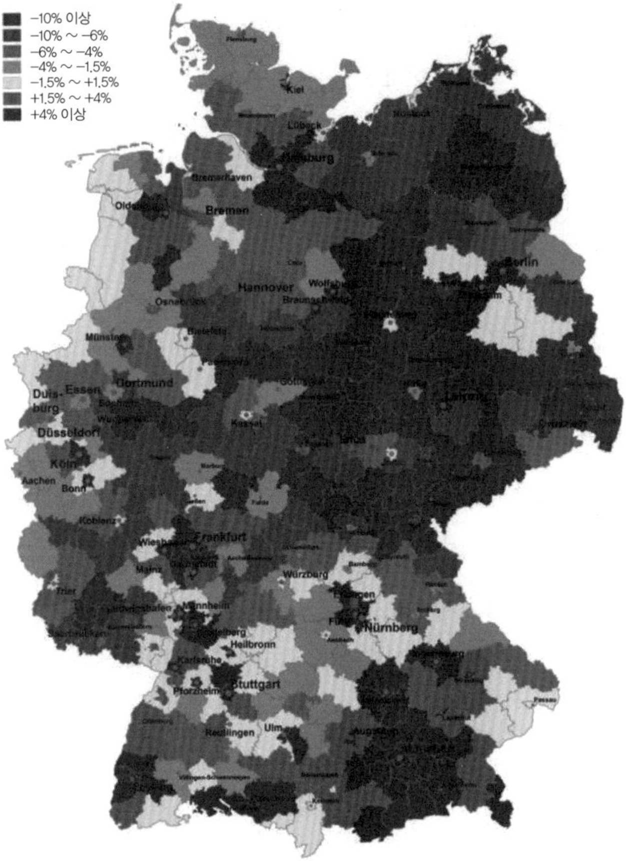

줄 것이다. 그 중 가장 심한 동독의 주는 작센-안할트로 앞으로 30%가 더 줄어들 것이라는 것이다. 서독지역에서는 라인란트-팔츠와 슐레스비히-홀슈타인이 인구 감소가 심할 것이다. 인구가 늘 것으로 예상되는 도시는 베를린과 함부르크이다.

3. 동독에서의 인구 감소

인구변동이 심각한 동독 지역에 대해서 알아보고자 한다. 그것은 사태의 심각성도 있지만, 한반도의 우리들에게 의미있는 보기가 될 수 있기 때문이다. 동독과 서독은 1990년5월 18일에 화폐 통합을 이룬다. 10월 3일의 공식적 통일 이전에 이루어진 화폐통합은 사실상의 통일과 마찬가지였다. 통일서독의 마르크화가 동독 지역에서 유통되기 시작되면서, 경제사회적인 측면에서 큰 변화가 일어난다. 동독의 경제 체제가 무너지면서 수많은 실업자가 생겨나고, 많은 사람들이 일자리를 찾아 서독으로 이주하기 시작한다.

동서독 화폐 교환비율이 1:1로 되면서 동독의 제품들은 경쟁력을 잃게 된다. 제품의 질에 비해서 가격이 높아졌기 때문이다. 경쟁력이 떨어진 동독 제품들은 설 자리를 잃었다. 공장들은 문을 닫고 수많은 실업자들이 길거리로 쏟아져 나왔다. 난생 처음 경험한 실업현상에 놀란 동독 사람들은 자식도 낳지 않는다. 또 일자리를 찾아서 고향을 떠나 서독으로 갔다. 떠나지 못하고 남아 있는 사람들은 노령자들이었다. 이것이 동독 인구 변화의 핵심이다. 즉 동독 인구 변동의 세가지 요인은 출산율 저하, 이향, 노령화이다.

동독 주민은 1989년 동서독 장벽이 무너지면서 1년 사이에 40만 명이나 서독으로 떠난다. 통일 직후부터 그 숫자는 줄어들지만, 1997년 경우에도 약 2만 명이 서독으로 갔다. 그 후 서독으로 떠나는 사람들의 숫자는 다시 늘기 시작했다. 통일 특수를 통해서 동독의 경제는 1995년까지 좋았으나, 그 후부터는 다시 나빠지기 시작했기 때문이다. 〈도표 4-2〉를 보면 동독 사람들이 지속적으로 서독으로 향한 것을 알 수 있다. 1989년에서 1990년 사이에 예상보다 많은 동독 사람들이 서독으로 왔다. 당시 서독 언론에서는 많은 동독인의 이주로 서독 사회가 동독의 낯선 문화로 넘칠 것이라는 발표를 할 정도였다. 1991년에는 16만 정도가 서독으로 향했다. 그러다 1996년에 가장 적은 2만 명 정도가 서독으로 향했다

도표 4-2. 동독인의 서독 이주(1991-2005, 단위 천명)

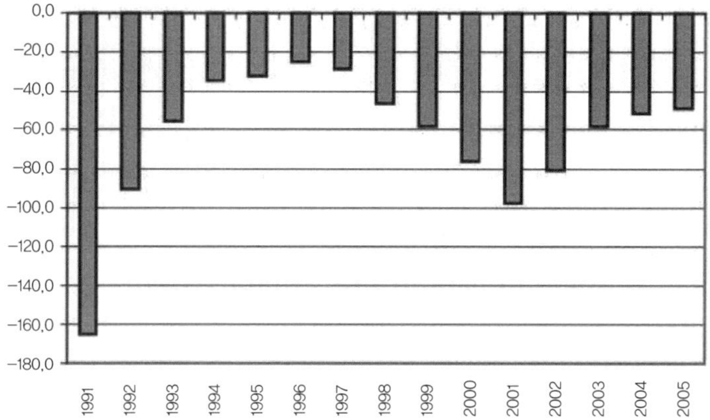

가 그 숫자가 다시 늘었다. 증가 비율은 2001년에는 최고점에 도달한다. 이러한 숫자 변동은 경제상황과 연관 있다. 2013년 독일 정부 통계에 따르면 처음으로 동독에서 서독으로의 인구 이동이 균형 상태라고 발표했다. 동독의 전입과 전출 인구수가 동일하다는 것이다.

동서독 내에서의 인구 이동은 2013년부터 균형을 이루고 있다. 즉 동독은 현재 전출입 인구가 균형을 이루고 있다는 뜻이다. 그러나 동독 내에서의 인구 이동은 여전히 벌어지고 있다. 농촌과 중소도시에서 대도시로의 이동은 계속된다. 동독인들이 통일 직후에 많이 이주하는 곳은 북부 헤센, 북부 바이에른, 함부르크이다. 이곳은 공통점은 동독과 가깝다는 것이다. 그러다가 1990년 후반부터는 경제력이 강한 지역인 뮌헨, 슈투트가르트, 프랑크푸르트, 쾰른으로도 점차 많이 몰려들었다.

고향을 떠나서 서독으로 향하는 사람들은 두 그룹이다. 하나는 18-25세에 해당되는 사람들로 서독 대학으로 유학을 떠나는 사람들이고, 다른 하나는 25-30세에 해당되는 사람들로, 서독으로 일자리를 찾아 떠나는 사람들이다. 우수 두뇌를 서독으로 뺏긴 것은, 동독으로서는 경제적으로 큰 손실이다. 이주 행렬에는 특히 여자들이 남자보다 더 많다. 또 다른 통계에 따르면 18-30세가 전체의 40%를 이룬다. 1989년 이후부터 동독을 떠난 사람들 중에 여자가 55%를 차지한다. 서독으로 간 사람들 중에서 적응을 못하고 고향으로 되돌아 온 사람들이 있다. 이들 중에는 여자보다 남자들이 더 많다. 결국 동독을 떠난 사람 중에는 여자가 남자보다 많다는 뜻이다.

3.1. 동독 출산율의 하락

동독 인구가 줄어든 두 번째 이유는 출산율의 하락 때문이다. 통일 직전 동독 여성의 1인당 출산율은 1.6명이었다. 이는 서독의 1.3명보다 많이 높은 편이었다. 통일 이후 동독 여성의 출산율은 급격히 줄어들어, 1994년의 경우 0.77명이다. 구체적인 숫자를 보면, 1990년에는 16만 명의 신생아가 태어났다. 1991년 10만 명, 1992년에는 8만 명, 1993년 7만 5천 명이었다. 1994년에 7만 명으로 최하점을 찍고 점차 신생아 출생아 수는 높아졌다. 2000년부터는 10만 명 선을 회복했다. 최근 통계에 따르면 서독보다 약간 높다는 것이다. 그러나 2013년의 경우 1.41명이지만, 사회 안정을 위한 1.6명과는 여전히 거리가 멀다. 물론 이 수치는 한국보다는 많이 높은 편이다.

동독 시절에 동독의 출산율이 높았던 것은 출산 장려정책 때문이다. 노동력의 부족했던 동독은 출산을 장려해서 문제를 해결하려고 했다. 〈도표 4-3〉에서 보듯이, 동서독은 출산율 변화는 유사하다. 그런데 동독의 출산율은 1975년부터 갑자기 높아진다. 이것을 "호네커 낙타등"이라고 하는데, 그래프에서 보듯이 정말 낙타등처럼 불쑥 솟아있다. 당시 동독 최고 권력자 호네커는 출산을 많이 하는 여성에게 금전 혜택을 주었기 때문이다. 1970년대에 들어서면서 동독에서도 서독과 마찬가지로 결혼을 기피하는 현상이 일어났다. 거기다 이혼율도 높아서 출산을 장려할 필요를 느꼈다.

동독에서의 여성의 지위와 역할은 서독과 달랐다. 동독의 가족 정책은 직업과 가족의 조화였다. 남녀평등은 이데올로기적으로 장려되었고, 여자의 역할도 서독과는 달랐다. 여성은 노동력이면서 남성과 같은 권리를 갖는 존재로 인식했다. 이것은 서독의 그것과 차이가 많이 난다. 서독에서의 여성은 가정에서 자녀 양육과 남편에 대한 지원이었다. 물론 이 역할은 60년대 학생운동을 거치면서 급격한 변화를 겪는다. 아무튼 동독에서는 국가 재건에 여성의 노동력이 필요했다. 전쟁 중에 많은 남자들이 전사하거나 노동력을 상실했기 때문이다. 이런 배경에서 동독에서 여성

도표 4-3. 동서독 여성의 출산율(1950-2012)

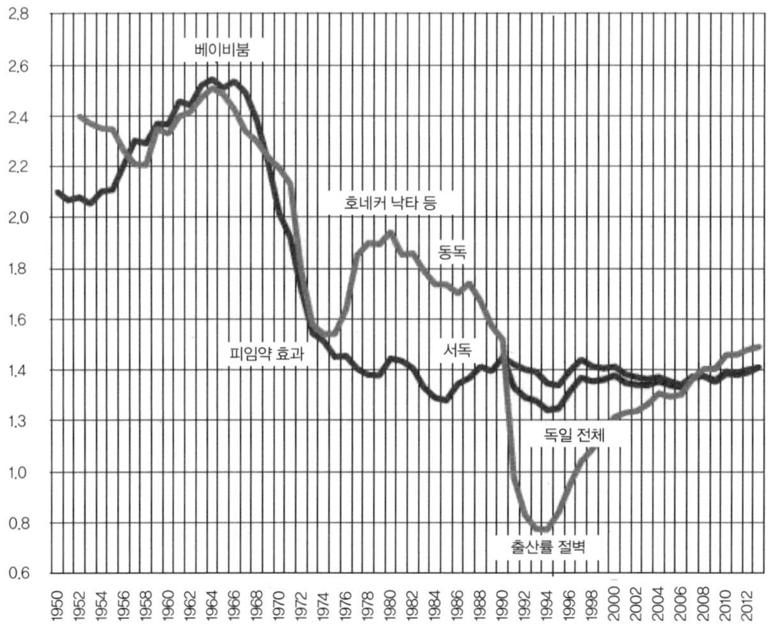

이 노동을 하는 것은 당연시되었다. 집안에 특별한 사정이 없으면, 노동의 권리와 의무가 주어졌다. 이런 전통에서 동독 여성의 노동시장 참여율은 오늘날에도 서독보다 높다.

동독 정부가 출산율을 장려해야 할 필요는 또 다른 이유가 있다. 1949년부터 1961년 베를린 장벽 건설 당시까지 무려 270만 명이 서독으로 갔다. 그것도 고학력자와 고급 인력들이 떠난 것이다. 이것은 전후 국가 재건에 치명적이었다. 부족한 노동력을 위해서 한편으로는 출산정책을 가동하고, 다른 한편으로는 사회주의 국가로부터 인력을 수입한 것이다. 1965년부터 폴란드, 헝가리, 모잠비크, 베트남, 쿠바, 앙골라 등지로부터 노동자를 들여온 것이다. 이때 외국 노동자를 차별하기 시작한 것이, 오늘날 동독에서의 인종주의와 많은 연관성을 갖는다. 물론 히틀러 시절에 독일의 인종주의는 절정을 이루었지만, 일반인들이 유색 인종을 직접 경멸하기 시작한 것은 이때부터이다.

3.2. 동독 결혼 양상의 변화

호네커는 1972년부터 출산 장려를 위해 첫 결혼을 하는 26세 이하의 젊은이들에게 금전적 혜택을 주었다. 또 다른 조건은 두 사람의 수입을 합쳐 월 1천 4백 마르크를 넘지 않아야 했다(1동독 마르크는 약1/4 서독 마르크였다. 우리 돈으로 환산하면 약 20만 원 정도이다. 노동자의 평균 임금이 1천 동마르크였다). 이들 신혼부부에게 동독 정부는 5천 동독 마르크를 빌려주었다. 첫째 아이를 출산하면 1천 동독 마르크, 둘째 아이를 출산하면 1천 5백 동독 마르크를 감해 주었다. 셋째 아이를 출산하면 대출금 모두를 면제해 주었다. 이것 이외의 지원책도 마련되어 시행되었다. 아이가 태어날 때마다 1천 동독 마르크의 격려금을 주었다. 또 임산부에게는 총 18주의 휴가가 주어졌다. 1972년부터 1988년까지 시행된 신혼 대출금 제도를 이용한 부부는 모두 137만 쌍이었다. 총대출금은 93억 동독 마르크이고, 이 중 1/4의 대출금은 출산장려정책으로 면제되었다.

동독 정부는 이런 제도 이외에도 탁아소와 유치원 등 각종 탁아시설을 설치하였다. 부모들은 자녀를 이들 시설에 맡겨놓고 일하러 갈 수 있었다. 동독은 자녀를 가진 엄마가 직장에서 손해를 보지 않도록 했다. 엄마들의 노동시간을 줄여 주고 또 가정 일을 담당할 시간을 따로 주었다. 또 자녀를 가진 사람들에게 주택을 먼저 제공하였다. 즉 육아와 직장이 분리가 되지 않는 정책을 썼다. 그럼에도 1980년을 정점으로 출산율이 다시 떨어진다. 그런데 동독이 좋은 교육을 시켜 놓으면 모두가 서독으로 도망갈 궁리를 하고, 매년 수백 명이 서독으로의 탈출에 성공했다.

1990년 통일이 되면서 출산 쇼크가 벌어졌다. 불안한 미래에 아무도 출산할 엄두를 내지 못했기 때문이다. 출산 쇼크는 1993년에 최하위를 기록한 뒤에 점차 회복을 하였다. 지금은 그 쇼크에서 완전히 벗어나 오히려 서독보다 약간 높은 수준에 도달했다. 서독의 제도가 통일 이후에 도입되면서, 가족 구성의 측면에서도 여러 변화가 생겨났다. 동독인들의 결혼 비율은 떨어지고 이혼율은 증가하였다. 또 출산율도 함께 떨어졌다. 젊은이들의 경우 학교 교육기간 및 직업 훈련기간이 길어지고, 취업도 어려워졌다. 그래서 가족과 직업이 조화를 이루기 어려운 상황이 되었다. 동독 시절에 첫 출산 나이는 22.9세였지만, 서독에서는 26.8세였다. 1995년 동독은 26.9세(서독: 28.2세), 2013년에는 28세(서독: 30세)로 높아졌다. 통일 전에는 동독의 여인들은 평균 25세에 두 번째 아이를 출산했지만, 통일 이후에는 포기하는 일이 많아졌다.

통일과 더불어 동독여인들의 결혼 연령도 높아졌다. 1990년 동독 여자들의 초혼 나이는 23.7세(서독은 25.9세)이던 것이, 2000년에는 28세(서독은 28.5세)로 높아졌다. 또 동서독의 또 다른 공통점은 혼인신고를 하지 않고 동거하는 부부가 출산을 하는 경우도 많아졌다. 1990년의 경우 독일에서 출산한 아이의 15.3%가 그런 부부에게서 태어났는데, 2013년에는 34.8%로 증가한다. 이 수치는 유럽 평균 38%보다는 낮다. 유럽에서 가장 높은 나라는 에스트란트(59%)이고 가장 낮은 나라는 그리스(7%)이다. 그런데 동독 지역만을 따져보면, 유럽의 최고 수치다. 1990년 동독에서 태어난 아이의 35%는(서독은 10.5%) 혼인신고 않은 어머니에게서 태어났다. 그런데 2005년에는 동독은 60%(서독은 23%), 2010년에는 동독은 무려 61%(서독 27%)에 도달한다.

동독이 서독보다 비중이 더 높은 것은 동독의 정책과 역사적 배경이 있다. 동독에서는 결혼하지 않은 여자가 아이를 낳더라도, 동독 정부는 많은 지원을 했다. 남편의 경제적 도움을 받으려 굳이 결혼을 해야 될 필요가 없었다. 동독 정권은 기독교 문화와 부르주아 문화를 제거하려는 정책을 썼다. 결혼을 하지 않더라도 사회적으로 법적으로 손해를 보지 않았다. 그런데 역사적으로 보더라도, 동독 지역은 서독보다 법적 결혼이 아닌 사실혼 관계가 많았다. 18세기부터도 동독 지역에서는 법적 결혼을 하지 않고 사는 부부들이 서독보다 많았다. 예를 들어 1920년은 무려 서독의 두 배가 된다. 서독에서는 유산을 둘러싼 분쟁이 언제나 상존했다. 그래서 정식 결혼을 한 부부의 자녀가 유산에서 유리한 입장이었다. 그런데 동독에서는 대부분이 자기 땅이 없는 농장의 일꾼들이었다. 그래서 유산 문제로 다툴 이유가 없었다. 또 다른 이유는 동독 지역에는 19세기부터 교회 역할이 서독에 비해서 미미했다.

서독에서는 1968년 학생운동의 결과로 여성의 사회적 지위가 높아졌다. 또 가족 내에서 또 사회에서의 역할도 바뀌었다. 가계 담당과 육아 교육에서 자기 실현에 대한 욕구가 높아졌다. 법적 결혼에 대한 사회와 가족 내에서 구속력이 사라졌다. 미혼, 이혼, 무자녀로 인한 사회적인 간접 피해도 사라졌다. 그러면서 전통적 가족 제도는 해체되어 갔다. 또 몇 년 전 독일 대법원이 가정 해체를 가속화하는 판결을 내렸다. 즉 이혼 후에 배우자에 대하여 생활비를 평생 보조할 필요가 없다는 판결을 내린 것이다. 즉 여성이든 남성이든 결혼과 상관없이 경제적 독립을 해야 할 의무가 생겨난 것이다.

제 5 장 동독의 인종주의

지구상에서 외국인을 선호하는 나라는 없다. 우리나라의 경우도 마찬가지다. 2015년의 시리아 난민 사태를 보면 확인할 수 있다. 지중해 국가와 발칸 반도의 국가들은, 가능한 빨리 난민들을 독일이나 스웨덴으로 보내려고 했다. 그렇다면 동독에서의 외국인 혐오 현상도 크게 다를 이유는 없다. 그러나 동독 지역에서는 우리 같은 유색인은 습격당할 가능성이 크다. 동독에서 유색인에 대한 편견은 광범위하게 퍼져있어, 자신들의 언행이 인종주의라는 것을 모를 때가 종종 있다. 우리와 같은 유색인종이 바로 공격 대상이 될 수 있다는 사례를 들어보자. 지금부터 약 5년 전 독일 신문에 짧게 실린 기사다. 한국인이 막데부르크의 한 시내버스 안에서 독일인 여자로부터 공격을 당했다.

한국인 부부는 남편의 취직으로, 동독의 작센-안할트주 수도인 막데부르크로 이사를 왔다. 어느 날 부인은 시내 볼일을 마치고, 어린아이와 함께 시내버스를 타고 집으로 가는 중이었다. 건너편 자리에 앉았던 한 독일 여자가 담배꽁초를 얼굴에 던지고, 인종적인 욕설을 했다는 것이다. 이에 부인이 항의를 하자, 독일 여자가 달려들어 목을 조이며 욕설을 했다. 동독 지역에서 흔히 일어나는 외국인 공격 사건이다. 이런 정도의 사건은 신문에 보통 잘 나지도 않는다. 이런 사건은 동독 지역에서 흔한 일이고, 다치거나 사망한 것도 아니기 때문이다. 유색 외국인이 테러를 당할 가능성은, 특히 동독 지역에서 높다. 독일의 경찰 범죄 연구소에 따르면, 유색인종이 동독에서 테러를 당할 가능성은 서독에 비해서 10배가 높다는 것이다.

2015년 독일 내무부의 자료에 의하면 동독에서의 인종주의적 범죄는 서독에 비해 많이 높다는 것이 공식적으로 확인되었다. 2014년에 발생한 인종주의적 사건은 모두 130건이다. 이중 47%인 61건이 동독 지역에서 벌어졌다. 동독 인구는 독일에서 겨우 17%에 불과하다는 것을 감안하면, 위의 경찰연구소의 분석 결과가 확인되는 셈이다. 그럼에도 한국의 학계는 이 문제를 다루지 않는다. 그것은 좌파적 시각에서 동독을 바라보는 것이 주류이기 때문일 것이다. 또 동독인에 대한 동정심이 크게 작용하여, 동독의 부정적인 측면을 부각시키지 않으려는 분위기도 함께 작용한 측면이 있다.

그러나 동독에서의 외국인 테러는 특히 위험하다. 단순히 눈을 흘기거나 욕하는 것에 그치지 않는다. 무기를 갖고 공격하기 때문에 바로 목숨을 잃을 수도 있다. 다행히 아직 한국인이 동독 지역에서 목숨을 잃은 적은 없다. 우리나라의 적지 않은 학자들은 동독에서의 외국인 혐오 상황을 별 것이 아닌 것으로 평가절하하는 경향이 있다. 서독의 사정도 마찬가지라는 것이다. 또한 동독의 외국인 혐오증을 '서독' 언론의 과장된 보도라고 치부하는 것이다. 그것은 동독의 외국인 혐오증을 진지하게 생각하지 않은 결과이다.

여기서는 동독에서 외국인 혐오의 특징을 알아보고, 또 한국인 같은 유색인들에게 얼마나 위험한가를 알아보고자 한다. 동독에서의 외국인 적대감은, 우리에게 언제든 구체적 위험이 될 수 있기 때문이다. 특히 현지 사정을 모르는 단기 여행자들은 많은 위험에 노출될 수 있다. 장기 체류를 하여 주변 사람들과 잘 지낸다고 예외가 될 수 없다. 그것은 지금까지의 여러 사건들에서 알 수 있다. 외국어를 잘 한다고 도움이 되는 것도 아니다. 영어를 말하면서 길 가는 외국인들에게 침을 뱉는 사건이 여러 번 벌어졌기 때문이다. 그것도 인구 50만 명이 넘는 작센주의 수도 드레스덴에서 벌어졌다. 시내가 아니거나 대낮이 아닌 밤중이었다면 더 심각한 사건이 벌어질 수도 있었을 것이다.

1. 동독과 서독의 외국인 혐오증

1990년 10월 3일 통독이 되자 온 세계는 독일의 통일을 축하했다. 당사자인 독일인들은 눈물을 흘리며 서로 끌어안고 기뻐했다. 당시 수도 베를린의 시장 몸퍼는, 독일인이 세계에서 가장 행복한 민족이라고 했다. 그런 환호와 기쁨의 눈물이 채 마르기도 전에 외국인에 대한 테러가 연이어 발생했다. 그것도 통일 직후부터 연속적으로 벌어졌다. 전 세계는 독일에서 벌어진 잔인한 외국인 테러 사건을 경악의 눈으로 바라보았다. 나치 독일이 다시 부활한 것인가 하고 두려워했다. 수많은 외국인들이 독일인에 의해서 죽음을 당했다. 그들과 다르다는 이유로 죽음을 당한 것이다. 권총에 맞아 죽거나, 칼에 찔려 죽거나, 폭탄에 의해 죽거나, 불에 타 죽거나, 몽둥이에 맞아 죽거나 또는 주먹에 맞고 발길에 밟혀 죽었다. 이렇게 죽은 사람이 통일 이후에 무려 152명이나 된다. 물론 공식적으로는 이보다 적은 숫자이다.

왜 그러면 공식 통계와 비공식 통계가 다른가. 외국인에 대한 범죄가 외국인 혐오에서 비롯된 것인지 아닌지가 분명하지 않을 경우가 있다. 범인들은 자신의 외국인 혐오증을 감추려고 하거나 또는 검찰은 그것을 증명 못하거나 또는 그럴 의지가 없을 수도 있다. 또 연방 정부나 주 정부가 굳이 외국인 희생자 숫자를 높여 이미지를 구길 이유가 없다. 희생자는 그렇다 치고 다친 사람들에 대한 숫자는 통계조차 공개되지 않는다. 또한 이런저런 이유로 외국인 테러가 범죄사건으로 취급조차 못 받는 경우도 있다. 경찰 조사가 제대로 이루어지지 않았거나, 재판도 그냥 잠자고 있는 사건도 있다. 이런 '숨겨진' 사건을 포함하면, 실제 알려진 것보다 더 많은 외국인들이 희생당했을 것이다.

동독의 외국인 혐오증이 얼마나 심각한 지를 말해 주는 사건이 2011년에 벌어졌다. 동독의 슈베트에서 외국인 담당관으로 일하던 모잠비크인이 서독 지역으로 '망명'을 온 것이다. 20년 이상을 살아온 제2의 고향인 동독에서 외국인 학대를 참지 못하고 서독으로 이주한 것이다. 이 사건으로 동독의 외국인 혐오증이 다시 독일 사회에 부각되었다. 더욱이 그는 이 도시의 유명한 복서이기도 했고, 나이가 들어서는 복싱 트레이너로 일했다. 독일 여자와 결혼하여 가정을 꾸리고 있었으며, 슈베트 시의 '외국인 담당자'라는 공식 직함도 가지고 있었다. 즉 외국인 문제를 파악하고 해결하는 것이 임무였던 사람이 서독으로 도망을 온 것이다.

알베르토라는 이 모잠비크인은 내전을 피해 1980년대 동독으로 망명했다. 1990년 통일 직후에 그는 베를린에서 슈베트로 이주하여 2011년까지 살았다. 그는 피부 색깔이 다르다는 이유로 온갖 모욕을 받고 살았다. 살해 위협도 여러 번 겪었다. 오래 살았던 지역이지만 밤에는 밖에 잘 나가지도 못했다. 2011년에는 17살짜리 아들이 축구장에서 당하는 광경을 보고 그의 인내심도 마침내 끝이 났다. 어느 날 축구 경기가 끝나자 축구 선수인 그의 아들에게 온갖 인종주의적 욕설을 퍼부었던 것이다. 누구도 그것을 말리지 않고 그 광경을 구경만 했다. 더욱이 그 아들은 그곳에서 태어나 자랐다. 자신의 모멸은 오랫동안 끈질기게 참을 수 있었다. 그러나 자식에 대한 모멸은 참을 수 없었고, 동독에서 서독의 칼스루에시로 '망명' 온 것이다.

서독에 온 그는 그간의 외국인 테러 사건을 털어 놓았다. 이 사건들은 그간 세상에 전혀 알려지지 않은 사건들이었다. 예를 들면 동독의 바이마르에 살았던 모잠비크의 고향 친구는 동독인들에 의해서 살해당한 것이다. 1985년 베를린에 있는 그를 방문하고 돌아가는 기찻간에서 죽임을 당한 것이다. 동독인들이 그를 주먹으로 때려 정신을 잃자 창문으로 그를 던진 것이다. 그에 의하면 슈베트에서의 외국인 테러는 일상적인 것이고, 특히 유색인에 대해서는 온갖 폭력이 자행되었다. 그간 11건이나 고소 사건이 있었지만, 재판은 한 번도 진행되지 않고 잠자코 있다는 것이다.

그의 증언은 동독에서의 외국인 혐오증 이외에도, 동독에서는 '시민정신'이 없다는 것을 말해 준다. 누가 당해도 아무도 도와주지 않는 것이다. 이런 사정을 잘 말해 주는 소설 한 구절이 있다. 작가는 보스니아 전쟁을 피해서 독일로 망명 온 젊은 작가 시타니쉬취이며, 그는 바로 슈베트 부근에서 살고 있다. 그의 최근 소설《축제 직전》에 동독인들의 의식을 잘 나타내 주는 구절이 있다.

> "외국인이 우리 동네에 오는 경우는 드물다. 온다고 해도 머무는 경우는 드물다. 외국인이 우리 곁에 머무는 경우는 드물다. 오래 머문다고 해도 그는 여전히 외국인이다. 우리가 외국인과 친하게 지내는 경우는 드물다. 설사 그들이 우리 곁에 오래 머문다고 해도 그렇다. 우리는 사교적이다. 아니 우리는 반사교적이다. 우리는 개방적이다. 아니 우리는 의심이 많다. 이것을 깨려는 사람은 아무도 없다. 우리들 중에는"

2. 동독 시절의 외국인 위상

통독 이전 동독에서 외국인들이 어떤 대우를 받았는지에 대한 자료는 드물다. 외국인에 대한 범죄가 어느 정도인지를 말해 주는 자료도 드물다. 통일 전 동독 정부는 외국인에 대한 차별과 범죄 행위는 없다고 반복해서 주장했다. 그런 범죄 행위는 서독에서나 가능하다는 주장만 반복했다.

동독의 공식 입장은 언제나, 히틀러 시대의 '옛날 나치'도 없고 오늘날의 '네오 나치'도 없다는 것이다. 무슨 외국인에 대한 적대적인 행위나 삐라가 외부 세계에 밝혀지면, 그건 서독 첩자의 짓이라고 주장했다. 그러나 동독 시절에서 실제 '히틀러 시대의 나치 당원'도 버젓이 공직에 있었고, 새로운 '네오나치'도 아무런 제재도 받지 않고 문제없이 살았다.

《동독의 아이들》의 저자 헨젤에 따르면 통일 전 동독인들은 프랑스인, 이탈리아인, 오스트리아인을 선호했다. 그래서 그들의 생활방식을 모방하려고 했다는 것이다. 이들 나라의 국민에 대해서는 부러움과 동시에 콤플렉스를 가졌다. 어떤 이들은 이들과 결혼하여 이주해 살려고도 했다. 반면 당시에 직접적 적성 국가였던 서독과 미국에 대해서는 경계심을 나타내었다. 부러움과 두려움을 동시에 가졌다. 그러나 유색인종에 대해서는 경멸적인 태도를 보였다. 흑인은 물론이거니와 우리와 비슷한 피부색을 가진 베트남인을 멸시했다. 아프리카인과 베트남인에 대해서 '피지인' 또는 '조개탄'이라고 부르며 경멸했다.

베트남인들의 얼굴이 그들보다 검다는 이유로 붙인 경멸적인 별명이다. 베트남인들은 남태평양의 피지 섬에서 왔고, 그래서 얼굴이 석탄처럼 검다고 믿은 것이다. 동독 주민 중에는 아직도 한국인과 베트남인을 구분도 못하면서, 한국인에 대해서도 여전히 그런 경멸적 태도를 보이는 사람들을 드물지 않게 만날 수 있다. 당시의 사정을 말해 주는 구절을 위에 언급한 헨젤의 자서전에서 찾아볼 수 있다.

> "피지인에 대해서는 나는 더 이상 피지인이라고 할 수 없었다. 나는 이들을 외국인 또는 망명 신청자라고 불러야 했다. 좀 이상하게 들리지만 그렇게 했다. 이들은 그렇지만 떠나지도 않고 우리들 사이에 언제나 있었다."

통일 이후 15년 후에 출판된 책에서도 경멸적 표현인 '피지인'이라는 말을 작가는 서슴없이 적고 있다. 베스트셀러 작가는 아무런 따옴표도 없이 표현하여 동독인의 본심을 드러낸 것이다. 통독 이전 동독에는 외국인도 별로 없었다. 1980년대 서독의 외국인은 4백만 명으로 전체 인구의 대략 7.5%에 이르렀지만, 동독에서는 19만 명으로 1%에 불과했다. 서독 외국인들은 1950년대 시작된 경제부흥으로 부족한 노동력을 메우기 위해서 온 사람들이다. 이들 외국인 노동자들은 대부분 귀국하지 않고 그냥 서독에 영주권을 얻어 체류했다. 그리고 가족들도 초청하여 함께 살기 시작하면서 외국인 숫자가 대폭 늘어나게 되었다.

동독의 경우도 부족한 노동력을 그들의 '형제 사회주의 국가'로부터 데려 왔다. 베트남, 쿠바, 모잠비크, 콩고 등에서 노동자를 데려온 것이다. 이들은 계약 노동자로 계약이 만료되면 바로 본국으로 송환되었다. 이들의 임금 중 상당 부분을 파견 국가의 정부가 차지하였기 때문에, 이들 노동자들의 임금은 동독 노동자에 비해서 아주 적었다. 또 이들 외국 노동자들에 적용되는 노동 법규는 독일인들에 비해서 아주 엄격했다. 규정을 조금만 위반해도 바로 처벌을 받거나 본국으로 호송당했다.

이들 계약노동자들의 생활 조건은 형편없이 열악했고, 비인간적 대접을 받고 지냈다. 이들은 현지 독일인들과 완전 격리된 채, 도시 변두리에 집단으로 수용되어 지냈다. 퇴근 후에는 아무나 만날 수가 없었다. 또 집단 수용소의 규칙을 조금이라도 어기면 즉각적으로 본국으로 송환되었다. 이들은 동독 식당에서 식사하는 것이 금지 되었다. 심지어 독일어 배우는 것도 금지되었다. 만약 여자가 임신을 하게 되면, 유산을 시키거나 바로 귀국 조치를 당했다. 가족은 물론이고 독일 사회로부터 떨어져 살던 이들은 계약이 끝나면 바로 본국으로 송환되었다. 이들 노동자들은 통일 직전에 대부분 본국으로 송환되었고, 일부는 '잠적'하여 현재까지 독일에서 살고 있는 사람들도 있다.

2.1. 통일 후 동독에서의 외국인 위상

이런 외국인 인상이 통일 후에도 동독인의 머릿속에 계속 이어지고 있다. 동독인들은 서부 유럽인과 미국인에 대해서는 열등감을 보이고, 동유럽인, 아시아와 아프리카인에 대해서는 우월감을 나타낸다. 특히 아시아인과 아프리카인에 대해서는 많은 경멸감을 나타내면서, 자신의 열등감을 상쇄한다. 그 결과가 동독에서 외국인 테러는 수없이 벌어지고 있는 것이다. 한쪽에서 받는 열등감을, 다른 쪽에 대해서는 우월감으로 표시하는 것이다. 서독인에게 왜 우리가 2등 국민이냐면서, 따뜻하게 우리를 대해달라고 요구한다. 그러나 동독인 스스로가 유색 외국인에 대해서 따뜻하게 대하자고 말한 사람은 아무도 없다. 지금까지 유일한 사람이 독일 대통령 가욱이다.

서독의 경우는 통일 이전이든 이후든 외국인을 만나는 것은 거의 일상생활이다. 공적 모임이든 사적 모임이든 외국인이 함께하지 않는 경우는 거의 없다. 외국인 친구 한두 명 있는 것은 자랑이기도 하다. 외국 음식을 즐기는 것은 자신의 신분과 문화적 개방성에 대한 과시이기도 하다. 또 서독 사람들은 아시아와 아프리카 등지로 여행을 다녀온 사람들이 많아, 유색인종에 대해서 비교적 거리감이 적다. 이보다 더 중요한 것은 외국인에 대한 차별과 편견에 대해서 토론회가 자주 벌어졌고, 그것을 줄이기 위한 사회적 운동도 다양한 형태로 있었다.

반면 동독인들은 통독 이전에 외국인들을 만날 기회가 거의 없었다. 동독을 찾는 외국인들은 적었다. 또 모든 외국인 방문객들은 철저히 감시되었다. 동독인들이 섣불리 외국인과 접촉했다가는 슈타지의 감시 대상에 올라갈 위험도 있었다. 그나마 쉽게 외국인을 만날 수 있는 사람들은 외국인과 함께 근무하는 사람들이었다. 직장에서는 얼굴을 마주칠 기회가 있었지만 일과 후에 만나는 것은 거의 없었다. 외국인 노동자들은 일과 후에 바로 군대 막사 같은 데서 집단수용소로 돌아가야 했기 때문이다. 만약 독일인이 방문을 왔다고 해도, 일단 건물 입구에서 허락을 받아야 외국인들을 만날 수 있었다. 사회주의 국가에서 외국인은 언제나 잠재적 위험 요소였기 때문이다.

동독인들은 동독 시절이나 통일 후에도 외국인에 대해 부정적이다. 특히 유색인을 싫어한다. 흑인을 가장 싫어하고 그 다음은 아시아인이고 그 다음은 동유럽 사람들이다. 그럼 왜 외국인을 싫어하는가? 동독 당시에는 계약노동자를 경쟁 상대로 보았다. 그들과 직장에서 생산성을 경쟁해야 되는 경쟁자로 본 것이다. 유색인종과 경쟁하는 것은 참을 수 없는 일이었다. 더욱이 베트남인을 더 싫어하는 이유가 있었다. 베트남에서 온 계약 노동자들이 다른 방식으로 돈 버는 것이 마음에 들지 않았다.

베트남인들은 고향에서 갖고 온 물건을 시장에 팔아 이익을 남겼다. 또 이들은 손재주가 많아 생활용품을 수선하여 이익을 남겼다. 통일 직전에 송환 위기에 놓인 베트남 계약 노동자들은 숙소를 벗어나 잠적했다. 노동 계약이 끝나 먹거리를 찾기 쉽지 않던 베트남 사람들은 밀수한 담배를 길거리에서 팔았다. 이들 베트남인들에 대한 경멸감이 구체적으로 드러난 것이 1991년 호이어스베르다 테러 사건이다. 동독 시절의 유색인에 대한 경멸적 태도가 아직도 시정되지 않고 현재까지 이어지고 있다. 2015년에 프라이탈과 하이데나우에서 벌어진 사건이 그것이다. 난민들 숙소에 화염병을 던지고 길에서 극우 세력들이 데모를 벌인 것이다. 프라이탈과 하이데나우 사건이 채 잊혀지기도 전에, 그곳으로부터 멀지 않은 클라우스니츠에서 또다시 난민 습격 사건이 일어났다. 2016년 2월에 이곳 주민들이 난민 수송 버스를 못 가게 막고 난민을 위협하고 협박한 것이다. 모두가 동독의 작센주에서 일어난 사건들이다.

동독인들이 외국인에 대해 갖는 편견은 그들의 여행 제한과도 연관이 있다. 동독인들은 동유럽으로만 여행을 할 수 있었다. 동유럽으로 간 동독인들은 그들의 우월감을 과시하고 돌아왔지만, 그들이 부러워하면서 콤플렉스를 가질 수 있는 서부 유럽으로는 여행이 제한되었다. 이런저런 이유에서 동독인들은 유색인을 만날 기회가 거의 없었다. 동유럽에는 유색 외국인들이 별로 없었고, 그들도 유색인종을 싫어하기는 마찬가지기 때문이다.

현재 동독 지역에 외국인은 별로 살고 있지 않다. 일자리가 별로 없기 때문이다. 동독에 살고 있는 외국인들도 기회만 있으면 모두 동독 지역을 떠난다. 외국인에 대한 편견 때문에 생활이 불편하거나 위험하기 때문이다. 필자는 언젠가 동독의 아이제나흐에 살고 있는 폴란드인과 대화를 나눌 기회가 있었다. 그녀는 바흐의 고향인 이곳에서 동독인 남편과 별 어려움 없이 잘 살고 있었다. 이 여자의 독일어와 외모는 독일인과 전혀 차이가 나지 않았다. 그녀의 독일어는 완벽했고, 행동이나 외모도 독일인과 전혀 차이 나지 않았다. 그러나 언젠가 폴란드 출신이라는 것이 밝혀지면서 주민들의 태도가 달라지기 시작했다는 것이다. 일상에서 무시당하게 된 이 여자는 남편과 함께 베를린으로 이사할 계획이라고 했다.

현재 동독에 살고 있는 외국인 숫자가 이런 사정을 잘 보여 주고 있다. 외국인이 동독에 살 수 있는 여건은 좋지 않다. 외국인이 일할 수 있는 취업자리가 적고 또한 동독 주민의 구매력이 낮아 개인 기업도 쉽지 않기 때문이다. 그나마 어렵게 살던 외국인도 외국인 학대를 참지 못하여 기회만 있으면 동독을 떠나려고 하는 것이 현실이다. 〈도표 5-1〉은 그러한 현실을 잘 나타낸다. 다음은 2014년의 각 주에 사는 외국인 숫자이다.

동독의 5개 주에 살고 있는 외국인 비율은 모두 3% 미만이다. 서독에서 외국인 비율이 가장 낮은 주인 슐레스비히-홀슈타인의 경우만 해도 5.9%이고 나머지는 대개 10%를 넘는다. 함부르크, 쾰른, 프랑크푸르트,

도표 5-1. 독일의 각 주별 외국인 거주숫자 및 비율

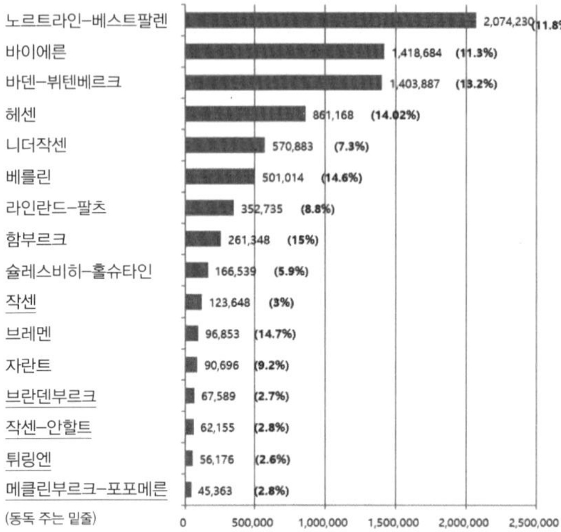

슈투트가르트, 뮌헨 등 대도시의 일부 지역은 외국인 비율이 20%를 훌쩍 넘는다.

3. 외국인 테러를 둘러 싼 동서 갈등

1990년 통독 후 온 세계를 뒤흔든 외국인 테러가 동독 지역에서 먼저 벌어졌다. 그것도 눈물을 흘리며 통일을 환호하던 동독인들이 외국인을 집단 테러한 것이다. 수천 명의 주민들의 환호를 받으면서 청장년들이 외국인 숙소를 화염병과 돌맹이로 공격했다. 이 테러는 나치의 테러를 연상시키기에 충분했다. 독일은 물론이고 전 세계가 경악한 집단 만행이었다. 그것도 한 번이 아니라 연이어 벌어졌다. 1991년 9월 작센주의 호이어스베르다 그리고 1992년 8월에 메클렌부르크-포어포메른주의 대도시 로슈톡에서 벌어졌다.

수백 명의 청장년들이 주민들의 환호를 받으며, 외국인 숙소를 공격했다. 외국인들이 머물고 있는 건물에 며칠 동안이나 돌과 화염병을 던

졌다. 독일 경찰은 이들의 공격성에 놀라 며칠 동안 구경꾼 행세를 하거나 아예 자리를 뜨기도 했다. 이런 동독 만행에 뒤질세라 서독의 극우 세력들은 1992년 11월에 묄른, 1993년 5월에 졸링엔에서 연달아 터키인들이 사는 집에 불을 질렀다. 이 방화 사건으로 5명이 숨지고 여러 명이 다쳐 세계를 깜짝 놀라게 했다. 세계인들은 나치가 다시 부활했느냐며 치를 떨었다. 독일에서의 외국인 테러 사건에 대해 국제적으로뿐 아니라 독일 내에서도 독특한 반응을 보인다. 독일 주변 국가들은 독일 나치 세력이 또다시 범죄를 저지르지 않을까 겁을 낸다. 특히 나치의 희생이 컸던 폴란드, 네덜란드, 그리스 등지에서는 나치 망령이 다시 살아나지 않았나 걱정을 한다.

독일 내에서는 외국인 테러가 독일 전체의 현상이냐 아니면 동독 현상이냐를 둘러싸고 동서독 갈등이 벌어진다. 이 논쟁은 주로 동서독 언론 매체와 정치가를 중심으로 벌어지는 논쟁이다. 동독 사람은 서독에서 벌어진 테러는 그냥 외국인에게 가해진 테러이고, 왜 동독에서 벌어지면 동독 현상이라고 하느냐며 볼멘 소리를 낸다. 그래서 동독의 언론 매체들은 서독에서 벌어진 외국인 범죄 사실을 크게 보도하는 경향이 있다. 반면에 서독 매체들은 그간 일련의 외국인 테러 사건의 횟수나 잔인함을 예로 든다. 이것은 동독에서 언론의 주목을 받는 사건이 벌어질 때마다 일어나는 논쟁이다. 이 논쟁은 예민한 논제여서 거의 터부시되었다. 그래서 공개적으로는 아주 조심스럽게 말을 꺼내야 한다.

통일 직후 동독에서 벌어진 외국인에 대한 만행은 나치 이후에는 전례를 찾아볼 수 없는 잔인한 테러였다. 1991년 9월에 호이어스베르다에서 극우 세력들 수백 명이 1주일간 만행을 저지르고 경찰이 접근조차 할 수 없는 사건이 벌어졌다. 그 1년 후에 또다시 로슈톡에서 수백 명이 1주일간 화염병을 던지고, 외국인 숙소에 진입을 시도했다. 더욱이 3천 명의 주민들이 극우 세력의 만행에 박수를 치면서 응원했다. 그로 인해 경찰과 소방대원의 진입이 방해를 받아 사태 진압이 늦어졌다. 수천 명 주민들의 적극적인 호응과 응원을 받으면서 벌어진 테러는 그야말로 전례가 없는 사태였다.

독일의 주요 언론들은 극우 세력의 외국인 동독 테러사건을 동독 현상이라고 규정지었다. 서독에서도 외국인에 대한 테러가 있지만, 질적으로나 양적으로 비교가 안되기 때문이다. 여기에 대해 동독 언론과 동독의 지역 정치인들은 민감하게 반응한다. 즉 그것은 동독 상황이 아니라, 독일에서 벌어지는 외국인에 대한 범죄라는 것이다. 그러면서 서독지역의 극우 세력 폭력에 대해서는 잘 보도하지 않으면서, 동독 지역의 경우에만 대대적으로 보도하냐고 비판한다.

〈도표 5-2〉는 모티프에 따른 극우 세력의 범죄를 나타낸 것이다. 여기서 외국인, 집시족, 유대인, 동성애자, 장애인, 노숙자. 좌파, 정적, 외국인 등이 범죄대상이다. 그러나 여기서도 동독에서의 모든 극우범죄가 많다는 것을 알 수 있다.

동서독 사이의 대표적 논쟁이 2007년 뮈겔른 사건 때였다. 작센주의 작은 도시 뮈겔른 축제에서 인도인들이 폭행을 당했다. 여기에 대해서 서독 언론들은 동독에서 또 외국인 테러가 벌어졌다고 보도했다. 그러면서 동독은 외국인 편견에 대해 많은 조치를 할 필요가 있다고 하면서 정치인들의 실천을 촉구했다. 여기에 대해 해당 시장과 지역 정치가들은 왜 우리만 가지고 그러느냐? 서독에서도 외국인에 대한 테러는 벌어지지 않느냐고 항의했다. 또 동독 언론과 동독의 지역 정치가들은 이 사건은 그냥 우발적 사건이고, 외국인 적대 감정이 포함되지 않은 것이라고 주장했다. 여기에 대해 서독의 중앙 정치가들과 언론들은 외국인에 대한 범죄를 별 것 아닌 것으로 덮으려 하는 것 자체가 전형적인 동독 현상이라고 비

도표 5-2. 극우범죄의 희생자들

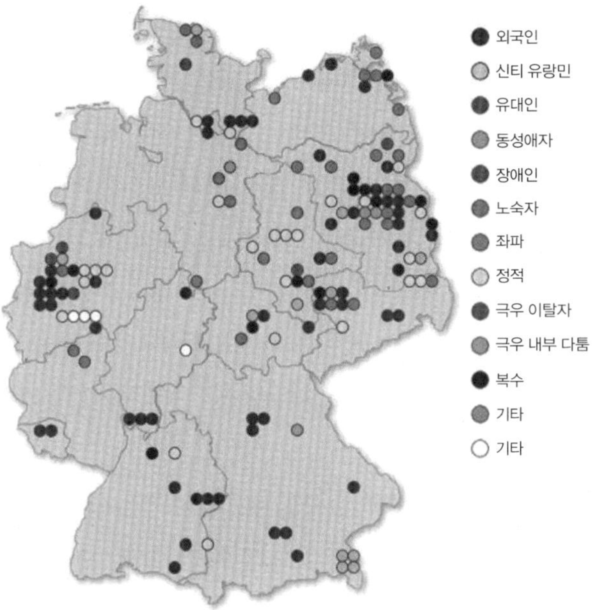

판했다. 이 동서독 사이의 논쟁은 1주일 동안 언론에서 진행되었다.

3.1. 난민 수용소를 둘러싼 동서독 갈등

이 논쟁은 외국인 테러 사건이 벌어지면 언제나 반복되는 논쟁이다. 민감한 주제이기 때문에 공개적으로는 조심하지 않으면 안 된다. 최근에 동독의 작센-안할트주의 작은 도시 트뢰그리츠에서 벌어진 예를 들어 보자. 2015년 3월에 목사이면서 시장이던 니어트는 시장직을 사퇴한다고 했다. 그의 사퇴 소식은 전 독일을 뒤흔들었다. 그 이유가 극우 정당의 당원과 일부 주민들이 그의 집 앞에서 데모를 하여, 가족 안전이 걱정됐기 때문이다.

주민 2천 8백 명이 살고 있는 이곳의 시장이던 그는 난민 40명을 수용하겠다고 나섰다. 빈집을 구하여 난민을 위해 깨끗이 단장하는 일을 지휘했다. 난민 수용을 반대하는 주민들과 극우 세력들은 매주 반대 시위를 했다. 그리고 그의 가족과 그를 위협하는 전단과 이메일을 발송했다. 누군가가 난민 수용소로 예정된 집에 불을 질러 많이 파손되었다. 동독의 많은 곳에서 난민 수용을 반대하는 시위가 있거나 전단이 살포되었다. 물론 일부 서독 지역에서도 2015년 시리아 난민사태가 심각해 지자 이런 일이 벌어졌다. 그러나 시장과 가족을 위협하는 일은 없었다.

이번 트뢰그리츠의 사건을 두고 서독의 언론들은 또다시 동독적 현상이냐를 두고 논쟁을 벌였다. 2015년 4월 9일에 독일의 유력한 일간지와 주간지가 유사한 제목을 달아 기사를 실었다. 주간지 '디 차이트'는 3면과 4면에 큰 지면을 할애하여 동독의 트뢰그리츠와 서독의 도르트문트의 극우 현상을 비교해서 실었다. 그리고 기사의 제목을 "트뢰그리츠는 어디에나 있는가?"라는 제목을 달았다. 그것은 사건이 난 작센-안할트 주지사 하제로프가 "트뢰그리츠는 어디에나 있다"라고 말한 데서 따와 물음표를 붙인 것이다.

일간지 '남독신문'은 "정말 트뢰그리츠는 어디에나 있는가?"라는 제목으로 동독의 사건이라고 설명했다. 그 증거로 연방정부 내무부 장관이 "트뢰그리츠는 어디에나 있는 것은 아니다"라고 한 말을 인용했다. 난민 조직 프로 아쥘Pro Asyl의 유럽 담당자 코프도 "트뢰그리츠는 어디서나 있는 것은 아니다"라고 말했다. 그것은 죄질이 다르기 때문이라고 했다. 생명의 협박을 받은 니어트 시장이 퇴임하자 이번에는 행정담당 부시장까지도 살해협박을 받았다. 남독신문은 2015년 들어 벌어진 망명신청자에 대한 테러를 도표로 나타내었다. 동독 지역은 모두 41회, 서독 지역은 19회, 베를린은 5회로 나타났다. 즉 동독에서의 외국인 테러 사건은 서독보다 훨씬 자주 일어난다는 것을 보여 주었다.

2015년 후반부터 난민 수용소에 대한 테러가 많이 벌어졌다. 동독과 서독 모든 곳에서 벌어졌다. 평균 하루에 3건 정도가 벌어졌다. 서독에서는 노르트라인-베스트팔렌주가 가장 많이 벌어졌고, 동독에서는 작센주가 단연 선두였다. 작센주에서 벌어진 사건 수는 노르트라인-베스트팔렌주의 사건보다 3배가 많았다. 그런데 작센주에는 외국인이 12만 명 정도가 살고 있고, 노르트라인-베스트팔렌주에는 210만 정도가 살고 있다. 이 데이터는 동독에서 얼마나 외국인 테러 사건이 자주 일어나는 가를 알 수 있다.

주간지 '디 차이트'는 극우현상이 동독의 현상만은 아니라는 것을 지적하고 있다. 그러면서도 동서독의 외국인 적대 행위는 내용적으로 다르다는 점을 말했다. 그러나 '남독신문'은 이 사건은 분명 동독적 현상이라고 지적한다. 독일 사회의 터부인 이 주제를 인용과 데이터를 통해서 분석했다. 여하튼 동독 지역에서 끔찍한 사건이 터지면 동독 지역에서는 별게 아니라고 한다. 협박 사건과 연루된 데모대는 그냥 시장 집 앞에서 '산책'한 것을 가지고 왜 데모라고 하느냐고 주장했다. 여기에는 극우 세력만 있는 것이 아니라, 난민 정책에 반대하는 시민들도 함께 '산책'했다. 이들은 외국인들이 '무서워서' 반대한다는 것이었다. '서독' 언론은 동독 사회가 극우 문제를 본격적으로 다뤄야 한다는 것을 암시하고 있다.

독일의 극우 정당은 주변 국가에 비해서 적은 편이다. 최근의 선거 득표율을 중심으로 보면, 독일의 NPD는 5%, 네덜란드 PVV는 11.7%, 프랑스 FN는 25% 오스트리아 FPÖ 24, 헝가리 JOBBIK 28%, 스위스 SVP 24.6, 덴마크 DF 19, 스웨덴 SD 13.9, 노르웨이 FrP 15% 핀란드 PERUS 14.2% 정도다. 여기서 덧붙여야 하는 사실이 있다. 2015년의 난민 사태를 계기로 극우당의 지지세력은 더 많아졌다. 유럽 전체가 우익으로 돌아섰기 때문이다. 예를 들어 독일의 극우 정당인 독일대안당AfD은 서독에서는 10% 이상, 동독에서는 20% 이상의 지지를 받고 있다. 2016년 5

월에 치뤄진 오스트리아 대통령 선거에서 극우당 후보는 불과 수천 표의 차이로 낙선할 정도였다.

독일에서의 극우 세력의 활동, 특히 외국인 테러 사건은 세계의 이목을 끈다. 나치 독일의 유대인 학살과 소수 집단에 대한 학대를 연상시키기 때문이다. 독일 사회는 국가 이미지를 고려하여 대책을 강구하고, 해당지역은 자기 지역의 이미지 훼손을 줄이려고 애를 쓴다.

4. 동독주민의 극우 성향

동독에서의 외국인에 대한 테러는 서독에서의 그것과 차이가 난다. 동독 주민들은 청장년들이 외국인을 공격하면 박수치고 응원한다. 외국인에 대한 범죄가 마치 영웅적 행위인 것처럼 주민들은 응원하는 것이다. 바로 이점에 대해 동독에서의 외국인에 대한 범죄는 나치 독일을 연상시킨다. 물론 서독에서도 외국인에 대한 테러는 끊이지 않는다. 그러나 서독 주민들은 외국인에 대한 범죄행위를 공개적으로 응원한 적은 없다. 그것도 수천 명의 주민들이 길거리에서 외국인에 대한 테러를 박수 치면서 환호하는 경우는 없다. 동독에서의 외국인 테러 사건들은 대부분 주민들의 지지를 받았다. 그것도 전폭적인 응원과 지지를 받았다. 법정에서 증인으로 나서지도 않는다. 출석을 요구 받아 법정에 나오더라도 정보를 제대로 말하지 않는다.

1991년 호이어스베르다와 1992년 로슈톡 사건을 들어 보자. 극우 세력들이 외국인들을 추격하면서 공격하자 위급해진 이들은 자신들의 숙소로 피신했다. 극우 세력들은 건물 창문에 화염병과 돌을 던져 외국인들을 공격했다. 구경 나온 주민들은 박수 치고 환호하면서 외국인들에게 독일을 떠나라고 구호를 외쳤다. 그것도 한두 명이 아니라 수천 명이 모여서 테러 행위를 응원한 것이다. 또 이들 주민들은 길목을 막아서며 소방차와 경찰차가 진입하는 것을 막았다. 그것도 며칠 간 막아서 사태 진압을 더 어렵게 했다.

2007년 뮈겔른 사건도 같은 패턴으로 진행되었다. 극우 세력들이 한밤중에 외국인을 추적하자 외국인들은 한 동료가 운영하는 피자집으로 피신했다. 청년 극우 세력들이 화염병과 돌을 던지면서 진입을 시도하자 몇백 명의 주민들은 그곳에서 환호하면서 응원을 했다. 또 외국인들에게 독일을 떠나라고 외쳤다. 위의 세 예들은 주민들이 길거리에서 공개적으로 외국인에 대한 범죄 행위를 응원한 것이다.

또 이와 다르게 은밀하게 극우 테러 세력을 지원한 경우가 지하 나치당NSU 사건이다. 이들 3명의 범죄단은 주변 친구와 친지들의 도움으로 방도 빌리고 자동차도 구하고 무기도 구입했다. 10년이나 외국인에 대한 범죄를 저질렀는데도 잡히지 않고 동독 지역에서 10년 동안이나 은신해서 지낼 수 있었다. 또 이들 극우 세력 후원자들은 법정에 증인으로 나서지도 않고 나와도 제대로 대답하지 않는다. 그래서 재판 중인 범인 채페에 대한 범죄 행위가 완전히 드러나지 않고 있다.

그러면 동독 주민은 모두가 극우 세력 지지자인가? 이 질문에 대답하기 위해 루돌슈타트 사건의 핵심인물인 목사의 증언을 참고할 필요가 있다. 루돌슈타트에 살던 그의 인도 출신 부인과 그 자녀들은 주민들의 학대를 참지 못하고 서독으로 떠난다. 그 사실이 언론을 통해서 독일에 순식간에 알려졌다. 기자들이 몰려들어 사태를 확인하자 주민들은 인종차별은 없었다고 주장했다. 또 그런 사실을 몰랐고 오히려 당사자들이 사태해결에 적극적으로 나서지 않았다고 비난했다. 그리고 슈퍼마켓 주인은 목사 부인을 차별한 적이 없다면서 명예훼손으로 검찰에 고발했다. 그 사실을 폭로한 목사는 동독에서 외국인이 안전하게 지낼 수 있는 곳은 어디에도 없다고 주장했다. 또 동독인들은 서독인들한테 받은 열등감을 자기보다 못한 처지에 있는 외국인에게 앙갚음한다는 것이다.

지하 나치당의 한 피해자를 대변하는 변호사 디어바흐는 동독에 극우 이데올로기가 얼마나 만연되어 있는가를 지적한다. 이들 3명 범인들은 외부 세력의 지원을 많이 받아서 범행을 저질렀다. 그 지원 세력은 쉽게 어디서나 구할 수 있었고 이들이 피해자를 감시하고 범행 장소를 물색해 주었다는 것이다. 이들 범인들이 오랫동안 발각되지 않는 이유는 주변의 많은 사람들이 그런 성향을 가지고 있었기 때문이라는 것이다. 주민들은 범인들의 집에서 같이 샴페인을 마시고 놀았고, 이때 극우의 우상인 히틀러의 사진이 텔레비전에서 지속적으로 방영되었다는 것이다.

4.1. 동독은 노-고-에어리어

많은 동독 주민들이 극우 이데올로기에 젖어 있다는 또 다른 보기가 있다. 한 주민은 지하 나치당의 범인과 가깝게 지내면서 그들을 도왔기 때문에 증인으로 나왔다. 그의 정치 성향이 어떠냐는 질문에, 그는 자신은 "좌파이면서 외국인에 적대감이 없다"고 했다. 그러면서도 그는 외국인을 살해한 3명의 테러범을 도운 것이다. 동독의 많은 사람들이 외국인에 대해서 적대적이기 때문에 정치 성향은 문제가 되지 않는다. 범인 뵌하르트의 엄마는 아들이 외국인 테러를 하고 다니는 것을 몰랐느냐는 질문에, "그곳에서는 모두가 그래요"라고 대답했다.

통일 직후의 동독 사정을 말해 주는 동독인 레네판츠의 자서전 한 구절을 인용해 보자.

> 그는 1939년 히틀러 시절의 독일 지도(현재의 폴란드와 발틱 3국의 대부분을 포함하는 역사상 가장 넓은 독일 영토를 말함. 이 지역을 다시 회복하려는 것이 극우 세력의 주요 목표 — 저자 주)를 벽에 붙였다. […] 내 멋대로 모든 걸 할 수 있는데,

무슨 법이 필요하단 말인가. 법이 관여할 때는 이미 때는 늦은 게지. 〔…〕 우리들은 외국인에 대한 습격 기사를 매일 읽었다. 유대인 무덤은 훼손되었다고 한다. 대머리를 한 극우 세력들은 연일 구호를 외치고 다니며, 역 앞 광장에 있는 사람들에게 욕설을 했다. 그것은 정치문제가 아니라 사회문제이다.

외국인 혐오증이 동독 지역에 얼마나 광범위하게 퍼져 있는가를 말해주는 또 다른 보기가 있다. 2006년 독일 월드컵 당시에 벌어진 논쟁이 그것이다. 베를린에 있는 아프리카인 단체가 월드컵 방문객들에게 안전에 관한 조언을 예고했다. 월드컵 경기 관람을 위해 오는 아시아, 아프리카, 남부 유럽인들에게 자기 안전을 위해서 가지 말아야 할 곳을 공개하겠다고 했다. 월드컵 직전인만큼 독일 사회는 발칵 뒤집혔다. 여기서 대해 정부 대변인마저 유색인 관광객에게 극우 세력을 주의하라고 경고했다. 즉 유색인이 동독의 브란덴부르크주를 방문하게 되면 "살아서 나오지 못하는 곳"이 있다고 했다.

정부 대변인의 담화에 대해 동독의 정치인들이 특히 강하게 비판했다. 여기에 대해 독일의 유대인협회와 외국인 단체들이 다시 들고 일어났다. 이들 단체들은 외국인이 가지 말아야 할 곳, 즉 노 고 지역No-go-Area이 없다는 뜻이냐면서 강하게 반발했다. 2006년 월드컵 직전 독일 사회는 유색 외국인이 가지 말아야 할 곳이 있느냐를 두고 온통 논쟁을 벌였다. 그러나 정작 해당 주인 브란덴부르크 주지사가 동독의 일부 지역은 위험하다고 인정했다.

독일의 한 인터넷 사이트는 이런 배경에서 외국인이 가지 말아야 할 곳을 독일 지도에 표시했다. 동독 지역은 전체가 위험 지역으로 표시되어 있고, 반면에 서독 지역도 일부 지역은 외국인에게 위험하다고 분류했다.(〈도표 5-3〉참조)

동독에서 엄청난 만행들이 연속으로 일어나고 그 후 많은 시간이 흘렀다. 그런 잔인한 외국인 테러가 일어난 도시 호이어스베르다는 20년이 지난 후에 얼마나 변했을까? 독일의 한 텔레비전 방송이 호이어스베르다 사건 20주년을 맞이하여 그 변화를 알아보고자 했다. 호이어스베르다 시장은 당시의 희생자 3명과 함께 전시장을 찾았다. 당시의 사건에 대해 시장으로서 사과하고 도시는 그간 많이 변화했다고 설명했다. 다시는 그런 일이 없을 것이니 도시를 한번 돌아보라고 했다. 아프리카에서 온 이들이 그 전시장을 벗어나자마자 아프리카인에 대한 온갖 욕설이 난무했다. 그리고 카메라를 든 기자들마저 협박을 했다. 호이어스베르다는 사건이 발생한지 20년이 지나도 변한 것이 없었다.

호이어스베르다와 마찬가지로 전 세계에 악명을 떨친 로슈톡을 찾아

도표 5-3. 외국인이 가면 위험한 곳 No-go-Area

가 보자. 2012년 사건 20주년을 맞이하여 로슈톡에서 대규모 행사가 벌어졌다. 당시의 참담한 외국인 테러 사건을 기억하면서 다시는 외국인을 혐오하지 않겠다는 다짐을 하는 행사였다. 독일 대통령도 참가하여 이 날을 상기하는 행사를 치르고 함께 시가행진을 했다. 그런데 이 행진에 참가한 로슈톡 사람들은 아주 소수였고 대부분이 외지에서 온 사람들이었다. 현지인들은 대부분 왜 그런 행사를 하는지 이해할 수 없다는 반응이었다. 그리고 아직도 그곳에 살고 있는 베트남 사람들을 인터뷰했다. 사건 피해자인 이들은 직장과 슈퍼에만 조심스럽게 다니고 주로 집 안에서 시간을 보낸다고 했다. 그날의 악몽으로 밖에 나갈 용기가 아직 없다는 것이다. 20년이 지난 지금에도.

5. 동독인들은 정치적 무감각

외국인에 대한 테러 사건이 벌어지면 동서독에서의 처리 방식은 다르다. 서독은 숨기는 일이 별로 없다. 숨기다 나중에 발각되면 오히려 그 책임이 더 무거울 수 있기 때문이다. 그래서 사건 과정을 규명하고 범법자에 대한 처벌을 진행한다. 서독의 언론계와 외국인 관련 단체들은 그것을 감시한다. 또 이와 더불어 여러 단체가 나서서 공개 토론회를 하여 재발 방지에 노력한다. 그리고 외국인 차별 반대를 위한 거리행진과 같은 문화행사도 하여 사회적 관심을 부각시킨다. 이런 시위에는 각 정당, 노동조합, 교회, 외국인 단체 등이 주로 참석한다.

반면에 동독의 경우는 사건 처리 과정이 많이 다르다. 우선 사건을 덮어서 없는 것으로 만들려고 한다. 드러나면 조금씩 그때마다 임기응변식으로 처리한다. 또 사건은 인종차별과 무관한 우발적 사건이라고 주장한다. 인종차별과 연관이 있다는 것이 밝혀지면, 그것은 어디에서나 일어나는 일이라고 주장한다. 우선 사건을 공개하지 않거나, 드러나면 축소하여 별게 아닌 것으로 발표한다. 그것은 우선 인종차별에 대한 인식이 낮기 때문이고, 사건이 확대되면 지역 이미지가 좋지 않기 때문이다.

동독 정치가들이나 언론들은 서독 언론을 못마땅하게 생각할 때가 많다. 외국인에 대한 테러를 자세히 보도하기 때문이다. 뮈겔른 사건의 경우에 보듯이, 서독 언론의 집중적 보도 때문에 동서독 갈등이 생겨나는 경우도 있다. 동서독의 또 다른 차이는 인종차별에 대한 정치계의 노력이나 사회적 운동을 찾아보기 힘들다는 것이다. 설사 그런 행사가 있다고 해도 2012년 로슈톡 행사에서 보듯이 주민들은 관심이 없거나 참여도가 낮다.

동서독의 다른 처리 방식에는 서로 다른 문화적 배경이 있다. 동서독은 2차 대전 후에 각각 다른 이데올로기하에서 41년간 살아왔기 때문이다. 서독인들은 개인주의 기반 위의 시민사회에서 살았다면, 동독은 전체주의에 바탕한 사회주의 체제하에서 살았다. 시민 사회에서는 개인의 권한과 책임이 중요시된다면, 사회주의에서는 체제 유지가 더 우선한다. 또한 서독은 공개적으로 비교적 투명한 사회라면, 동독은 비밀스럽고 불투명한 사회였다. 동독인들은 히틀러의 독재 체제가 끝나자 바로 공산주의 체제에서 살았다. 그래서 한 번도 시민사회 아래에서 살아본 적이 없다. 다당 체제 아래서 예민한 정치적, 이데올로기적 감수성을 훈련받을 기회가 없었다.

동독인들 사이에는 좌우파 이데올로기에 대해서 민감하지가 않다. 동독의 사민당과 기민당은 서독의 그것과 정책면에서 차이가 난다. 예를 들면 얼마 전에 동독 메클렌부르크-포어포메른주의 한 녹색당 간부가 외국인 혐오 발언을 하여 물러난 경우가 있다. 서독에서는 상상할 수 없는 일이다. 녹색당은 사민당보다 더 좌파에 가깝기 때문에 외국인에 대한 혐오 발언은 하지 않는다. 루돌슈타트 사건의 목사 주장을 사실로 받아들인다면 이 정도 사건은 놀라운 일도 아니다. 동독 사람들의 경우 심지어 좌파까지도 외국인 혐오 행위에 가담하는 경우가 있다고 했다. 페기다 데모를 두고서 독일 언론은 일반적으로 극우파의 반란이 아니라 보통 시민의 반란이라고 한다. 그런데 필자의 견해로는 동독 사람들은 정치적 센스가 서독처럼 예민하지가 않다. 그래서 좌파 정당 소속 또는 좌파 운동 단체 소속이라고 해도 서독의 좌파와는 다르다. 정당의 경우도 같은 기민당이라고 해도 동독은 더 많이 우익 쪽에 있다.

서독의 경우 학교와 가정에서 이미 정치 교육을 받는다. 그 중요한 내용은 스스로 결정하고 그것에 책임지는 것이다. 정치 교육도 마찬가지다. 자신의 세계관에 맞게 살아가는 것이다. 동독의 경우 교육제도의 일부가 아직도 옛동독 그대로이다. 교사들은 재교육을 받지 않은 상태에서 학교 교육에 투입되고 있다. 즉 동독 체제하에서의 교육을 받은 사람들이 통독 후에도 교육을 담당하고 있다.

6. 동독 정치계는 극우에 관대

동독의 지방 의회에는 극우 정당이 진출해 있다. 이들 극우 정당은 국민의 세금으로 극우 이데올로기를 퍼뜨리고 있다. 물론 현재 극우 정당인 독일민족주의정당NPD 해산 문제를 독일 헌법재판소에서 다루고 있기 때문에 극우 정당의 미래는 알 수 없다. 통일 이전 동독에서는 정당 활동이 자유롭지 못해 아무나 창당을 할 수 없었다. 그러나 통일 이후에 만들어진 이 극우 정당들은 민족주의 성향을 띤다. 히틀러를 우상으로 삼으며 외국인 축출을 주요 정강으로 삼고 있다. 또한 2차 대전 후에 빼앗긴 과거의 영토를 되찾는 것을 목표로 삼는다.

통일 직후 창당된 작센주의 극우 정당 NPD는 5% 득표에 못 미쳐 의회 진출이 불가능했다. 2004년에는 무려 9.2%를 얻었고, 2009년에는

5.6%를 득표하여 작센주 지방의회에 진출했다. 하지만 그 후 당내의 각종 스캔들로 인해 활동이 많이 위축되었다. 새로운 정당인 '독일대안정당'AfD에 표를 빼앗겨 2014년에는 4.9%에 그쳤다. 5% 최소 득표 조항을 충족하지 못해 의회 진출은 못했다. 메클렌부르크-포어포메른 주의 NPD는 2002년 4.7%, 2006년 9.6%, 2011년 6%를 득표하여 주의회에 진출해 있다. 나머지 동독의 주에서도 극우 정당들은 서독에 비해서는 많이 활발한 편이다.

물론 서독에도 극우 정당들이 있다. 그 중에서 가장 유명한 NPD는 한때 여러 주에서 지방의회에 진출했다. 1966년 지방의회선거에서는 바이에른주에서 7.4%, 헤센 7.7%를 득표했다. 또 1967년 지방의회선거에서는 니더작센주에서 6.9%를 얻었고, 1968년 바덴-뷔텐베르크주에서는 9.8%를 얻어 일제히 서독의 중남부 지역에 진출했다. 극우 정당은 당시 북부 독일에서만 의회 진출에 실패했다. 1960년대 극우 세력의 승리에 독일 사회는 경악했고 세계는 다시 히틀러 세력의 등장에 두려움을 가졌다. 이 당시는 학생운동으로 인해 냉전체제하에서 보수적 사회구도가 리버럴하게 바뀌던 시기였다. 서독 사회는 이후 학교와 사회에서 정치 교육을 강화하여 리버럴한 민주사회로 이행하는 데 성공했다. 이후 극우 정당은 서독에서 지리멸렬해졌고 현재는 1% 미만의 득표율에 그쳐 미미한 상태이다.

'독일대안정당'AfD은 2012년에 생겨난 신생 정당이다. 유로 지역의 경제 위기에 생겨난 것이다. 중심 정책은 유로는 원래 잘못 태어난 것이므로, 독일은 유로 체제에서 벗어나 독일의 화폐인 마르크로 돌아가야 된다는 것이다. 2008년의 경제 위기에 처한 그리스에 대한 지나친 재정 지원도 잘못되었다는 것이다. 서독의 독일대안정당은 원래 보수와 리버럴한 이데올로기가 뒤섞인 정당이다. 창당 멤버 가운데에 교수들이 많아서 '교수당'이라는 별명까지 갖고 있었다. 그러나 동독의 지부는 처음부터 보수적 국수주의 성격이 강해서 극우 정당과 유사한 성격을 띠기 시작했다.

2014년 지방 선거에서 '독일대안정당'은 작센주에서 9.7%, 튀링엔주에서 10.6% 그리고 브란덴부르크주에서 무려 12.2%를 득표했다. 이들 대부분 NPD와 기민당을 비롯한 우파 정당에서 표를 잠식했다. 2015년 서독의 브레멘시에서 5.5%, 함부르크시에서 6.1%의 득표를 하여 의회에 진출했다. 서독의 지부는 2015년 7월 전당대회 이후, 리버럴한 세력은 탈당을 하고 극우 성향의 세력이 남아 있다. 독일대안정당의 원래 창당 멤버와 탈당 후 '진보와 새 출발을 위한 정당'ALFA을 만들었다.

2015년의 시리아 난민 문제와 페기다 운동이 연관되어 '독일대안정당'의 극우 성격이 일반인에게도 알려졌다. 이들은 외국인을 싫어하는 독일인들을 집중적으로 공략했다. 그렇지 않아도 독일 사회는 2015년의 난민 사태로 골머리를 앓고 있던 중이라 이들은 지방선거에서 대승을 거둘 수 있었다. 2016년의 지방선거에서 이 정당은 서독의 바덴-뷔르템베르크주 15.1%와, 라인란트-팔츠주 12.6%를 득표하고, 동독의 작센-안할트주에서는 무려 24.2%를 얻었다. 독일 헌법재판소가 NPD 해산을 고심하고 있는 사이에 독일에서 새로운 극우 정당 AfD가 탄생한 것이다.

같은 정당이라고 하더라도 동독 정당은 서독에 비해 우파 쪽으로 많이 쏠려 있다. 예를 들어 같은 사민당이라 하더라도 동독은 우파 쪽으로 기울어져 있다. 그것은 동독 주민들이 우파적 성격이 강한 것과 연관이 있다. 이런 이유에서 동독의 지방 정치가들은 극우 세력에 대해 적극적으로 대처하지 않는다. 지방선거 때 이들의 표를 생각하지 않을 수가 없기 때문이다. 그래서 외국인 테러 사건으로 독일 사회가 떠들썩하면 해당 지역 시장을 비롯한 동독 정치가들은 두 가지를 주장한다. 하나는 극우 세력의 배경이 아닌 우발적 사건이다. 또 다른 하나는 외국인에 대한 폭력행사는 동독 현상이 아니라 동서독 어디서나 일어나는 것이다.

이런 배경에서 특히 동독의 지방 정치가들은 사건을 별것 아닌 것으로 슬그머니 넘어가려고 한다. 지역 이미지와 자신의 정치적 이해를 고려한 행동이다. 그래서 극우 세력에 대한 조치를 취하는 척하지만, 시간을 끌면서 사건을 무마하려는 시늉에 불과하다. 이들은 실제로 극우 세력에 대한 싸움은 하지 않는다. 호이어스베르다, 뮈겔른, 로돌슈타트 등 극우 세력의 사건으로 메스컴의 조명을 받은 도시들은 그 극우 이미지를 벗어날 수 없다.

호이어스베르다와 로슈톡 사건처럼 대규모의 외국인에 대한 테러 처리 방식도 비판을 받을 점이 많다. 수백 명의 외국인의 목숨이 위협당하는 상황에서 더 많은 경찰력을 동원해 사태를 진정시켜야 했다. 주민들이 길을 막아 경찰이 며칠 동안 현장에 접근을 할 수 없었다. 작센주 정부는 위험에 처한 외국인을 보호하는 것이 아니라 외국인들을 다른 곳으로 이주시킨 것이다. 이것은 극우 세력이 요구한 것을 들어 준 셈이다. 즉 '외국인 없는 도시'가 된 것이다.

극우 세력에 대해서 미온적인 것은 정치 세력에서만 그런 것은 아니다. 경찰도 마찬가지이다. 2005년 데사우에서 서부 아프리카의 시에라리온에서 온 남성이 소란혐의로 감방에 밀어 넣어졌다. 그 남성은 두 손과 두 발에 수갑이 채워졌다. 그는 그날 밤 감방에서 불에 타 죽었다. 경찰의 주장은 수갑을 찬 상태에서 호주머니에 있는 성냥을 꺼내어 자신의 옷에 불을 질러 자살했다는 것이다. 그런 어이없는 주장에도 동독 법정은 담당 경찰 1명에게 무죄, 다른 한 명에게 벌금형을 내렸다. 외국인에 대한 범죄자에 대해서 너무 온화한 처벌은 동독에서 드물지 않다.

동독 법조계의 문제점을 드러내는 사건의 예를 하나 더 들어 보자.

1993년 라이프치히에서 정치, 검찰, 경제, 언론계의 저명인사들과 부동산 업자 그리고 화류업계 간의 유착관계가 드러났다. 아직까지 그 유착관계가 완전히 밝혀지지 않은 이른바 '작센주의 시궁창' 사건이다. 얽히고 설킨 이 사건을 '서독' 언론계가 2007년에 문제 삼았다. 그 사건을 크게 보도한 '슈피겔'지와 '디 차이트' 기자들이 명예훼손으로 고소를 당하기도 했다. 또 어떤 기자는 당사자에게 적절하지 못한 질문을 했다고 벌금형을 받기도 했다. 물론 나중에 모두 무죄 판결을 받았다. 이런 사건들은 아직 동독의 검찰 및 사법제도가 투명하게 정착되지 않았다는 것을 말해 준다.

7. 독일에서의 외국인 테러 일지

여기서는 1990년 10월 동서독이 공식적으로 통일 된 이후에 벌어진 주요 외국인 테러 행위를 알아보겠다. 물론 통일 이전에도 외국인을 테러한 사건은 있었지만 여기서 다루지는 않는다. 다음에 언급하는 사건들은 독일과 국제 사회에서 많은 관심을 보인 것들이다. 물론 여기에 언급하는 사건 이외에도 크고 작은 사건들이 많다. 언론에 보도가 되지 않거나 또는 시간이 지나면서 잊혀진 사건들도 많다.

외국인들에 대한 테러행위는 특히 동독에서 많이 일어난다. 그렇지만 많은 사건들이 세상에 일목요연하게 다 밝혀진 것은 아니다. 범죄 행위에 대한 사회의 인식과 처리 방식이 다르기 때문이다. 또 서독처럼 그것을 감시하는 단체들도 적다. 그래서 통계에 포함되지 않는 사건도 많다고 해야할 것이다. 여기서는 언론의 관심을 많이 모은 사건들만 열거한다.

독일의 극우 세력은 국적, 피부색, 인종, 종교가 다르다는 이유로 사람들을 죽인다. 외국인만 죽이는 것이 아니라 독일인 중에서 좌파 성향의 사람, 동성애자, 장애자, 노숙자, 집시족, 유대인 등도 공격 대상이다. 독일에서는 2001년부터 이런 희생자들을 모두 '극우파'의 희생으로 본다.

'디 차이트'와 '타게스 슈피겔'지의 공동 조사에 따르면, 1990년 통독부터 2012년까지 적어도 152명이 극우 세력에 의해 죽음을 당했다고 한다. 그렇지만 독일 정부에서는 63명만을 극우 세력에 의한 죽음으로 인정했다.

두 언론사는 1백 개의 지방지와 법원 판결문을 조사했다. 언론사와 정부의 발표가 차이가 나는 것은 살해 동기가 분명하지 않은 경우가 많기 때문이다. 가해자는 정치적 배경을 부인하는 경우가 흔하고, 또 법정은 그것을 증명하는 것도 쉽지 않다. 지방 정부나 중앙 정부도 자진해서 그 숫자를 정정하려고 하지 않는다. 극우 세력에 의한 폭행이 반드시 검찰에 송치되는 것도 아니고, 그렇다고 하더라도 법원의 재판으로 이어지지 않는 경우도 있다. 그래서 위의 신문 보도는 '적어도' 통일 이후 152명의 외국인이 독일에서 죽었다고 하는 것이다.

필자는 위의 독일에서의 규정에 의한 극우 세력 중에서 외국인에 대한 테러만을 살펴보겠다. 설사 독일 국적을 취득했다고 하더라도 피부색이나 외모가 다르다는 이유로 폭행이나 살해를 당한 경우도 포함한다. '디 차이트'지는 2013년 3월 21일자에 공식적으로 인정된 것보다 많은 새로운 희생자 숫자를 밝혔다. 그리고 중앙 정부와 지방 정부에 대해서는 새로운 희생자 숫자를 공식적으로 인정할 것을 요구했다. '디 차이트'지는 자세한 희생자 목록을 인터넷에 공개했다.

필자는 위의 리스트 이외에 다른 언론 매체의 보도를 참고하여 외국인에 대한 테러 일지를 다음과 같이 만들었다. 독일 극우 세력의 외국인에 대한 테러는 우리의 상상을 넘어설 정도로 잔인하다. 우리나라 사람들은 그들의 잔인성을 아직 알지 못한다. 다음의 테러 일지는 그것에 대한 경각심을 높이고자 하는 목적도 있다. 독일에서 외국인에 대한 테러는 통일 이후부터 지금까지도 여전히 지속되고 있다. 한때 주춤하다가 2015년 난민사태를 계기로 또다시 극성적으로 되었다.

범인의 나이도 병기하였다. 얼마나 많은 젊은층이 외국인 테러에 가담하는지를 알 수 있다. 또한 나이가 어리다고 방심해서는 안 되는 것이 외국인에 대한 테러이다. 이런 테러가 줄어들지 않는 이유 중의 하나는 독일 법정의 처벌이 너무 가볍다는 것이다. 〈도표 5-4〉에서 알 수 있듯이 겨우 몇 년 형에 처해진다. 사람을 살해했는데도 이처럼 처벌이 경미하니 범죄가 줄어들지 않는 것이다. 테러 일지에서 희생자의 이름은 원어로 표기한다. 또 독일에는 동일한 지명이 많아 혼동의 여지가 있는 경우 괄호 안에 해당 주를 표기한다.

1990년

1990년 10월 동독의 북부 슈베트에서 독일 청년들이 베트남인들의 숙소를 공격했다. 또 동독 뤼베나우(브란덴부르크주)에서는 3명의 독일 청년

도표 5-4. 범인들에 대한 형량

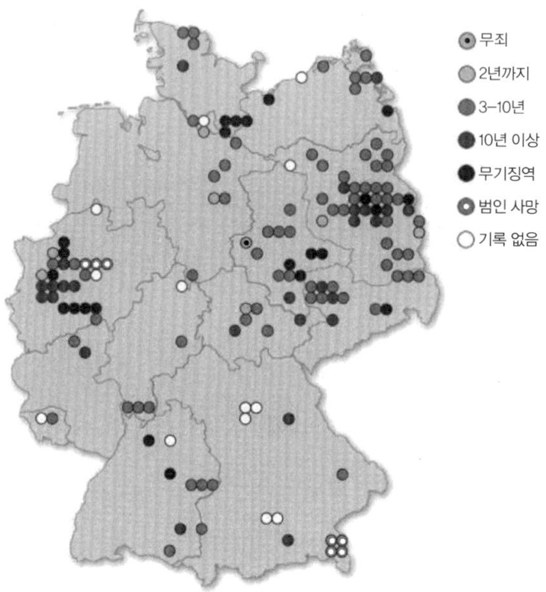

들이 한 명의 폴란드인을 때리고 칼로 찔러 숨지게 했다. 1990년 11월 동독 에버스발데(브란덴부르크주)에서 60여 명의 청년들이 칼과 몽둥이로 다수의 아프리카인들을 습격했다. 이들 중 여러 명은 다친 상태에서 도망을 쳤다. 앙골라 출신 Amadeu Antonio Kiowa는 식물인간으로 있다가 11일 후에 세상을 떴다. 이들 10대 후반의 가해자들은 4년 형을 받았다. 1990년 12월에 17세의 쿠르드인 Nihad Yusufoğlu는 서독 소도시 하헨부르크(라인란트-팔츠주)에서 17세의 스킨헤드족에게 칼로 공격을 받아 현장에서 죽었다. 범인은 6년형을 받았다.

1991년

1991년 3월 31일 부활절 일요일에 동독 드레스덴의 스킨헤드들이 모잠비크 출신인 Jorge Gomondai를 전찻간에서 살해했다. 이들은 피해자를 칼로 찔러 중상을 입힌 다음 전차 문 밖으로 떠밀었다. 그는 현장에서 숨졌다. 1991년 6월에 앙골라 출신 Agostinho Comboio는 서독 프리드리히스하펜(바덴-뷔템베르크)에서 두들겨 맞고 칼에 찔려 죽었다. 가해자들은 극우 세력들로부터 영웅 대접을 받았다.

1991년 9월 동독 비텐베르게에서 2명의 나미비아인을 습격했다. 30여 명의 동독 청년들은 가스총, 칼, 쇠막대기를 들고 이들의 숙소인 4층으로 몰려 들었다. 숙소 창문을 통해서 아프리카 산업연수생들을 16미터 아래로 던졌다. 1명은 현장에서 숨지고 다른 한 명은 1년 반 정도 병원 신세를 지고서 목숨을 건졌다. 동독에 질세라 서독에서도 외국인에 대한 테러가 일어났다. 1991년 6월 서독의 최남단에 위치한 프리드리히스하펜에서 앙골라에서 온 Agostinho Comboio를 스킨헤드가 칼로 찔러 죽였다. 1991년 9월에 서독 자를루이에 있는 망명자 숙소에 누군가 불을 질러 가나인 Samuel Kofi Yeboah는 숙소에서 불에 타 죽었다.

1991년 호이어스베르다 사건

1991년 9월 17일 동독의 조그만 도시 호이어스베르다에서 전례 없는 대규모 외국인 테러 사건이 벌어졌다. 독일은 물론이고 전 세계의 언론이 경악하며 보도했다. 제2차 세계대전이 끝나고 이런 규모의 외국인 테러 사건은 선진국 그 어디에도 없었기 때문이다. 독일에서 외국인 살해 및 폭행 사건은 통일 전에도 종종 있었다. 하지만 극우 세력들이 주민들의 응원을 받으면서 외국인 숙소를 화염병과 돌멩이로 공격한 적은 없었다. 이 야만적 사건으로 '호이어스베르다'라는 도시는 영원히 지울 수 없는 오점을 남겼다.

네오 나치 몇 명이 호이어스베르다 시내에서 담배를 판매하던 베트남 사람들을 공격했다. 놀란 베트남인들이 숙소로 도망을 치자 청년들은 그들을 추격했다. 베트남인들은 외국인 노동자 1백여 명이 머물고 있는 숙소로 도망가서 출입문을 잠갔다. 건물 앞에는 수십 명으로 불어난 극우 세력이 구호를 외치면서 돌멩이를 창문으로 던지기 시작했다. 건물 안의 베트남 노동자들은 출입구를 완전히 봉쇄했다. 폭력 세력은 점차 늘어나고 구경꾼들도 모여들었다. 2시간이 지나서야 경찰이 도착하여 일단 사건이 진정되는 듯했다.

어둠이 깔리자 수백 명으로 늘어난 극우 세력들은 화염병을 던지면서 폭력성을 더해 갔다. 주민들은 외국인 혐오 구호를 외치면서 응원을 했다. 이들 베트남인을 공격한 세력 중에는 베트남인들과 같은 공장에서 일하던 독일인들도 함께 있었다. 경찰은 적극적으로 개입하지 않고 구경만 했다. 작센주 정부는 9월 20일에 이들 외국인들을 귀국시키기로 결정했다. 베트남 노동자들을 버스에 태워 프랑크푸르트와 베를린 공항으로 보내어 귀환 조치했다.

작센주 정부는 피해자를 보호한 것이 아니라 오히려 바로 귀국시킨 것이다. 이것은 극우 세력이 요구하던 사항이어서 주정부가 극우 세력에 굴복한 꼴이 되었다. 외국인 노동자가 버스를 타고 떠나자 주민들은 환호성을 질렀다. 그리고 네오 나치들은 '독일 최초의 외국인 없는 도시'라고 선언했다. 이들 계약 노동자가 떠나자 이제는 망명 신청자가 묵고 있는 이웃 건물로 몰려갔다. 루마니아, 가나, 이란, 방글라데쉬 등에서 온 망명 신청자 2백 명이 머물고 있던 곳이었다.

이들 극우 세력들은 돌멩이와 화염병을 이들 숙소에 던졌다. 경찰은 또 구경만 하고 주민들은 야만 행위를 응원했다. 공격한지 하루가 지난 9월 21일에 작센주 정부는 이들 망명 신청자들을 주변 지역으로 분산시켰다. 끔찍한 체험을 한 이들은 모두 작센주를 떠나 베를린이나 서독의 니더작센으로 떠났다. 일부 교회는 이들에게 임시 거처를 제공하기도 했다. 네오 나치 80여 명이 이번 사건으로 체포되었지만 4명만 가볍게 처벌받았을 뿐이었다. 호이어스베르다 사건에 용기를 얻은 극우 세력들은 독일 곳곳에서 망명 신청자 숙소를 공격하거나 외국인을 공격했다.

이들 극우 세력의 공격이 얼마나 거세었던지 언론사의 기자들마저 넋을 놓았다고 한다. 독일 제1 텔레비전 방송국 기자가 그들에게 물었다. 기자가 얻은 대답은 이것이다. "우리는 외국인을 이 땅에서 모두 몰아낼 때까지 테러를 할 것입니다." 서부독일 텔레비전 방송사(WDR)가 사건 20주년을 맞이하여 당시 희생자 외국인들과 함께 현장을 방문했다. 호이어스베르다 시장은 당시 사건에 대해 사과했다. 그리고 도시가 많은 변화를 하여 다시는 그런 사건이 호이어스베르다에서는 없을 것이라고 약속했다. 그러나 이들이 전시장을 나서자마자 외국인을 비하하고 공격했다. 적어도 호이어스베르다에서는 아직 당시 사건을 충분히 반성하지 않았다는 것을 말해 준다.

1992년

스리랑카 출신 가족 3명은 1992년 서독 헤센주의 람페르트하임 망명자 숙소에서 불에 타 죽었다. 법원은 인종적 배경에 의한 살인을 인정하지 않고 살인자들에게 5년 형을 선고했다. 1992년 3월에 40명의 극우 세력은 동독 로슈톡의 망명자 숙소를 습격했다. 이때 루마니아인 Dragomir Christinel은 이들로부터 맞아 죽었다. 가해자는 2년 반 형을 받았다.

1992년 4월에 베트남인 Nguyen Van Tu는 베를린에서 극우 청년으로부터 칼에 찔려 숨졌다. 가해자는 4년 반 형을 받았다. 7월에 56세의 코소보 출신 알바니아인인 Sadri Berisha는 서독 슈투트가르트 인근 건설 공사장에서 일하는 노동자였다. 건설회사 소속 외국인 숙소에서 잠을 자던 중에 7명의 스킨헤드로부터 공격을 받았다. 그는 야구 방망이로 맞아 숨졌고 같이 자던 동료는 중상을 입었다. 사건의 주동자는 종신형을 받았다.

1992년 8월에 폴란드인 Ireneusz Szyderski는 농사일 아르바이트를 하기 위해 동독 튀링엔주의 슈토테른하임에 와 있었다. 디스코텍에서 놀다가 자리를 뜨자 3명의 정리 요원들로부터 얻어맞고 발로 짓밟혔다. 법정에서는 사인이 과다 음주 때문인지 폭행 때문인지가 명료하게 밝혀지지 않았다. 검찰은 주동자가 누구인지도 밝혀 내지 못했다. 가해자 1명은 2년 반 형을 받고 나머지 두 명은 80만 원과 100만 원의 벌금형을 받았다.

1992년 11월 서독 묄른에서 터키 가족 중 여자 3명, Bahide Arslan(51세), Ayse Yilmaz(14세) und Yeliz Arslan(10세)은 그들이 살던 집에서 불에 타 죽었다. 주동자는 다른 살인 행위 혐의가 추가되어 종신형을 받았다. 1992년 12월에 터키인 Sahin Calisir는 독일 고속도로에서 살해되었다. 극우 세력 청년들은 그의 차를 추격해서 고의로 사고를 냈다. 그가 차에서 내리자 차로 치어서 죽였다. 가해자들은 15개월의 형을 받았다.

1992년 로슈톡-리히텐하겐 사건

호이어스베르다의 사건이 채 잊혀지기도 전에 동독의 북부지역에서 또 다시 엄청난 테러 사건이 벌어졌다. 독일 역사상 최악의 외국인 테러 사건이 발트해 항구도시 로슈톡에서 벌어졌다. 규모 면에서나 잔인성에서 호이어스베르다를 능가하는 만행이었다. 1992년 8월 22일 수백 명의 극우 세력은 망명 신청자가 묵고 있는 고층 건물에 화염병을 던지면서 공격했다. 무려 주민 3천여 명은 네오 나치의 테러 행위에 박수치고 환호했다. 그리고 외국인 혐오 구호를 외치면서 이들의 만행을 응원했다.

경찰도 적극적으로 개입을 하지 않고 사태를 관망만 했다. 8월 22일에 시작된 이 테러 행위로 인해 망명 신청자들의 안전이 위험스럽게 되었다. 메클렌부르크-포어포메른주 정부는 이들을 적극적으로 보호하지 않고 오히려 이틀 후인 8월 24일에 다른 곳으로 대피시켰다. 망명 신청자들이 버스를 타고 다른 곳으로 떠나자 극우 세력들은 바로 이웃에 있는 베트남인들의 주거 건물에 화염병을 던졌다. 더욱이 이들은 베트남인들이 밖으로 피신을 못하게 건물 입구를 막고서 화염병을 던진 것이다. 극우 세력 행동대원의 숫자가 더 늘어나고, 공격이 과격해지자 경찰(!)은 완전히 철수(!)했다. 경찰이 범죄 현장을 뜬 것이다.

베트남인들은 스스로 방어해야 되는 처지에 이르렀다. 극우 세력들이 시내 전역에서 난동을 부리며 심지어 경찰까지 공격했다. 경찰은 병력을 더 강화하여 현장에 접근하려고 했다. 하지만 주민들이 길을 막고 극우 세력을 지원하는 바람에 현장 진입을 할 수 없었다. 베트남 주민들은 비상구를 만들어 지붕을 통해서 옥상으로 가려고 했지만, 비상구마저 자물쇠로 채워져 있었다. 비상구를 부수고 천신만고 끝에 인접 건물의 옥상에 도달한 것이다. 이들은 마침내 경찰 사다리를 타고 탈출할 수 있었다. 경찰이 버스로 베트남인들을 이송하자 시내는 '축제' 분위기가 되었다.

이번 로슈톡 사태는 호이어스베르다 사건이 발단되어 발생한 것이었다. 연이은 외국인 테러 사태는 극우 세력들에게 더 많은 용기를 불러일으켰다. 로슈톡이 있는 메클렌부르크-포어포메른 지역에서 1992년에만 207건의 외국인 테러가 발생했다. 동독에서는 백여 명 규모의 극우 세력들이 몰려다니면서 망명자 숙소를 공격하는 일이 잦아졌다. 서독에서도 소규모의 극우 세력들이 외국인을 공격하는 일이 빈번해졌다. 이런 일이 자주 일어나자 계약 만료가 된 외국인 계약 노동자들을 버스로 태워 강제 귀국시키는 일이 자주 벌어졌다. 이 사건을 계기로 독일 정치계에서 망명자 처리 문제는 주요 테마가 되었다. 기민당CDU와 기사당CSU와 같은 우파 정당들은 이 사건을 정치적으로 이용했다. 망명 신청 허가 숫자를 제한하고 망명이 거부된 사람들은 바로 추방하려는 법안을 마련한 것이다.

1989년만 해도 동독 사람들이나 동구 지역에서 이민 온 독일계 후손들은 환영을 받았다. 그러나 소련과 동구 공산체제가 무너지고 유고슬라비아 내전이 발생하면서 망명자 숫자가 급증하자 1991년부터는 거부하는 분위기로 급변했다. 1992년의 경우 무려 4십 4만 명이 망명 신청했지만 4.3%만 망명이 허가되었다. 1993년 망명자 제한을 위한 헌법 개정이 이루어져 독일 법은 이제 망명자 권리를 많이 제한하였다. 이후 망명 신청자 숫자는 급속이 줄어들었다. 1994년에는 12만 7천 명으로 줄어들었다.

로슈톡에서의 만행과 우파 정당의 새로운 법안으로 독일의 극우 세력들은 활력을 얻었다. 1991년 서독 브레멘 지방선거에서 극우 정당 '독일 민족 연합'DVD는 6.2%를 얻어 의회에 진출했다. 1992년 서독 슐레스비히-홀슈타인주 지방선거에서 '독일민족연합' 정당은 6.3%를 얻었고, 서독 바덴-뷔텐베르크 지방선거에서 극우 정당 '공화당'REP이 무려 10.9%를 득표하여 지방 의회에 진출했다.

로슈톡 사건 20주년을 맞이하여

로슈톡 사건 20주년을 맞아 독일 대통령이 참석하는 행사가 마련되었다. 많은 언론사 기자들도 몰려왔다. 그러나 주민들은 이 행사를 반가워 하지 않았다. 그동안 그 사건을 충분히 기억했다는 것이다. 인터뷰에 응한 주민들도 별로 없었다. 기자들과 인터뷰한 사람들도 자신의 이름을 밝히려고 하지 않는 경우가 많았다. 인터뷰를 한 주민들은 베트남 사람들과 문제없이 살았다는 것이다. 대통령이 행사를 마치고 참가자들과 함께 시가행진을 했다. 그 사건을 상기하는 시가행진에 참여한 주민들은 별로 없었다.

그런 엄청난 사건 이후에도 이곳에 살고 있는 베트남인들을 서독 언론들이 인터뷰했다. 이들도 독일인과 마찬가지로 본명을 밝히지 않았다. 베트남인들은 생필품을 사러 갈 때만 외출을 하고 그 일을 마치면 바로 집에 몸을 숨기고 산다는 것이다. 자신의 집이 바로 자신의 감옥이 된 셈이다. 그동안 당시의 악몽에서 벗어날 수 없다고 했다. 사건을 취재하고 여러 명을 인터뷰 한 '남독신문' 기자는 이렇게 결론을 내렸다.

> 네오 나치의 최고 업적은 그들이 지방의회에 진출한 것이 아니라 다음 현실을 만든 것이다. 외국인들에게 동독은 노 고 에어리어No-go-Area가 되었다는 사실. 그리고 독일 정부와 정치가들은 지난 20년 동안에 이 분위기를 바꾸지 못했다.

1993년

1993년 3월 터키인 Mustafa Demiral(56세)은 두 명의 극우 청년과 다투다 세상을 떠났다. 서독의 뮐하임(노르트라인베스트팔렌)Mülheim/Ruhr에서 극우 정당 소속의 이 청년들은 심장병을 앓고 있던 터키인에게 욕설을 하고 떠밀기도 했다. 그러다 가스총을 그의 머리에 겨누자 그는 길바닥에 쓰

러져 결국 세상을 떠났다. 이 두 명은 4년 형을 받았다.

1993년 5월 모로코 출신 Belaid Baylal(42세)은 망명 신청을 해 놓은 상태였다. 2명의 극우 스킨헤드들은 모로코인에게 식당에서 욕설을 하면서 두들겨 팼다. 주동자는 6개월 징역에 선고 유예 그리고 공범은 약간의 노동과 15만 원의 벌금형을 받았다. 모로코인은 그 후유증으로 2개월 후에 창자가 막히는 위험한 상황이 되었다. 2000년 4월에 또다시 병원 신세를 지게 되었을 때는 치료받기에는 이미 너무 늦었다. 몇 달 후 11월에 그는 타향에서 세상을 떠났다. 의사의 진단으로는 폭행에 의한 내부 기관이 손상된 결과였다는 것이다.

1993년 5월 서독 졸링엔에 있는 터키인 집에 누가 불을 질렀다. 5명이 질식해 죽었다. 범인으로 체포된 16, 17, 20, 23세의 청년들은 외국인이 미워서 범행을 저질렀다는 것이다. 주범에게는 15년, 공범에게는 10년 형이 선고되었다. 1993년 12월 19세의 잠비아인 Kolong Jamba는 서독 함부르크에서 시 외곽의 부흐홀츠로 가는 기찻간에서 칼에 찔렸다. 범인은 망명자들이 싫어서 12센치미터의 칼로 잠비아인을 찔렀다는 것이다. 범인은 2년 형에 3년 선고유예를 받았다.

1994년

1994년 7월 폴란드인 Jan W.는 베를린 슈프레 강에서 죽임을 당했다. 건설 노동자인 그는 독일 청년들에 의해 강물에 떠밀려 물에 빠졌다. 그가 강둑으로 올라오려고 하자 폴란드인을 모욕하는 욕설을 하면서 계속 물에 밀어 넣었다. 그는 결국 익사했다. 범인들은 19세부터 25세 사이의 독일 청년과 16, 17세인 두 여성이었다. 주범은 4년형 나머지는 집행유예 등을 선고받았다.

1996년

1996년 11월 망명 신청자 시리아인 Achmed Bachir는 동독 라이프치히 시내의 채소 가게에서 보조원으로 일했다. 어느 날 두 명의 스킨헤드가 가게에 들어와 여성 종업원들에게 심하게 욕설을 했다. 시리아인은 그들을 가게에서 내보내려고 했다. 20세의 극우 분자는 칼을 꺼내 그를 여러 번 찔러 현장에서 숨지게 했다. 주범은 9년 반의 형을 받았고 19세의 공범은 4년 반을 받았다.

1996년 – 2011년 나치 지하조직(NSU)

나치 지하조직NSU는 1949년 독일 건국 이후에 벌어진 외국인에 대한 테러 가운데 가장 조직적이고 잔인한 범행을 저질렀다. 이들의 범죄 행위는 나치의 유대인 학살만큼이나 치밀하고 잔인했다. 동독의 예나 출신 3명은 10여 년에 걸쳐 외국인을 수십 번 테러했다. 범죄 행위는 대부분 서독 지역에서 저지르고 동독의 작센주와 튀링엔주에 은신해 지냈다. 이들은 주변 사람들의 도움을 받아서 셋방도 빌리고 자동차와 무기도 마련했다.

남자 2명과 여자 1명으로 구성된 이들은 모두 동독의 예나 출신이다. 1990년대 초에 서로 만나 극우 사상에 의기투합했다. 이들은 동독 튀링엔 주의 각종 극우 단체들과 극우 성향의 데모에 참가했다. 이들은 나치 복장을 하고 돌아다니거나 나치 표식을 벽에다 그리기도 했다. 이들은 유대인 학살을 부정하는 시위에 참가하는 등 온갖 극우 행사에 가담했다. 그로 인해 몇 번의 처벌을 받기도 했다. 또 자신들이 거주하는 집의 지하창고에서 폭발물을 제조하다 발각되기도 하였다. 언론사에 폭발물 우편물을 발송하고 극장 앞에 폭발물을 설치하기도 했다. 독일 검찰이 누적된 범죄 행위를 근거로 체포에 나서자 이들은 1998년에 잠적했다. 이후 2011년 이들 중 2명이 자살할 때까지 독일 경찰은 이들의 행적에 대해 전혀 모르고 있었다.

이들은 말이 은둔 생활이지 실제로 아무런 불편 없이 보통 시민의 생활을 했다. 주변인들의 도움과 이름을 빌려서 방도 빌리고 자동차와 무기도 구입했다. 이들은 생활비를 마련하기 위해 은행을 털었다. 강도짓으로 번 돈으로 여행도 다니는 등 다른 사람과 차별 없이 지냈다. 이들은 1998년부터 2011년까지 무려 14번에 걸쳐 동독의 은행 지점을 털었다. 이 돈의 일부를 극우 단체에 기부하기도 했다. 2011년 동독 아이제나흐 은행에서 강도질을 한 후에 들키자 남자 2명은 자살했다. 여자 1명은 자신들이 살던 집에 불을 질러 증거를 없앤 후 도망을 다니다 경찰에 자수했다. 채페Zschäpe라는 이 여자는 2013년부터 2016년 현재까지 뮌헨에서 재판을 받고 있다.

이 재판은 전 세계의 이목을 받고 있다. 특히 많은 희생자가 발생한 터키의 관심은 대단하다. 불탄 집에서 찾은 증거들로 그간의 범죄 행각을 대체적으로 알 수 있게 되었다. 전대미문의 사건에 대해 연방국회와 지방정부 의회에서는 특별위원회를 구성하여 원인 규명에 나섰다. 어떻게 10년 넘게 범죄 행위가 드러나지 않았는지를 밝히고자 했다. 이후 그간 드러난 결과를 보면 경찰과 검찰, 중앙정보부, 군 정보부대 등의 협력 관계가 잘 되지 않았고, 심지어 타 기관의 수사를 방해한 경우도 여러 번 있었다. 또는 동독 튀링엔 주제 연방헌법보호청의 정보부 담당자는 해당 문건을 무단으로 폐기하여 범죄 행위 파악을 어렵게 한 경우도 있었다. 독일 정보기관과 수사기관의 무책임과 무능력에 독일 사회는 경악을 금치 못했다.

이런 엄청난 사건들을 10년이 넘도록 제대로 수사하지 않았다는 이유로 많은 보안담당관들이 물러나야 했다. 심지어 독일의 중앙정보부에 해당되는 연방헌법보호청 책임자마저 물러나야 했다. 이들이 저지른 살인 사건은 폭발물과 권총에 의한 것으로 나뉜다. 외국인에 대한 범죄를 본격적으로 시작한 초기에는 주로 폭발물에 의한 것이었다. 폭발물에 의한 살해로는 1999년 서독 뉘른베르크 술집 폭발 사고가 있었었지만, 조립이 잘못되어 사람이 다치는 것으로 끝이 났다. 2001년에는 쾰른의 식료품 가게의 매장에 폭발물을 숨겨두었다. 이란 출신의 주인 딸이 이 폭발물로 인해 크게 다쳤다. 2004년에는 서독 쾰른의 터키인 가게 밀집 지역에 폭탄을 장치하여 많은 사람이 다치고 큰 재산 피해를 유발했다.

독일 사회를 더 놀라게 한 것은 폭발물에 의한 것보다 권총에 의한 살인 방식이었다. 대상은 주로 터키 출신과 그리스 출신인 중에서 소규모 가게를 하는 사람들이었다. 꽃가게, 옷 수선 가게, 터키 케밥 식당, 열쇠 수리점, 인터넷 카페 등 소규모 상점을 운영하는 외국인들이었다. 2000년부터 2006년 사이에 9번의 살인 행위가 있었다. 이들은 대담하게 권총으로 쏘고 희생자의 모습을 비디오로 담았다. 2007년에는 동독 출신의 경찰관을 주차장에서 살해하기까지 했다. 살해당한 경찰관과 동독의 극우 단체와의 연관성이 그 살인의 원인일 것으로 추정하고 있다.

경찰관을 제외하고 살해당한 사람의 공통점은 모두 외국인 남자들이었다. 독일의 대도시에서 살아가는 외국 출신의 젊은 남자를 살해하여 자식을 못 낳게 하려는 것이었다. 이런 살해 사건이 10년 동안이나 지속적으로 일어났음에도 독일 경찰과 정보 단체들은 전혀 상황 파악을 못하고 있었다. 그냥 외국인 사회의 원한 관계나 우연적 사건이라고 가볍게 넘겼다. 2007년에 경찰관 한 명이 살해되자 본격적인 수사가 시작되었다. 10년 동안이나 연속적으로 벌어진 테러사건에 대하여 제대로 수사를 해 본 적이 없었다. 일반 국민이나 수사 담당 기관들도 하나같이 놀랄 뿐이었다.

연방의회와 여러 주의회의 특별조사위원회는 이 사건의 수사 경과를 조사했다. 수사 기관들이 10회가 넘는 살인 범죄를 단순 범죄로 처리했기 때문이다. 또한 독일연방정보부와 군 정보부대조차도 극우 단체와 연관이 있다는 것을 전혀 모르고 있었다. 심지어 이들 조직은 다른 수사기관의 조사를 방해하고 경찰 조직 간에도 서로 조사를 방해한 행위가 드러났다. 독일 사회는 정보 조직과 검경 조직의 무능에 기가 찰 뿐이었다. 해당 담당자는 물론이고 연방정부 부장까지 물러나는 엄청난 사건이었다. 더욱이 이들은 10여 년간 범죄 행위를 하고 잠적하는 기간에 주변 사람들로부터 온갖 도움을 받은 사실이 놀라웠다. 또 증인으로 불려나왔을 때에도 거의 대부분이 충분한 진술을 하지 않았다.

1997년

베트남인 Phan Van Toau(42세)는 1997년 1월 31일 동독 프레더스도르프(브란덴부르크)역에서 살해당했다. 한 독일 청년(30세)은 베트남인을 두 손으로 들어올려서 땅바닥에 내동댕이쳤다. 머리를 땅에 부딪힌 베트남인은 3달 후에 세상을 떠났다. 범인은 법정에서 "얼굴색이 검은 이들을 독일에서 몰아내기 위해서" 저질렀다고 했다. 그럼에도 범인은 9년 반 형에 처해졌다.

1997년 2월에 독일인 2명(18세와 25세)은 동독 카푸트(브란덴부르크)에서 37세의 이탈리아인을 살해했다. 주먹으로 때리고 발로 차서 강에 던져 익사시켰다. 주범은 13년 형을 받았고 공범은 8년 형을 받았다.

1998년

포르투갈 출신 목수인 Nuno Lourenco는 1998년 7월 동독 라이프치히에서 심하게 구타당했다. 그 결과 1998년 12월에 세상을 떠났다. 범인은 15세에서 20세까지의 8명의 청년들이었다. 주범은 4년 형을 받고 나머지는 모두 집행 유예를 받았다.

1999년

1999년 2월 극우 성향의 청년들은 망명 신청자인 Farid Guendoul(28세)을 동독 구벤(브란덴부르크)의 길거리에서 추격했다. 공포에 사로잡힌 알제리 출신은 유리창을 뚫고 건물 안으로 도망을 쳤다. 이때 입은 큰 상처로 세상을 떠났다. 11명의 범인들 중에서 주범은 2년 형을 받고 일부는 집행 유예 또 일부는 경고받는 데 그쳤다.

1999년 8월 서독 콜버모어(바이에른)에서 한 독일 청년이 모잠비크 출신 Carlos Fernando를 때려 죽였다. 이유는 자신의 여자 친구 차에 너무 가까이 주차했기 때문이라는 것이다. 흑인은 모두 죽여야 된다고 생각하여 살해했다는 것이다. 범인은 10년 형을 받았다.

2000년

2000년 6월 모잠비크인 Alberto Adriano는 3명의 스킨헤드에게 심하게 구타당한 후 3일 뒤에 세상을 떠났다. 이들은 흑인들이 미워서 죽였다고 법정에서 진술했다. 주범은 종신형을 받았고 2명의 공범들은 9년 형을 받았다.

2000년 9월 터키인 꽃가게 주인 Enver Şimşek은 NSU에 의해서 총격을 받아 죽었다. 그는 NSU의 첫 번째 희생자였다.

2001년

2001년 4월 동독 야르멘(메클렌부르크-포어포메른) 부근에서 알제리 출신 망명신청자 Mohammed Belhadj(31세)는 살해당했다. 18세에서 22세 사이의 독일인 4명은 마약을 구매하려고 그를 자신들의 차에 태웠다. 아프리카인들은 모두가 마약 밀매자라고 생각했기 때문이라는 것이다. 그가 마약이 있는 곳을 분명히 말하지 않자 속았다는 생각이 들어 죽이고 말았다. 차에서 끌어내려 실컷 두들겨 패고는 돌로 머리를 내리쳐서 물에 떠밀어 넣었다. 범인들은 5년 반에서 9년 사이의 형을 받았다.

6월 터키 출신 옷 수선공 Abdurrahim Özüdoğru는 NSU에 의해 서독의 뉘른베르크에서 두 발의 총을 맞고 죽었다. 2주 후 6월에 터키 출신 야채상인 Süleyman Taşköprü는 서독 함부르크의 그의 가게에서 NSU에 의해서 총을 맞아 죽음을 당했다. 8월 NSU는 서독 뮌헨에서 터키 출신 야채상 Habil Kılıç의 머리에 총을 쏘아 죽였다.

2002년

2002년 네오나치는 서독의 줄츠바흐에서 터키 출신 Ahmet Sarlak(19)의 배와 가슴을 칼로 찔러 숨지게 했다. 범인은 6년형을 받았다.

2004년

2004년 2월 터키인 Mehmet Turgut는 동독의 로슈톡에서 NSU에 의해 살해당했다. 친구집에 놀러 온 그는 친구를 대신해서 케밥집을 문을 열었다가 변을 당한 것이다

2005년

2005년 6월 터키인 Ismail Yaşar는 서독 뉘른베르크의 그의 간이식당에서 NSU의 총에 맞아 죽었다.

2006년

2006년 4월 도르트문트의 가판점에서 터키 출신 Mehmet Kubaşık는

NSU으로부터 여러 발의 총을 맞고 숨졌다. 그리고 2일 후 NSU는 서독 카셀에서 인터넷 카페를 운영하던 터키인 Halit Yozgat의 머리에 총을 쏘아 살해했다.

2007년 뮈겔른 사건

2007년 여름에 동독 작센주의 작은 도시 뮈겔른에서 여름 축제가 벌어졌다. 이 도시와 주변에 살던 인도인들 몇 명이 축제에 합류했다. 주민들은 이들 인도인들에게 시비를 걸고 집단 폭행을 가했다. 이들이 도망가자 뒤쫓아 갔다. 인도인이 경영하는 피자집으로 피신을 하자 그 집에 돌멩이를 던지고 난입을 시도했다. 주민들은 이런 행동을 보고 박수 치면서 환호했다. 경찰이 이번에는 빨리 개입을 하여 더 이상의 봉변은 당하지 않았다.

이 사건이 벌어지자 동서독 언론 사이에 논쟁이 1주일간 벌어졌다. 외국인 차별이 동독 현상이냐 아니냐를 두고 벌어졌다. 서독 언론들은 외국인 차별이 동독에서 유별나게 자주 일어나는 동독 현상이라고 비판했다. 그러면서 공개적으로 이 문제를 논의하고 대책을 강구해야 된다고 제안했다. 여기에 대해 동독 언론들은 외국인 차별은 동독 문제는 아니고 서독에서도 동일하게 벌어지는 현상이라고 주장했다. 여기에 동독의 지역 정치인들도 가세하여 동서독 사이에 논쟁이 한동안 진행된 사건이었다.

2008년 루돌슈타트

서독 출신 목사 가족이 동독의 인종주의에 기겁을 하고 서독으로 되돌아간 사건이 벌어졌다. 전대미문의 이 사건은 독일 언론에 크게 보도되었다. 그리고 법정 공방으로까지 사건이 이어져 독일 사회에 화제가 되었다. 노이세퍼라는 서독인 목사는 2000년에 인도계 부인과 5명의 자녀와 함께 동독의 루돌슈타트라는 작은 도시로 이주했다. 그의 부인은 독일인 아버지와 인도인 어머니 사이에서 태어난 독일 국적 소유자였다.

목사 부인뿐 아니라 그 아이들도 피부가 약간 검다는 이유로 온갖 차별을 받았다고 한다. 아이들은 유치원과 초등학교에서 참기 힘든 욕설을 듣고 집단 폭행을 당했다. 왕따를 참지 못한 장남은 검은 피부색을 제거하고자 수세미로 밀어서 상처가 나기도 했다. 목사의 항의에 교사들은 오히려 재미있어 하면서 학생들의 폭행 사건은 별거 아니라고 말했다. 목사 부인이 길거리에 나가면 사람들이 침을 뱉기도 하고 심지어 따귀까지 때렸다는 것이다. 슈퍼마켓에서는 물건도 팔지 않고 그녀를 무시했다. 이를 견디지 못한 가족들은 서독으로 이사 가고 목사만 이곳에 남아서 목회를 했다.

목사는 이런 내용을 교회신문에 기고하면서 교회가 인종차별 해소에 노력해야 된다고 주장했다. 이런 내용이 여러 언론을 통해서 알려지자 튀링엔주의 총괄 책임목사와 루돌슈타트의 주민들은 도시와 교회 이미지를 손상했다고 목사를 고소했다. 이들은 가족 문제를 정치 문제화했다고 비판했다. 또 현지 주민들에게 동화하려고 노력하지 않고 인종주의를 말하는 것은 어불성설이라는 것이다. 그의 동료 목사들은 자신 일은 제대로 하지 않고 잘난 척만 하는 베씨 목사라고 비난했다. 또 슈퍼마켓 주인은 목사 부인을 모른 척한 적이 없다고 부인을 고소했다. 루돌슈타트 시청은 이런 내용을 보도한 독일 제1공영 방송을 고소했다. 실제 내용을 왜곡했다는 것이다.

루돌슈타트는 국제음악페스티벌을 개최하는 데 영향이 있다는 것을 알고 시청 건물 앞에 큰 플래카드를 내걸었다. "우리는 외지인에게 친절한 사람들입니다"라는 내용이다. 그런데 'fremdenfreundlich'(외지인에게 친절한)라는 말은 나치 정권에서 유래한 말이다. 그리고 시청 홈페이지에는 이 사건에 대한 입장을 이렇게 적어 놓았다. "그 가족들은 원래 동화하기 힘든 사람들이었고, 주민들 대부분은 민주주의를 생활 이념으로 살아갑니다. 또한 우리 루돌슈타트에서 외지인을 차별하는 사람들의 숫자는 다른 어떤 독일 지역보다 적습니다"라고 주장했다.

노이세퍼 목사는 이렇게 말했다. "그곳에는 외지인과 외국인에 대한 적개심이 알게 모르게 넓고 깊게 퍼져 있다. 그 적개심은 동독의 유산이다. 그것은 우파에게만 있는 것이 아니고 좌파와 보통의 시민에게서도 흔히 볼 수 있는 현상이다."

2009년

극우 성향의 한 독일인이 2009년 8월 드레스덴에서 이집트인 Marwa al-Sherbiny(31)에게 테러범이라고 욕설을 했다. 어린아이와 함께 놀이터에 있던 그녀는 독일 남자를 고소했다. 1990년대 초 소련에서 이주한 이 청년은 벌금형을 받자 정식 재판을 청구했다. 그는 법정에서 또다시 그녀에게 모욕적인 말을 하면서 그녀에게 달려가 칼로 마구 찔렀다. 그녀의 남편이 달려가 그를 말리자 그는 다시 남편마저 칼로 찔렀다. 법정 정리는 남편을 범인으로 오해하고 총을 쏘았다. 남편은 법정에서 죽었다. 독일 청년은 종신형을 받았다.

2010년

2010년 10월 동독의 라이프치히 역에서 네오나치 2명은 이라크인 Kamal Kilade를 살해했다. 그들은 스프레이를 뿌리고 마구 주먹으로 때렸다. 19세의 이라크인이 방어를 하자 칼을 꺼내 배를 찔러 살해했다. 29세의 주범에게는 13년 형을, 전과가 많은 공범에게는 3년 형을 언도했다.

2012년

2012년 4월 따뜻한 봄날에 동독의 아이스레벤(작센-안할트) 시내 축제는 피의 축제로 변했다. 약혼식을 마친 다음 날 신랑신부 가족들은 동네의 봄 축제 장소로 놀러 나갔다. 약혼식과 동네 축제 분위기에 들뜬 약혼식 하객들은 행복감을 느끼며 산보를 했다. 바로 그때 뒤편에서 누군가 야구 방망이로 신랑의 뒷머리를 내리쳤다. 그것을 말리던 어머니와 신부에게 다시 방망이를 휘둘렀다. 그리고 쇠장갑을 낀 주먹으로 마구 때렸다. 신부가 의식을 잃을 때까지 그녀 머리를 땅바닥에 연속으로 쥐어박았다.

이들 시리아인들은 20년 전에 시리아를 도망쳐 이곳 아이스레벤에서 벌써 16년째 살았다. 인구 2만 명의 작은 도시에 오래 살아 사실상 모두들 아는 사람들이었다. 독일 국적을 취득한 지도 몇 년이 지나 이곳은 제2의 고향이나 다름 없었다. 이런 '피의 축제'가 벌어져 사람이 다쳐 길바닥에 누워 있는데도 '동독인들'의 축제는 큰 음악을 울리며 계속 진행되었다.

신랑은 헬기로 긴급 후송되어 목숨을 구했지만 신부는 당시 충격으로 다시는 일을 할 수 없는 상태가 되었다. 가족들은 악몽을 떨치지 못하고 그곳을 떠나 베를린으로 이사를 갔다. 경찰은 초기부터 수사에 관심이 없었다. 언론에서 지속적으로 문제를 제기하자 마지못해서 수사를 했다. 폭행 당시에 극우 구호와 히틀러 인사를 했음에도 단순 폭행으로만 수사 방향을 잡았다. 독일 언론의 관심이 집중되자 수사가 본격 시작되었다. 1년 후에야 재판이 가능했다. 주범은 4년형 나머지는 3년형과 2년 형을 받았다.

2015년

동독의 예나 대학에서 공부하던 3명의 인도 학생들은 6월 16일에 동독 청년에게 심한 폭행을 당했다. 저녁에 벤치에 앉아 있던 이들에게 다짜고짜 욕설을 하면서 주먹으로 때리고 발로 얼굴을 짓밟은 것이다. 19세, 20세, 21세인 3명의 범인들은 히틀러 인사를 하고 독일에서 사라지라고 협박을 했다. 사건이 알려졌지만 경찰은 수사에 관심이 없었다. 인도 대사가 현장을 방문하고 언론이 지속적인 관심을 보이자 단순 폭행 사건으로 방향을 잡아 수사했다. 판사가 이 사건을 인종주의적 사건으로 규정하고 주범인 19세에게는 다른 범죄와 엮어 4년형을 선고했다.

2015년 여름 호이어스베르다 사건과 로슈톡 사건을 연상시키는 사건이 동독에서 다시 벌어졌다. 그것도 작센주의 수도 드레스덴에서 불과 10여 킬로미터 떨어진 작은 마을에서 벌어졌다. 난민 수용소 부근에서 난민을 반대하는 폭력 시위를 한 것이다. 드레스덴 외곽도시 프라이탈은 2015년 6월부터 독일 사회에 그 악명을 떨치게 되었다. 4만 명의 주민을 가진 이 도시는 이미 2015년 1월부터 난민 수용을 반대하는 데모를 했다. 4월에는 난민 정책을 옹호하는 좌파당 정치가를 공격했다.

5월에는 3명의 이 도시 청년들이 난민 수용소의 모로코인에게 폭력을 행사하여 의식 불명상태로 만들었다. 병원에서 의식을 회복한 모로코인은 외국인 담당관의 조언을 받아들여 이탈리아로 떠났다. 6월 22일 새로 도착하는 난민을 저지하려는 시위가 난민 수용소 입구에서 격렬하게 벌어졌다. 1천 5백 명이 넘는 시위대는 난민수용소를 에워싸고서 폭력 시위를 했다. 이 데모에는 드레스덴과 부근에서 온 극우 세력들이 합류했다. 7월에는 난민 정책을 찬성하는 연방의회 의원의 차가 폭발했다.

프라이탈에서 난민 반대 데모가 연일 격렬하게 벌어지고 있을 때, 이웃 도시 하이데나우도 반난민 데모에 합류했다. 이렇게 하여 관광지로 유명한 엘베강 부근에 위치한 1만 5천 명의 소도시 하이데나우는 2015년 8월의 데모로 악명을 날리게 되었다. 1천 명이 넘는 극우 세력이 난민 수용을 반대하는 폭력 시위를 했다. 2일간에 걸쳐 극렬하게 난민 수용소를 공격하고 그것을 막으려는 경찰에게도 돌과 화염병으로 공격했다. 시위대는 어떻게든 난민 버스가 수용소로 못 들어가게 하려고 도로를 막았다. 사건이 종식된 후에 메르켈 수상이 난민 수용소를 방문했다. 난민 수용소 대문 밖에는 메르켈 수상을 "매국노"라고 쓴 시위 피켓을 든 데모대가 나타났다.

2016년
동독 작센주의 프라이탈과 하이데나우 사건이 잊혀지기도 전에 인근 마을 클라우스니츠Clausnitz(작센)에서 또 사건이 벌어졌다. 난민수용소로 향하는 버스를 못 가게 막은 것이다. 여기에 대해서는 다음에 상술할 것이다. 그래서 독일 언론들은 "또 작센인가" 하는 제목을 공공연히 붙이게 되었다. 서독에서도 난민 수용을 반대하는 테러가 있었지만 동독처럼 주민의 지원을 받으면서 공격하는 일은 없었다. 2016년이 되면 일련의 사건을 통해 동독에서의 외국인 테러가 서독보다 잔인하고 빈번하다는 것을 알게 되었다. 여기에 대해 이의를 제기하던 동독 언론과 정치가들도 이제는 침묵한다.

8. 독일에서의 외국인 테러 특징

지금까지 서술한 독일 인종주의적 범죄를 다음과 같이 요약할 수 있을 것이다.

1) 동독에서 외국인 테러 발생이 더 빈번하다:
이 사실을 동독 사람들은 잘 받아들이려고 하지 않는다. 명백한 자료가 있음에도 인정하려 들지 않는다. 물론 서독에도 외국인을 싫어하는 사람이 적지 않다. 대체적으로 30% 정도의 인구가 여기에 해당된다. 이들은 물론 한국인들도 싫어한다. 외국인 싫어하는 사람들이 한국인이라고 예외로 두진 않는다.

동독 인구는 서독의 20%에도 미치지 못한다. 그럼에도 외국인 테러 사건 숫자는 동독이 많다. 참고로 다음 두 개의 홈페이지만 살펴보아도 알 수 있다. 하나는 유대인 단체가 2003년 베를린에서 벌어진 외국인 테러 사건을 기록한 것이다. 베를린의 경우도 동베를린에서 벌어진 테러가 많다는 것을 알 수 있다.[http://www.hagalil.com/or/200xxxxx4/01/liste-rass-2003.htm]

또 다른 기록은 동독 작센-안할트주의 한 좌파 단체가 조사한 기록이다. 인구 2백만에 불과한 조그만 주에서 극우파 활동이 얼마나 활발한지 알 수 있다.[http://aarmd.blogsport.de/chronik-rechter-uebergriffe-in-sachsen-anhalt/]

2) 동독 인종주의자들은 행동주의자:

서독에서도 외국인을 싫어하는 사람들이 적지 않다. 그러나 이들이 외국인에 대한 직접적인 폭력행사를 하는 경우는 많지 않다. 또 행동보다는 이론적 문제에 집착하여 외국인에 대한 혐오증을 퍼뜨린다. 또 젊은층보다는 중장년층에 더 많이 퍼져 있어 외국인에 대한 직접적 범죄가 동독보다 적은 것이다.

그러나 동독에서는 이론적 논의보다는 외국인에게 직접 테러를 가한다. 또 동독 지역의 테러범들은 10대와 20대가 많다. 그보다 중요한 사실은 동독에서 외국인에 대한 범죄가 주민들의 지원을 받는 것이다. 가장 대표적인 사건이 호이어스베르다, 로슈톡, 뮈겔른 사건이다. 외국인 테러 범죄에 대해 환호하고 응원을 한다. 그리고 외국인 적대적인 구호를 외친다. 피해자가 생겨도 도와주는 경우가 드물다. 또 재판에 증인으로 나서지도 않고 나와도 제대로 증언하지 않는다.

동독에서 일어나는 외국인에 대한 테러는 잔인하고 무차별적이다. 우리는 그 원인을 과거 동독 공산당 정권에서 찾을 수 있다. 통일 전 동독 정권은 전체주의적 이데올로기로 주민을 통치하고 감시했다. 슈타지를 통해서 주민을 샅샅이 감시하고, 또 통치 이념에서 벗어나는 행동과 생각을 용납하지 않았다. 그래서 이들 정치범들에게 무자비한 차별과 탄압을 가했다. 동독의 권위 정권은 다원주의를 용인하지 않았기 때문이다. 동독 시절의 극우 세력들도 잔인한 테러를 가했는데 동독 정권은 이를 묵인하고 이용했다. 그들의 '규범'에 어긋나는 사람들을 혼내 준다고 생각했기 때문이다.

동독의 권위 정권하에서 살던 주민들도 권위적 사유를 하면서 다원주의를 거부한다는 것이다. 그래서 동독 주민들은 자기와 다른 외국인들을 참지 못한다. 다원주의적 시민사회에 살아 본 적이 없기 때문에 자기와 다른 사람들을 용납할 수 없다는 것이다. 2015년 시리아 난민 사태와 연관하여 독일에서 한 여론 조사가 이루어졌다. 서독인 44.5%와 동독인 59%는 독일에 외국인이 너무 많다고 생각한다는 것이다. 그런데 동독인 10%(!)는 폭력을 사용할 준비가 되어 있다고 한다.

3) 동독 주민의 직간접 후원:

2016년 2월에 동독에서 외국인에 대한 끔찍한 테러가 일어났다. 이 사건은 로슈톡, 호이어스베르다, 뮈겔른, 루돌슈타인, 프라이탈, 하이데나우에서의 테러와 연장선상에 있어 독일 사회를 혼란스럽게 만들었다. 2016년 2월 18일(목)에 작센주의 시골 마을 클라우스니츠 Clausnitz(작센)에서는 독일 사회를 뒤흔드는 사건이 발생했다. 아주 유사한 지명을 가진 클라우스니츠Claußnitz(작센)는 이곳으로부터 60킬로미터 떨어져 있다. 철자만 한 자 다를 뿐 발음이 똑같은 이 도시는 이미지를 걱정하기 시작했다. 그래서 시장은 그 사건과 무관하니까 두 도시를 구분할 것을 요구했다. 두 도시 모두 작센주에 있으니 이해할 수 있는 호소였다.

클라우스니츠Clausnitz(작센) 마을 사람들은 난민 20명을 실은 버스가 수용소로 들어가는 것을 막았다. 1백 명 정도가 도로를 막고서는 "우리가 독일민족이다"라는 구호를 외쳤다. 또 외국인에 대한 적대적 구호를 외치면서 버스가 난민 수용소로 가는 길을 막았다. 경찰이 도착하여 비로소 사태가 안정되는 듯했다. 버스 밖에서 1백 명의 젊은이들이 여전히 구호를 외쳐 모두가 겁에 질렸다. 성인들은 경찰의 지도에 따라 하차를 했지만 겁에 질린 10대 소년 2명은 하차를 거부했다. 경찰은 이들을 강제로 하차시켜 다시 비판의 대상이 되었다. 해당 경찰 책임자는 별 사건이 아니란 듯이 표현했고 난민을 제대로 '보호'했다고 변명했다. 목요일에 일어난 이 사건으로 독일 사회가 들끓고 있는데 2일 후 토요일 밤에 다시 사건이 벌어졌다. 작센주의 바우첸에서 호텔을 개조하여 난민을 수용하도록 되어 있었다. 그런데 여기에 화재가 발생한 것이다. 소방차가 진입을 하자 주민 30명 정도가 도로를 점거하여 소방차의 현장 진입을 방해했다. 3명은 끝까지 방해를 하고 주민들은 환호를 했다.

이런 사건들은 동독에서의 외국인 테러가 주민들의 지원을 받고 있다는 것을 말해 준다. 또 다른 사건인 나치지하조직 사건을 예로 들어보자. 범인들의 친구나 친지들은 직접 도움을 주어 계속 범죄를 저지를 수 있게 했다. 묵을 집을 마련하고, 자동차를 구입하거나 총을 구입할 때 신분증을 빌려 주었다. 이웃 주민들은 이들과 같이 술을 마시고 같이 어울려 지냈다. 범인 체페가 자수하여 재판을 받을 때 이들 주민들은 범죄의 주요한 단서에 대해서는 침묵을 지켰다. 뮈겔른 사건과 같은 경우도 마찬가지다. 주민들은 범죄 사실에 대해 알면서도 증언을 하지 않는다. 증언을 하면 주변에서 배신자로 낙인 찍힐 수 있다는 우려 때문이라는 것이다. 범행이 드러나더라도 개인 차원에서든 공적 차원에서든 범행을 덮으려 한다.

독일 형법에서 외국인에 대한 범행은 법정에서 가중 처벌을 받는다. 그래서 범인들은 외국인 혐오가 없는 단순 폭행이라고 주장하는 경우가 많다. 누가 증언하지 않으면 이것을 증명하기가 어렵다. 바로 이 점에서 동독에서의 범행 처벌이 서독과 다른 점이다. 드레스덴 페기다 데모에 '독일인들에게 관용을' 이라는 플래카드를 들고 행진하기도 했다. 이것은 외국인에 대한 범죄가 왜 더 심한 처벌을 받는지에 대한 간접적인 비판이다.

4) 동독인은 극우 세력의 텃밭:

동독인들은 이데올로기에 대한 민감성이 서독에 비해 많이 떨어진다. 동독인들은 서독인에 비해 민족주의적, 우파적 성향이 강하다. 예를 들어 동독의 사민당 지지자들은 서독보다 더 우익 쪽에 있다. 또는 적지 않은 동독인들의 경우 좌우 이데올로기에 대한 이해도가 낮다. 그래서 좌파 성향의 녹색당 당원이 외국인을 비난하는 경우도 있었다. 또는 좌파 성향 사람들도 외국인에 대한 욕설과 테러를 하는 경우도 있다.

이런 사정을 잘 말해 주는 것이 루돌슈타트 사건이다. 동독에는 "파시즘이 일상화되어 있다"는 것이다. 루돌슈타트 출신 사회학자 묄러 Möller에 따르면,

> 극우현상은 독일 현상이 아니라 특별한 동독 현상이다. 또한 동독에서는 극우주의가 문제가 아니다. 극우 정당도 문제가 아니다. 동독에서 외국인 적대감은 바로 보통의 시민들로부터 발생되는 것이다.

동독 출신치고 이렇게 솔직하게 정리하는 경우는 지금까지 없었다. 이러한 사실은 필자도 직간접적으로 체험한 것이다. 외국인에 대한 적대감은 동독 사회의 구석구석에 퍼져 있어 많은 동독 주민들이 이것을 인식하지 못하는 것이다.

또 다른 보기를 들어 보자. 켐니츠 공과대학 학생회가 NSU의 범죄에 관한 자료 전시회를 2015년 1학기에 갖기로 했다. 그리고 학교 담당자에게 허가를 신청했다. 학교 당국은 답변을 차일피일 미루다가 예정일 직전에 거부 결정을 내렸다. 이유는 전시될 내용들의 학술적 성격이 취약하여 대학 이미지를 손상할 수 있다는 것이다. 전시 내용은 피해자의 인적 사항과 수사 내용에 관한 것이다. 이 내용은 이미 독일의 대학과 시청 그리고 심지어 국회의 의원회관 등 모두 75개 장소에서 전시된 내용이다. 학교 당국이 거절한 실제 이유는 나치들이 전시장에 와서 난동을 부릴 것을 염려했기 때문이라는 것이다.

NSU의 3명은 캠니츠시에서 여러 사람들로부터 지원을 받으면서 은둔했다. 이들은 이곳에서 무려 7번이나 은행 강도를 저질렀고 또 슈퍼마켓에서 강도짓을 했다. 캠니츠시의 경찰과 정보 기관들은 연이은 사건들을 제대로 수사하지 못한 것으로도 유명하다. 이 모든 것은 켐니츠가 얼마만큼 극우 세력에 밀접한 관련이 있는 것인가를 말해 준다.

8.1. 한국인도 테러 대상

한국인도 언제든 독일 인종주의자들의 공격을 받을 수 있다. 다음의 보기를 보면 한국인에 대한 테러는 모두 동독 지역에서 일어났다. 우리가 독일에서 머물 때 어디서 더 많이 조심해야 되는지를 말해 주는 것이다. 물론 서독의 모든 지역이 안전하다는 것은 아니다. 언론에 보도되지 않은 크고 작은 외국인 테러는 얼마든지 있다. 언론이 모든 것을 보도하지 않으니까. 다음은 앞에서 언급한 막데부르크 사건 이외에 필자가 찾은 한국인 관련 사건 기사들이다.

> 기사 1) 2000년 10월 16일 동독의 로슈톡에서 5명의 독일 젊은이들이 27세 일본 학생과 30세의 한국인 대학생을 시내의 대로변에서 공격했다. 2000년 8월 11일에는 포츠담 역에서 극우 세력의 남사들이 한국인 어성을 욕하면서 협박했다. 그리고는 히틀러 인사로 손을 들어올렸다.

> 기사 2) 2001년 동독 예나의 막스-플랑크 연구소에서 근무하던 한국인 연구원이 독일 청년들로부터 폭행을 당했다. 그는 사표를 내고 미국으로 떠났다. 연구소장 브루노는 이미 다른 외국인 연구원도 폭행을 당한 경우가 있다고 했다. 그러면서 우수한 연구원을 잃을까 우려를 표명했다. 2002년에는 동독의 예나 대학에 교환 교수로 와 있던 중국인도 그런 일을 겪었다. 그도 바로 중국으로 돌아가 버렸다.

> 기사 3) 2003년 2월에 동베를린 지역의 플렌츠라우어 베르크에서 36세 독일인이 한국 여자를 공격했다. 자전거를 타고 지나가던 한국 여자의 얼굴을 주먹으로 때린 것이다. 자전거가 넘어지고 길바닥에 나뒹군 그녀는 한때 의식을 잃었다. 이 사건으로 그녀는 뇌출혈과 함께 뇌 손상을 입었다.

8.2. 독일 경찰과 법정의 문제

독일에서 외국인에 대한 범죄 문제는 처벌이 미약하다는 것이다. 외국인이라는 이유로 폭행을 당하고 죽음을 당해도 정작 범인은 오래지 않아 감옥에서 나와 자유로운 몸이 된다. 집행유예로 바로 풀려나는 경우도 흔하다. 또는 증거 부족으로 바로 풀려나거나 청소년이라는 이유로 선고유예가 내려지는 경우도 많다. 이런 사정은 동서독이 비슷하다고 할 수 있다.

동독에서 일어난 외국인 범죄는 바로 경찰 수사가 시작되지 않는 경우가 많다. 아이스레벤 사건에서 알 수 있듯이 드물지 않은 현상이다. 또한 수사도 외국인에 대한 테러가 아니라 단순 폭행 사건으로 진행되는 경우가 많다. 그것은 경찰 내의 문제도 있겠거니와 좌파의 자료에 따르면 경찰 내부에 우파 성향의 사람들이 적지 않기 때문이라는 것이다. 동독 법조계도 이런 현상이 있어 예민한 사건들은 서독 법정에서 진행되는 경우가 있다. 예를 들어 바이마르에서의 외국인 살해 사건의 경우, 여러 아프리카 단체와 언론이 관심을 보이자 상급심은 서독에서 진행되었다.

동독 시절에 경찰은 모든 사람을 보호하지는 않았다. 유대인과 외국인들은 동독 시절에도 경찰의 보호를 받지 못했다. 오늘날에는 외국인들이 바로 그런 처지에 해당된다고 할 수 있다.

8.3. 외국인 증오심은 동독의 유산

동독 지역에 외국인 증오심이 만연한 것은 과거 동독 정권의 유산이다. 외국인을 경멸하던 동독사회의 '문화'가 정화되지 않고 그대로 통일 후에도 연속된 것이다. 동독 시절에 외국인 노동자들은 인간 이하 취급을 받았다. 유대인과 외국인을 미워하던 나치 정권의 문화를 그대로 받아들인 것이다. 동독은 외국인을 싫어했지만 외국인 노동자는 받아들일 수밖에 없는 상황이었다. 서독으로 도망간 수많은 젊은이들의 노동력을 메꿔야 했기 때문이다. 그래서 동독 정부는 1970년대 후반부터 같은 사회주의 국가였던 베트남과 모잠비크로부터 노동자를 받아들였다.

이들 외국인 노동자들은 도시 변두리의 큰 건물에 집단 수용되었다. 이들은 허가 없이 도시를 떠날 수 없었다. 공식적으로 식당으로 허가 난 곳에서 식사도 할 수 없었고 독일어 배우는 것도 금지되었다. 직장에서는 아주 천한 일이 주어졌다. 한마디로 외국인을 인간 이하 취급을 한 것이다. 3년 계약 기간이 끝난 노동자들은 바로 귀국하고 다른 노동자들이 수입되었다. 베트남인을 '피지인'Fidschis, 모잠비크인을 '모찌들'Mozis, '네그로'Nigger, '석탄'Kohle이라고 하면서 경멸했다. 오늘날 동독 지역에서 난민을 '돼지' 또는 그 밖의 온갖 욕설로 지칭하는 것은 동독 '문화'의 연속이다.

동독 정부는 규범에 벗어나는 것을 용납하지 않았다. 노동을 회피하거나 게을리하는 사람은 처벌 대상이었다. 장애인이나 노숙자들은 경멸의 대상이었다. 동독 주민들도 규범에 벗어나는 것을 처벌하는 정부 방침을 그대로 수용하여 내면화했다. 그래서 펑크족 머리를 하거나 특이한 모자를 쓰면 바로 사람들로부터 눈총을 받았다. 현재의 동독 주민들도 동독 당시의 사람들과 마찬가지라는 것이다. 하기야 정권이 바뀐다고 바로 사람이 바뀌는 것은 아니다. 규범에 벗어나는 인간에 대해 공개적으로 표현을 안 할 따름이라는 것이다.

제6장 페기다 운동과 동독 인종주의

2014년 12월부터 2015년 3월까지 독일 정국을 뒤흔든 사건은 '페기다'Pegida(Patriotische Europäer gegen die Islamisierung des Abendlandes) 운동이다. 동독 드레스덴에서 시작된 이 데모는 독일뿐 아니라 전 세계의 주목을 끌었다. 세계 각국의 언론은 페기다를 취재하기 위해 드레스덴으로 몰려들었다. 그러나 인터뷰에 응한 사람은 별로 없었다. 데모에 참가한 사람들은 대개 침묵했기 때문이다. 더욱이 이들이 이름 붙인 '페기다'라는 말은 좀 특이하다. 아니면 현대의 독일적 상황에서는 좀 낯설거나 '촌스런' 것이었다. 페기다를 글자 그대로 번역하면 "서구의 이슬람화를 반대하는 애국적 유럽인들"이다. 이 중에서 '애국'이나 '서구Abendland'란 단어는 잘 쓰지 않는 어휘이기 때문이다.

독일뿐 아니라 세계의 언론은 좀 헷갈렸다. 이들 정체는 도대체 무엇인가? 처음에는 아주 조심스럽게 보도를 시작했다. 그들이 내세운 대로 반이슬람 운동으로 보도했다. 물론 서구에서 특정 종교나 인종을 비방하거나 반대하는 것은 터부에 해당된다. 그래서 페기다 운동에 대해 일반적으로 비판적 보도를 했다. 우리나라는 단순히 반 이슬람 운동으로 보도했다. 예를 들면 연합뉴스는 독일 "드레스덴서 반이슬람 시위 재개" 제목을 달고 보도했다. 다른 언론들도 마찬가지였다.

그러나 '페기다' 운동을 단순히 '반이슬람 운동'으로 보도하는 것은 사태를 왜곡하는 것이다. 이들은 '이슬람'만 반대하는 것이 아니라 모든 외국인을 반대하는 극우 성향의 운동이기 때문이다. 이들은 다만 중동의 '이슬람 국가'IS뿐 아니라 현재 유럽에 광범위하게 퍼져 있는 반이슬람 분위기를 이용한 것뿐이다. 또는 많은 언론들은 단순히 극우 세력들의 데모라고 보도했다. '반이슬람 운동'보다는 더 적절하지만 꼭 맞는 주장은 아니다. 이들 '페기다 사람'들은 독일에 있는 '모든' 외국인을 배척하고 유럽연합, 유로 또는 미국 문화와 같은 외세 문화도 거부한다. 이들은 고향과 전통 고수를 강조했다. 또한 러시아의 푸틴을 지원하는 팻말을 들고 나오기도 했다. 2015년부터는 독일의 수상과 부수상 그리고 대통령을 폄하하는 팻말을 들고 나왔다. 이들의 난민 정책을 비판한 것이다. 전체적으로 보면 페기다 사람들은 동질적은 아니다. 그러나 여기서는 편의상 '극우' 세력으로 표현을 하겠다.

여기서는 페기다 운동에 대해 상세히 서술하려고 한다. 이것은 동독 인종주의의 표현이기 때문이다. '페기다 사람들'은 동독 인종주의를 교묘하게 이용하여 사람들을 동원한 것이다. 더욱이 인종주의를 감추기 위해서 '애국'이라는 단어를 사용했다. 즉 '애국 시민'들의 모임이라는 것이다. 그것은 그들의 인종주의를 감추기 위한 교활함에 불과하다. 이런 속임수 때문에 많은 외국 언론들은 '반이슬람 운동' 또는 '극우단체 운동'이라고 생각했다. 필자는 동독 인종주의의 표현으로 규정하며 페기다의 주장을 비판하기 위해 좀 상세하게 분석할 것이다.

1. 페기다 운동의 시작

페기다 운동은 맨처음 2014년 10월 20일(월)에 동독의 드레스덴에서 시작되었다. 시내 중심부에 3백 명 정도 모여 시위를 시작했다. 매주 월요일 저녁에 모여 시내를 '산보'하듯이 돌아다녔다. 처음 서너 번의 데모는 독일인들의 관심을 전혀 끌지 못했다. 그 흔한 온갖 데모들 중의 하나라고 생각했다. 명칭부터가 독일인들에게 아주 낯설었다. '애국'이라는 단어는 오늘날 거의 사용하지 않는다. 더욱이 '서구Abendland'라는 단어도 이슬람 및 동양과 구분 짓는 극우 성격을 가지고 있어 오늘날 거의 사용하지 않는다. 또한 이슬람은 전 독일 대통령 불프가 "이슬람은 독일 사회의 일부"라고 말할 정도로 일상화된 현상이다. '관용'은 서구의 미덕이기 때문에 특정 문화를 반대한다고 길거리에 나선 것은 특이하다. 그래서 이들의 데모는 시초부터 낯선 것이었다.

처음에는 동독 지역의 한 변방에서 벌어진 사건이고 극우 세력과 정치의식이 약한 사람들의 행위려니 하고 무시했다. 초창기 수백 명이던 데모대는 몇 주가 지난 12월에 1만 명을 넘어섰다. 독일 사회는 이를 어떻게 해석해야 될지, 어떻게 대응해야 될지 몰라 당황하기 시작했다. 전 세계의 언론들도 드레스덴으로 특파원을 파견하여 취재 경쟁에 나섰다. 독일 대통령과 수상 그리고 각 정당 대표들까지 나서 이 운동을 비판했다. 그런 비판에도 불구하고 데모 참가자가 줄기는커녕 급속히 늘어났다. 서독 지역에서도 같은 성격의 데모대가 길거리에 나타나기 시작했다. 심지어는 영국, 오스트리아, 덴마크, 체코, 노르웨이, 스웨덴, 스위스, 벨기에, 스페인 등 전 유럽으로 확산되었다.

시위대들은 페기다 조직위의 요구대로 아무런 구호 없이 침묵 시위를 했다. 조직위는 주요 대중매체와는 인터뷰를 거절하고 문서로만 대답했다. 시위 참석자들도 모든 인터뷰를 거부하고 언론사 기자들이 나타나면 '사기 언론'이라고 외쳤다. 처음에는 페기다 시위도 시간이 지나면 자연스레 사라질 것이라고 생각했다. 그러나 독일에서의 시위대, 특히 드레스덴의 시위대는 벌써 1만 명을 훨씬 넘어 2만 명까지 돌파했다. 극우 세력이 뒤에 숨어 있다는 보도가 자주 나오자 조직위는 극우 세력과 무관하다고 주장했다.

2. 페기다 발생의 정치 사회적 배경

2010년 12월 튀니스에서 시작된 이른바 '아랍의 봄'은 북부 아프리카와 중동 지역으로 순식간에 번졌다. 처음 계기는 2010년 12월 17일 튀니스의 노점 야채상인 모하메드로부터 시작되었다. 경찰의 노점 단속에 항의하여 그는 몸에 휘발유를 붓고 불을 질렀다. 그는 다음 날 병원에서 사망했다. 이 사실이 인터넷으로 번지자 그를 뒤따르는 유사 자살 행위가 여러 곳에서 벌어졌다. 또 전국에서 대규모 시위가 벌어졌다. 대규모 반정부 시위가 지속되자 대통령 벤 알리는 2011년 1월 14일에 사우디 아라비아로 망명을 떠난다. 튀니스의 항의 시위에 용기를 얻은 아랍의 젊은이들은 곳곳에서 반정부 시위를 했다.

이집트, 예멘에서는 집권자가 물러나고 리비아의 카다피 대통령은 데모대에 의해 처형을 당했다. 그러나 '아랍의 봄'은 튀니스를 제외하고는 바로 아랍의 '겨울'로 바뀌었다. 튀니스는 헌법을 개정하고 민주화의 길을 천천히 내디뎠다. 그러나 나머지 국가는 독재자만 바뀌거나 내전 상태에 돌입했다. 이런 상황에서 2014년에 '이슬람 국가IS'라는 무장 테러 단체가 중동 전체에 세력을 확장했다. 이라크와 시리아의 넓은 지역을 장악하고 무자비한 살인을 감행했다. 이들의 만행과 내전을 피하려는 난민들이 이웃 중동 국가로 몰려 들었다. 시리아 지역에서만 약 1천만 명의 난민들이 발생하게 되었다.

이들 전쟁 난민과 함께 수많은 경제적 난민들이 유럽 지역으로 몰려들었다. 중동지역뿐 아니라 아프리카와 발칸반도로부터 난민들이 몰려왔다. 육로와 해상을 가리지 않고 유럽 대륙으로 몰려들었다. 특히 리비아에 가까이 위치한 이탈리아의 람페두사 섬은 비극 그 자체였다. 난파선 같은 낡은 배에 빈틈 없이 빼곡히 탄 난민들이 익사하는 사고가 몇 번 있었다. 리비아의 카다피 정권 몰락 후에는 누구도 유럽으로 향하는 난민들을 제재하지 않았기 때문이다. 리비아에 모여든 난민들은 어떻게든 람페두사 섬에만 도착하면 다른 유럽 국가로 갈 수 있다고 생각한 것이다. 일단 유럽연합 지역 내에만 들어가면 바로 추방당하지 않고 합법 또는 불법의 체류 기회를 엿볼 수 있기 때문이다.

시리아와 리비아에서는 장기간의 내전으로 더 많은 난민이 발생했다. 수니파의 '이슬람 국가IS'가 기독교와 시아파 신자들에게 무자비한 테러를 가했다. 그래서 이라크와 시리아에서 난민의 숫자는 헤아릴 수 없는 상황이 되었다. 중동 지역이 이렇게 와해 상태에 들어서면서 유럽은 2차 세계대전 이후 최대의 난민 사태가 발생한 것이다. 이들 난민을 밀입국시켜 주면서 돈벌이를 하는 단체들도 많아졌다. 난민이 늘어나면서 이탈리아와 그리스를 비롯한 지중해 국가들은 사회적으로나 재정적으로 큰 부담을 안게 되었다. 언론에서는 매일 난민들의 처참한 모습이 보도되었다.

유럽연합은 난민 문제를 논의했지만 각국의 이해 차이로 합의에 이르지 못했다. 이런 가운데 독일은 유럽 국가 중에서 가장 많은 난민들을 받아들였다. 독일 중앙정부는 이들 난민들을 각 주로 할당하고 주 정부는 다시 예하 지방정부에 난민들을 배당했다. 각 지방정부는 이들을 위해 건물을 구하여 개조하거나 또는 호텔을 빌려 숙식을 제공했다. 재정이 가난한 지방에서는 경제적으로도 큰 부담이 되었다. 일부 지역에서는 난민 수용을 반대하는 데모가 벌어지기도 했고 난민들을 습격하기도 했다. 2015년에 독일 전국에서 난민 수용소 방화 및 습격 사건이 벌어졌다. 이것은 서독 뮌헨 역에서의 환영 분위기와는 정반대 현상이었다. 난민들은 발칸 반도를 거쳐서 기차를 이용해 남독의 뮌헨 역에 도착했다. 독일 사람들은 그들에게 옷과 먹을 것을 제공하면서 환영했던 것이다.

2014년 10월에 서독 함부르크와 첼레에서 쿠르드족과 이슬람 극단 세력 간에 길거리 난투극이 벌어졌다. 또 서독의 부퍼탈에서 이슬람 세력이 자체 풍속 단속반을 가동시켜 무슬림에 반하는 복장을 단속한다는 보도가 있었다. 또 다른 부차적인 원인은 2014년 10월과 11월에 쾰른, 하노버에 있었던 극단적 이슬람 세력을 반대하는 훌리건의 시위도 한몫을 했다. 또 '독일대안정당'AfD는 외국인들의 망명정책 남용과 외국인 범죄자들을 비판하면서 지방선거에서 첫 성공을 거두었다. 그래서 10%에 가까운 득표를 하여 동독의 작센, 브란덴부르크, 튀링엔 주의회에 입성했다.

2014년 3월 이후의 우크라이나 사태로 적어도 유럽에서는 새로운 냉전이 찾아왔다. 러시아가 크림반도를 강제로 합병하면서 러시아와 우크라이나에 군사적 충돌이 벌어졌다. 러시아의 침공을 비판하는 서구와 러시아 사이의 군사적 긴장은 한층 높아져 갔다. 러시아에 대한 경제 제재가 가해지자 러시아는 서구에 대해 전쟁 위협 발언까지 했다. 이 점에 대해서도 드레스덴의 페기다 동조 세력은 못마땅하게 여겼다. 동독 지역은 아직도 소련에 대해 우호적 분위기가 남아 있기 때문이다. 그래서 페기다 사람들은 러시아 국기와 푸틴 대통령의 사진을 가지고 나타났다.

언론은 유럽에 새로 생겨난 냉전 질서에 대해 연일 보도했다. 그리고 러시아의 가스에 예속되어 있는 유럽 국가의 미래에 대해 분석했다. 러시아에 대한 경제 제재로 많은 기업들이 러시아와 무역을 할 수 없어 어려운 상황이 되었다. 새로운 중동 질서에 유럽의 미래도 어떻게 될지 모르는 상황이 되었다. 거기다 매일 수천 명씩 독일로 난민이 몰려들었다. 그 난민 행렬이 언제 끊어질지 모른다는 것이다. 이런 새로운 사회적 상황에 불안해하는 독일 사람들이 많이 생겼다. 서독에서는 이런 사회적 분위기를 여러 번 겪어 덜 당황해하면서 쿨한 반응을 보였다. 그러나 동독에서는 나치와 공산정권 독재 치하에서만 살아왔기 때문에 이런 '무질서'는 견디기 힘든 것이었다. 이질적 요인을 못 견디는 동독문화는 외국인에 대해 적대적 분위기를 확산시켰다. 페기다 운동은 국제질서 변화와 동독 사회의 특이한 분위기가 함께 어울려 일어난 것이다.

3. 페기다 주장 비판

2014년 10월 10일 동독의 드레스덴 시내에서 쿠르드 족에 대한 연대 시위가 있었다. '이슬람 국가IS'의 의해서 몇 주째 포위되어 있는 코바네 지역의 주민들을 응원하고 쿠르드족에 대한 국제적 지원을 호소했다. 4백 명 시위대는 이들과 싸우고 있는 쿠르드족의 무장 세력인 '쿠르드 노동자 당PKK'에게 무기 공급을 주장했다. 이때 서구 정부들은 쿠르드족에게 무기를 지원해야 하느냐 마느냐를 두고 논의 중이었다. 쿠르드족에 대해 터키 정부는 언제나 알레르기 반응을 보이고 또 '쿠르드 노동자당'은 테러 단체로 규정되었기 때문에 사정은 좀 복잡했다.

그런데 이런 종류의 시위는 서독 지역에서 흔히 볼 수 있는 일이다. 온갖 외국 관련 단체와 외국인들이 데모하기 때문이다. 그들의 이해 또는 고국의 정치문제를 가지고 길거리에 나서는 것은 흔한 일이다. 하지만 동독에서는 그것도 드레스덴에서는 이런 데모는 보기 드문 사건이었다. 아니나 다를까 바흐만은 자신의 페이스북을 통해서 이슬람 반대 시위를 제안했다. 10월 20일의 최초 페기다 시위에는 3백여 명 정도가 참석했다. 그런데 매주 시위대 규모가 급작스럽게 늘고 또 늘어, 2015년 1월 12일 시위에는 2만 5천 명이 참석했다.

그러면 그들의 행위와 주장에 대해 한번 생각해 보자. 주민들이 길거리에 나서 이슬람에 대해 반대할 정도로 많은 무슬림이 드레스덴에 살고 있는가. 아니면 무슬림들은 만나 보니 또는 무슬림 국가에 가 보니 정말 힘들구나 하는 문화 충격을 받은 적이 있는가. 또는 무슬림의 문화에 대해 아는 것이 얼마나 되는가. 드레스덴 주민은 2015년 말을 기준으로 53만 명이며, 이 중 무슬림은 1,900명 정도다. 독일 작센주에는 주민의 0.1%가 무슬림이이다. 독일 전체의 5%(450만 명)에 비하면 비할 바가 아니다. 독일의 이 수치는 프랑스의 7.5%, 벨기에의 6%, 오스트리아의 5.7%에 비하면 다소 낮은 편이다.

이번에는 독일 대도시에 살고 있는 외국인 비율을 비교해 보자. 프랑크푸르트 43%, 슈투트가르트 38%, 뉘른베르크 37%, 뮌헨 36%, 뒤셀도르프 32%, 쾰른 31%, 하노버 30%, 함부르크 27%, 베를린 25%가 외국인 주민 비율이다. 그런데 드레스덴에는 불과 7%의 외국인이 살고 있다. 더욱이 서독의 대부분 대도시들은 외국인 비율이 꾸준히 높아지고 있다. 그러나 동독의 드레스덴과 라이프치히는 7% 정도에 머물고 있다. 2014년 말을 기준으로 독일 전체의 외국인 비율은 9%이다. 드레스덴이 있는 작센주에는 인구 550만 명 중에서 외국인은 12만 명에 불과하다. 이는 약 2% 정도다. 외국인이 가장 많이 살고 있는 노르트-베스트팔렌주에는 207만 명, 바이에른 주에는 140만 명이 살고 있다. 페기다는 새로운 이민 정책을 요구하지만 동독에는 외국인 '구경'하는 것도 쉽지 않다.

또 페기다 사람들은 이슬람 문화를 거부하면서 기독교 문화로 돌아가야 된다고 주장한다. 그런데 정작 드레스덴 주민의 80%는 세례를 받지 않은 무종교인 상태이다. 동독 지역은 역사적으로 기독교 문화가 서독에 비해 약하다. 또한 동독 정권은 기독교 문화를 체계적으로 파괴했다. 동독 지역에는 교회나 성당에 가는 사람도 손꼽을 정도이다. 페기다는 자신을 서구 문화의 전승 및 구원자로 내세우면서 '서구'Abendland 문화를 지키자고 했다. 그런데 이 개념은 역사적으로 보면 전투적 개념이었다. 시기에 따라서 약간의 차이는 있지만 자신의 적들과 구분하기 위해서

이 개념을 사용했다. 예를 들어 나치 시대는 '서구 정체성'abendländische Identität이라는 개념을 사용하여 이슬람 세계와 구분지었다. 1950년경부터 선거 때마다 서구라는 개념을 사용하여 이슬람에 대해 구분지으려 했다. 즉 '서구'라는 개념은 역사적으로 보면 주로 우파 세력들이 사용한 것이다.

페기다 시위대가 구호를 외친 '거짓말쟁이 언론'은 문제 있는 단어이다. 독일어권에 최초로 이 단어가 사용된 것은 19세기 중반이었다. 시민혁명의 와중에 생겨난 자유언론을 공격하기 위해 가톨릭 교회가 사용하면서 생겨났다. 1차 대전 중에는 독일이 전쟁 적성국가의 언론을 비난하는 데 사용했다. 나치 시절에는 나치를 비판하는 사회주의 계열의 언론을 비판하는 데 사용했다. 또 2차 대전 후에는 동독 언론이 동독을 비판하는 서구 언론에 대해 사용했던 개념이다. 역사적으로 더렵혀진 개념을 페기다 시위대가 다시 사용한 것이다.

4. 페기다의 전략

페기다의 창시자 바흐만은 처음부터 페기다가 극우 세력의 집합소라는 낙인에서 벗어나려고 했다. 자신들은 오히려 극우 세력에 대항하는 보통 '애국'시민이라고 강조했다. 이런 여러 가지 간교함으로써 데모대 규모를 키우려고 노력했다. 2014년의 크리스마스를 맞이하여 데모대 규모를 유지하기 힘들게 되었다. 서양의 크리스마스는 가족 모임이기 때문에 사람들이 길거리에 나오지 않고 집에 머물게 된다. 전 세계 언론의 주목을 받던 페기다 데모가 연말을 맞이하여 성립되기 힘들게 되었다. 그러자 페기다 조직위는 같이 모여 크리스마스 캐럴송을 함께 부르자고 제안했다. 기독교와 '무관하게' 살아온 사람들은 악보를 받았다. 그리고 그들 대부분은 난생 처음으로 캐럴송을 부른 것이다. 이런 교활함으로 페기다 모임은 다시 '성공적'으로 이어졌다.

페기다는 데모를 매주 월요일 저녁에 했다. 월요 데모는 1989년 동독 정권에 대한 시위를 연상시키는 것이다. 이것은 참가자들에게 막강한 동독 권력을 무너뜨린 월요일 데모를 상기시킨 것이다. 그리고 그 당시에 외치던 구호를 다시 외친 것이다. 1989년의 구호는 "우리가 바로 그 민족이다"라는 것이다. 당시 월요 데모대가 외친 '우리가 바로 그 민족'이라는 구호는 당시의 절대 권력자에 항의한 구호였다. 그런데 그 구호를 이제는 힘도 없는 난민들을 향해 사용한 것이다. 끈질기게 요구하면 어떤 권력도 우리 요구를 들어 줄 것이라는 심리가 참가자에게 심어진 것이다.

바흐만은 페기다는 극우 세력의 집합소가 아니라고 했다. 그럼에도 불구하고 조직위 모두가 극우 세력과 연관이 있음이 밝혀졌다. 바흐만 자신만 해도 범죄 사실이 발각되어 처벌을 피하기 위해 외국으로 도피했던 경력이 있다. 또한 히틀러 콧수염을 달고서 히틀러 포즈를 취한 그의 사진이 드러나고 외국인을 비하하는 발언이 공개되었다. 이런 경력으로 2015년 1월에 조직위원장 자리에서 물러났다. 그와 함께 조직위원이었던 사람들도 외국인 비하 발언으로 소속 정당에서 퇴출당했다. 대브리츠는 자민당에서, 탈아커는 기민당에서 이미 탈당 조치된 상태였다. 이들은 무슬림, 쿠르드족, 망명 신청자를 비하하는 발언을 했던 것이다.

페기다가 극우 운동이라는 것은 2015년 4월 13일 만천하에 드러났다. 조직위가 네덜란드의 극우 정치가 빌더스를 연사로 초청했기 때문이다. 이를 통해 스스로의 정치적 성향을 결국 드러낸 것이다. 조직위는 2015년 2월부터 시위대 규모가 줄어들자 특단의 조치를 취해야만 했다. 그래서 유명한 극우 정치가를 초청하면 3만 명이 모일 것이라고 주장했다. 하지만 실제는 1만 명에도 못 미치는 수가 모였다. 이들은 예전과 다름없이 독일 국기와 러시아 국기를 흔들면서 시위했다. 또 '사기 언론', '이슬람은 굴욕'이라고 외치면서 러시아 대통령 푸틴을 비판하지 말 것을 요구했다.

이후 조직 내분으로 최초의 조직위 6명이 모두 물러났다. 모두가 페기다는 해체된 것이나 다름 없다고 믿어 이제 시들해질 것이라고 믿었다. 그럼에도 바로 그 다음의 시위대 규모는 무려 7천 명이나 되었다. 모든 것이 예상과는 전혀 다르게 진행되었다. 이후에도 데모대는 줄곧 2천 명 선을 유지했다. 페기다 1주년이 되는 10월에는 다시 시위대가 1만 명을 넘어섰다. 그 후에도 줄곧 3천에서 8천 명 선을 유지했다. 필자가 이 글을 쓰고 있는 2016년 6월에도 3천 명 정도가 시위에 참가하고 있다.

2015년 6월 7일 지방선거는 페기다의 미래를 말해 줄 주요한 선거였다. 독일의 정치계는 물론이고 외국 언론도 선거 결과에 많은 관심을 보였다. 페기다의 미래를 말해 주는 주요 지표가 될 수 있기 때문이다. 페기다가 내세운 후보가 얼마나 많은 득표를 할지가 주요 관심사였다. 페기다는 서독의 함부르크에서 '독일대안정당' 당직자인 극우 성향의 페스터링을 후보로 내세웠다. 선거운동 기간 내내 극우 성향의 발언을 한 그녀는 무려 9.6%를 얻어 4위에 올랐다. 하지만 2차 결선에는 나가지 않겠다고 하면서 우파 후보를 지지한다고 선언했다.

독일 연방정부의 여당인 기민당은 드레스덴 선거에 많은 것을 내걸었다. 기민당은 인구 40만 이상의 모든 도시의 선거에서 패배했기 때문이다. 그래서 어떻게든 드레스덴만큼은 지키겠다고 생각했다. 작센주의 내무부 장관을 후보로 내세웠다. 기민당의 후보 오로쉬는 2008년 선거에서 1차 투표에서 47.6%를 얻고 결선에서 무려 64% 얻어 드레스덴 시장에 올랐다. 그러나 2015년 3월 말에 그가 은퇴를 하면서 비상이 걸렸다. 기민당은 고민 끝에 극우 성향의 작센주의 내무부 장관을 후보로 내세웠다. 그렇지만 1차 투표에서 15.4%를 얻어 3위에 올랐다. 좌파당 및 해

적당의 지원을 받은 사민당 후보가 36%를 얻었고 당시 시장 권한대행은 31.7%를 얻었다. 우파연합 후보인 권한대행은 결선 투표에서 좌파연합 후보를 물리치고 당선되었다. 그것으로 기민당은 체면은 좀 유지하게 되었다.

5. 페기다 참가자는 누구인가

그럼 누가 페기다 시위에 참가하는가? 왜 이들은 끈질기게 시위를 하는가? 2014년 10월에 시작한 데모는 2014년 12월에 시위대가 무려 1만 명을 넘어섰다. 페기다를 무시하던 독일 언론도 보도를 하지 않을 수 없게 되었다. 언론이 관심을 보이자 시위대는 더욱 더 늘었다. 독일 대통령과 수상 그리고 여러 정치가들이 나서서 페기다 운동 자제를 요구했다. 이슬람 문명과 외국인에 대한 관대함을 호소했음에도 이들 시위대는 줄기는커녕 더 늘어났다.

시위에 나선 이들은 누구인가? 왜 이들은 시위에 나섰는가? 여러 조사자들이 시위 참가자들의 특성을 조사하려고 했다. 그러나 시위 참가자들은 어떤 질문에도 대답하지 않고 침묵으로 일관했다. 시위대는 '사기 언론'이라고 외치면서 시내를 돌아다녔다. 그나마 나이가 든 사람들은 간혹 질문에 응했지만 젊은층은 전혀 응하지 않았다. 예를 들어 드레스덴 공과대학팀은 1천 1백 명에게 질문했지만 64%는 설문에 응하지 않았다. 또 베를린 사회연구소WZB는 시위 참가자 1천 8백 명에게 설문지를 나누어 주었지만 이 중에서 3.9%만 설문에 응했다. 또 직접 인터뷰를 시도해도 0.7%만 응답을 했다. 그래서 많은 조사들은 대표성에 문제가 있었다. 그것은 특히 젊은 참가자들의 응답률이 낮았는데 이들은 대부분 훌리건들이다.

드레스덴 공과대학의 포어랜더 교수팀과 베를린의 사회연구소 조사팀

등이 페기다 참가자들을 조사했다. 이들 조사 결과를 정리해 보면 참가자들의 70%는 남자, 30%는 여자이다. 참가자의 나이는 40세에서 64세까지 42.5%, 25세부터 39세까지는 37.5%이다. 교육은 1/3 정도는 대졸이고 나머지는 직업고등학교 출신들이다. 수입은 작센주에서는 평균 이상이다. 참가자의 90% 정도는 드레스덴과 그 인근에서 온 사람들이다. 참가자의 3/4는 종교를 갖지 않고, 2/3는 정당 당원이 아니다. 자신들의 정치 성향에 대해서 48.7%는 중도, 33%는 우파, 좌파는 7.7%, 극우와 극좌는 각 1.7%라고 대답했다. 참가 이유에 대해서는 기존 정당에 대한 불만(54%), 이슬람(23%), 대중매체(20%), 이민자 및 난민(15%)이라고 대답을 했다.

독일의 여러 조사기관들이 페기다 참가자들을 조사하려고 했지만 우리는 아직 그들에 대해 잘 모른다. 조사에 잘 응하지 않기 때문이다. 그리고 페기다 운동은 1년이 넘었지만 장기간 조사하는 팀도 없다. 그래서 우리는 페기다 참가자들의 속내를 잘 알지 못한다. '남독신문'은 지금까지와는 다른 방식으로 페기다 사람들의 특징을 조사하여 2016년 2월 4일에 공개했다. 조사 방식은 페기다 참가자들의 페이스북 사용을 1년 동안 조사했다. 두 명의 언어학자 슈테파노비치와 플라흐가 이 일을 맡아서 페이스북에서의 코멘트, 전달 및 상호 반응을 조사했다. 이들은 20만 명의 팔로우를 가진 페기다의 페이스북을 2014년 12월 28일부터 2015년 12월 31일까지 분석했다.

이들의 분석에 따르면 페기다의 페이스북 활동은 2015년 2월부터는 시들해졌다가 그 해 여름 난민 위기가 시작되면서 활발해졌다. 특히 메르켈 수상이 2015년 8월에 난민을 모두 수용하겠다고 하면서 이들의 페이스북 활동은 더 활발해졌다. 분석에 따르면 극단적 인종주의적 발언은 그렇게 많지 않고 페기다 사람들의 구호는 무해한 것처럼 보인다. 그런데 무해한 것처럼 보이는 것이 오히려 더 위험스럽다는 것이다. 또 극단적 인종주의적 발언이 적은 이유는 법적인 처벌을 피하기 위해 페이스북 운용자들이 삭제했을 가능성이 크다는 것이다. 이런 이유에서 이들의 분석 자체마저도 그 효용성이 제한적이라고 할 수 있다.

페기다 사람들이 반대하는 것은 난민, 무슬림, 그리고 그것을 지원하는 정치가들이다. 이들 난민은 전쟁을 피해서 독일로 오는 것이 아닌 이슬람의 '침략자'라는 것이다. 즉 서구를 이슬람화시키기 위해 유럽으로 온다는 것이다. 페기다 사람들은 서구의 이슬람화는 아랍 세계가 아니라 독일과 유럽의 정부에 의해 추진된다고 믿는다. 난민은 바로 이들의 도구에 불과하다고 생각한다. 그래서 페기다 사람들은 기존 정치 세력과 특히 좌파 계열의 정치인을 싫어한다.

페기다 참가자들은 난민, 이민자 그리고 무슬림을 구분하지 않고 동질의 집단으로 본다. 이들은 전혀 다른 집단이지만 페기다는 구분하지 않는다. 이 세 집단을 다른 말로 바꾸면 '외국인'이다. 이들은 외국인을 싫어한다는 말 대신에 난민과 무슬림을 막아야 한다는 것이다. 많은 독일 사람이 싫어하기 때문이다. 페기다 사람들은 이런 사람들을 독일로 오게 해서도 안 되고 온 사람들도 독일에서 몰아내야 한다는 것이다. 페기다 사람에게는 외국인을 싫어하는 인종주의가 바탕에 깔려 있고 그것을 지원하는 정치세력을 싫어하는 것이다.

한 조사기관에 따르면 많은 독일인들은 드레스덴의 페기다 데모에 동조를 나타냈다. 데모가 한창 달아오른 2014년 12월의 조사 결과에 따르면 서독인 48%, 동독인 53%가 페기다 데모를 이해한다고 했다. 정당 지지자별로 구분을 하면 독일대안정당은 86%, 기민당은 54%, 사민당은 46%, 녹색당은 19%, 좌파당은 19%를 나타내었다. 그럼에도 페기다 데모에 참가하겠다고 한 사람은 9%이고, 85%는 가담하지 않겠다고 대답했다. 다만 독일대안정당 지지자 54%가 참석할 준비가 되어 있다고 했다.

또 다른 조사에 따르면 20% 독일인은 이슬람에 대해 부정적인 생각을 갖고 있다. 동독인들은 이보다 높은 27%이다. 난민에 대해 전체 독일인은 44%, 동독인은 53%가 부정적 이미지를 갖고 있다. 이 조사로 독일인들 중에서 상당한 비율이 난민과 무슬림에 대해 부정적 이미지를 갖고 있다는 것이 확인되었다. 지역적으로는 동독 지역이 더 높고 이데올로기적으로 보면 우익쪽이 더 높다. 이것은 외국인에 대한 일반적 적대감과 그대로 일치하는 경향이다.

6. 페기다는 동독 현상인가? 드레스덴 현상인가?

페기다 운동은 동독 현상인가 아니면 독일 현상인가? 독일 대중 매체들은 페기다 운동의 초기 단계에는 아주 조심스럽게 보도했다. 동독의 특이한 현상이라는 표현은 하지 않았다. 표현의 자유라는 인간의 기본 권리이므로 의견 표명은 존중되어야 한다는 것이 주를 이루었다. 일부 언론은 극우 세력과 연관이 있다는 주장을 암시했다. 하지만 어떤 언론도 초기 단계에는 동독 현상이라는 주장은 하지 않았다. 물론 동독에 대해 잘 아는 사람들은 그것이 동독 현상이라는 것을 알고 있었다. 그러나 그것을 공적으로 말하는 것은 조심스러웠다. 동독에 대해 부정적으로 말하는 것은 여전히 터부시 되어 있기 때문이다.

물론 페기다는 드레스덴에만 있었던 것은 아니다. 독일은 물론이고 유럽 각국에서 페기다 데모가 벌어졌기 때문이다. 독일의 여러 도시에서 벌어진 시위대는 나름의 이름을 붙였다. 본에서는 Bogida, 뒤셀도르프에서는 Dügida, 쾰른에서는 Kögida, 베를린에서는 Bärgida, 라이프치히에서는 Legida라고 했다. 그러나 드레스덴을 제외하면 다른 도시에서는 잠시 일어났다가 사라졌다. 또는 페기다 시위에 비해 반페기다 시위 규모가 훨씬 컸다.

그러나 드레스덴은 페기다의 원조 도시로서 데모가 지속적으로 벌어졌다. 매주 월요일이면 함께 모여 시위를 하는 데 1년 반이 지난 지금도 수천 명이 끈질기게 데모를 하는 것이다. 다른 도시의 페기다 시위들은 그동안 모두 사라졌다. 드레스덴의 페기다 시위대는 규모면에서 정치적 영향력에서 다른 도시를 능가했다. 심지어 2016년 1월에는 드레스덴 집회를 하지 않고 이웃 도시 라이프치히로 가서 공동 시위를 했다. 지지부진한 라이프치히 시위대를 돕기 위해서였다.

물론 드레스덴에서도 페기다를 반대하는 시위가 있었고 지금도 있다. 그런데 반대 시위 규모는 기껏해야 페기다의 1/10 정도였다. 페기다 시위대는 2천 명이 넘는데 반대 시위자는 겨우 1백 명 조금 넘는 정도다. 더구나 페기다 시위대는 반대 시위대를 여러 번 습격하여 참가자를 다치게 하는 사건까지 일으켰다. 그뿐이 아니다. 정치가들을 협박하고 정치교육센터 드레스덴 분소를 공격했다. 경찰서와 검찰청도 습격했다. 이런 점에서 드레스덴의 현상은 특이한 것이다.

페기다 현상을 동독 현상이라고 할 수 있는가. 외국인 혐오증이 동독이 심하다고 해도 그렇게 규정하기는 어렵다. 그러면 페기다는 드레스덴과 라이프치히가 있는 작센주의 현상이냐? 동독 지역에서 대도시는 베를린, 드레스덴, 라이프치히가 있다. 동베를린은 서베를린과 합쳐졌기 때문에 다른 위상이고 분위기도 다르다. 공식적인 보도에서 베를린은 보통 동독지역에서 제외한다. 드레스덴과 라이프치히는 모두 작센주에 있는 도시이다. 페기다 운동은 작센주 현상이라기보다는 드레스덴 현상이다.

라이프치히의 페기다 시위, 즉 레기다는 규모가 작고 더욱이 반대 시위 규모가 더 컸다. 또 라이프치히 레기다는 '무폭력'이라고 선언하지 않았다. 2016년 1월 드레스덴과 공동 시위 후, 레기다는 라이프치히 시내의 좌파 중심지를 쑥대밭으로 만들었다. 또 초창기 사정은 달랐다. 드레스덴의 페기다 조직위는 라이프치히의 페기다를 인정하지 않겠다고 한 적도 있었다. 라이프치히가 자신들의 요구사항을 그대로 받아들이지 않았기 때문이다. 여기에는 두 도시가 언제나 역사적으로 경쟁 관계에 있다는 사실이 한몫했다. 라이프치히는 상업도시이고 드레스덴은 주 정부가 있는 정치도시이다. 두 도시의 주민 숫자도 50만을 조금 넘어 거의 같은 규모다. 그런데 라이프치히는 1989년 시민혁명의 시발점이면서 결정적 역할을 했다면 드레스덴은 그때 보조 역할을 했다고 할 수 있다. 이런 의미에서 페기다는 작센주 현상으로 말하기는 곤란하다.

적지 않은 사람들이 페기다는 동독의 현상이라고 주장했다. 동독 출신의 카하네는 "페기다는 동독 현상이다. 그것은 1990년 이후에 소수자 권리를 성공적으로 신장한 것을 보여 주는 증상이다. 그리고 페기다는 개방 사회에 대하여 감정 전쟁을 벌이는 것이다"라고 지적했다. 자신의 고향에서 벌어진 현상에 대한 올바른 인식이다. 그녀 자신은 동독 시절에 슈타지의 비공식 요원이었지만 통일 후에는 극우 세력에 대한 반대운동을 펴고 있다. 페기다의 본성을 제대로 지적했지만 동독 현상으로 말하기에는 곤란한 점이 여러 가지이다. 그래서 오히려 작센 현상이면서 드레스덴 현상이라고 말하는 것이 더 나을 것이다.

작센주에서 1990년 통일 후에 많은 외국인 습격 사건이 있었다. 그 중에서 가장 큰 사건은 1991년 호이어스베르다에서 벌어진 외국인 테러 사건이다. 극우 세력들은 1주일 동안 베트남과 모잠비크 노동자가 있는 숙소 건물을 화염병으로 공격했다. 작센주는 극우 세력 주동자들을 처벌하고 외국인 노동자를 보호하는 대신에 외국들을 다른 곳으로 이주시킨다. 2007년 뮈겔른 사건을 비롯한 다른 외국인 사건 때도 극우 세력들의 외국인 공격을 무해한 것으로 넘겼다. 1990년대는 라이프치히에서는 극우 세력들이 독불전쟁 기념비까지 아무런 방해 없이 시가행진을 할 수 있었다. 그 결과 나치 지하당 사건에서 보듯이 극우 세력들이 10여 년을 들키지 않고 잠적할 수 있었다. 정치, 경찰, 법조계, 주민들 모두가 극우 세력에 대해 관대하다.

이 점에 대해 동독의 라이프치히 출신 정치학자 뤼만은 자신의 출신지 작센주 문화에 대해 이렇게 적었다.

> 작센주에서는 독일의 어떤 주보다 다른 집단에 대한 거부감이 크다. 그것이 외국인이든, 좌파든 또는 현대적이든, 무엇이든 거부하게 되어 있다. 다른 집단에 대한 이런 거부 현상은 작센주의 정치와 문화계에 깊이 뿌리 박혀 있다. 스스로 규범이라고 생각하는 것에서 벗어나는 집단에 대해 단호히 거부하는 것이다. 종교 또는 피부색이 다르거나 생활양식이 다른 사람들을 적대시하는 집단주의가 작센주에는 널리 퍼져 있다. 정치문제 토론에서 일반적으로 이런 입장을 취하는 것은 중요하다.

7. 페기다와 드레스덴

지구상의 모든 도시가 나름의 특징을 가지고 있다. 드레스덴도 마찬가지다. 여기서는 페기다 사건과 연관되는 드레스덴의 특색을 알아보겠다. 그러면 페기다가 왜 드레스덴에서 생겨났는지를 알 수 있다. 그리고 다른 도시는 이미 페기다 운동이 사라졌는데 왜 유독 드레스덴만 끈질기게 지속되는지를 알 수 있을 것이다.

7.1. 드레스덴은 청개구리 도시

드레스덴 사람들은 세상 물정 모르면서 좀 삐딱하게 구는 경향이 있다. 그래서 독일인들이 드레스덴 주민에게 갖고 있는 인상은 좀 특이하다. 드레스덴 사람들은 세상 물정을 잘 모르면서 자신들은 남과는 뭔가 다르다는 것을 보여 주려고 한다는 것이다. 동독 시절에 대부분의 지역에서 서독 텔레비전을 수신할 수 있었는데 드레스덴 지역은 불가능했다. 그래서 얻은 이름이 '세상 물정 모르는 동네'Tal der Ahnungslosen이였다. 이들은 동독 정권의 공영 텔레비전은 보지 않고 책과 음악으로 시간을 보냈다. 드레스덴 주민들이 오늘날에도 공영방송에 대해 거부감을 갖는 것은 이런 역사적 배경이 있다. 그래서 페기다 시위에서 '사기 언론'이라고 외친 것이다.

드레스덴 시내의 역사적 건물들은 웅장함과 아름다움을 간직하고 있다. 하지만 시내의 대부분은 우리나라 아파트 같은 특징 없는 건물들이 들어서 있다. 그것은 2차 대전 당시 파괴된 자리에 싼 건축 자재로 지은 건물들이다. 그럼에도 세상 물정 모르는 드레스덴 주민들은 자신들은 세계에서 가장 아름다운 도시에 살고 있다고 착각하고 있다. 파리, 로마, 비엔나 등은 이름이나 들어 보았지 가 본 적도 없다. 그럼에도 자신들은 지금도 세상에서 가장 아름다운 도시에 살고 있다고 믿는다. 서독의 뮌헨이나 쾰른에서도 그런 주장을 할 수가 있다. 하지만 그 주장에 자유롭게 반대할 수 있다. 그러나 드레스덴에서는 감히 그런 주장에 반대할 수 있는 분위기가 아니다.

드레스덴 주민들의 독특한 행동을 보여 준 것이 10년 전에 있었다. 그것은 드레스덴의 다리 건설을 둘러싼 논쟁이었다. 드레스덴을 통과하는 엘베강 주변의 자연과 건축물은 아름다운 조화를 이루고 있다. 유네스코는 이것을 보존하고자 2004년에 엘베강 유역을 문화유산으로 등재했다. 드레스덴시는 2006년 그것을 관통하는 다리 건설을 계획하였다. 유네스코는 자연 경관이 훼손되면 문화유산 등록을 취소하겠다고 경고했다. 많은 자연보호 및 문화단체들이 나서서 유네스코 문화유산 등록을 지키려고 했다. 전문가와 연방정부는 지하 터널 건설을 대안으로 제시했다. 드레스덴시는 여러 단체의 압력에 못 이겨 주민투표로 결정하기로 했다. 드레스덴 주민들은 원안대로 다리 건설을 추진하겠다고 절대다수로 결정했다. 유네스코는 2009년에 문화유산 등록을 취소했다. 누가 건드리면 더 삐딱해지는 것이 드레스덴 사람들이다. 이번의 페기다도 독일 수상과 대통령이 페기다를 비판하자 더 많은 사람들이 데모에 참가한 것이다.

7.2. 작센주의 보수적인 분위기

독일의 대도시 중에서 보수당이 장기 집권하고 있는 도시는 드레스덴밖에 없다. 대부분의 도시들은 기민당과 사민당이 번갈아 가면서 통치하고 있다. 드레스덴은 1990년 통일 이후부터 줄곧 기민당이 집권하다가 2015년부터 보수 연합 후보자가 시장으로 있다. 페기다 운동은 드레스덴뿐만 아니라 주변의 보수적 분위기가 만들어 낸 시위라고 할 수 있다. 세상을 떠들썩하게 했던 외국인 테러 사건 중에 호이어스베르다와 뮈겔른 사건은 작센에서 일어난 사건이다. 주의 최남단에 있는 작센 슈바이처 지역의 극우 정당의 득표율이 이를 말해 준다. 나치 지하당 멤버들이 들키지 않고 10여 년이나 작센 지역에서 숨어 지낼 수 있는 것은 그런 분위기이다.

뮈겔른 사건 당시에 볼 수 있듯이 작센의 정치계, 법조계, 검찰 등은 극우 세력을 위험하지 않은 것으로 본다. 예를 들면 2014년 11월 말에 페기다 데모가 점차 그 규모가 커지면서 독일 사회의 주목을 받는 시기였다. 이때 작센주의 내무부 장관 울비히는 경찰 특수부대를 창설하여 난민의 범죄행위에 대항하겠다고 했다. 그것은 페기다의 요구에 부응하는 것이다. 또한 2014년에 비교적 많은 망명 신청자가 튀니스에서 오자 튀니스를 안전국가 명단에 올리도록 요청하겠다고 말했다. 이는 튀니스 출신의 망명 신청을 무조건 거부하겠다는 것이다. 작센주의 기민당은 2014년 12월에 전문가 위원회를 구성했다. 목적은 난민 심사 기간을 단축하고 난민 규정을 엄격하게 하는 것이었다. 작센주 정부는 극우 세력 페기다의 요구에 즉각적으로 반응하는 것이다.

작센주는 극우 세력과 그 폭력에 저항하는 세력을 즉각적으로 '극좌세력' 또는 '반민주주의자' 명단에 올렸다. 작센주의 법조계도 예외가 아니다. 예를 들어 쾨니히 목사는 네오나치 데모에 반대하는 시위를 했다는 이유로 기소되었다. 또 현 튀링엔 주지사인 라멜로브가 주의원인 시절에 나치 데모에 반대하는 시위에 참가했다. 그러자 드레스덴의 행정법원은 그의 의원불체포 특권을 중단시켰다. 그것은 주의회 의원이지만 경찰이 언제든 체포할 수 있다는 뜻이다. 녹색당 청년들이 반원자력 발전소 운동을 시작하자 정보 당국은 그들을 관찰보호 대상에 올렸다. 반면에 지하 나치당의 3명은 아무런 감시나 조사도 받지 않고 잠적할 수 있었다.

또 다른 보기를 들어 보자. 드레스덴에는 매해 2월 13일이면 극우 세력들이 시내를 돌아다니며 데모를 한다. 2차 대전 전쟁 마지막 무렵, 연합국 폭격기들은 1945년 2월 13일부터 15일까지 드레스덴을 폭격했다. 그 폭격으로 2만 5천 명 정도가 죽었다. 연합국 폭격을 규탄하는 데모에 유럽의 수많은 극우 세력들이 모여 데모를 한다. 이들 극우 세력들은 아무런 제재도 받지 않고 시내를 활보하며 돌아다닌다. 드레스덴 사람들은 이런 극우 세력의 데모에 익숙해져 있다. 그래서 극우 세력들의 2월 데모에도 시민들은 반대 시위를 하지 않는다. 대부분의 시민들은 정치에 관심도 없다. 그리고 굳이 다른 사람들의 행위에 반대하려고도 하지 않는다. 이런 이유에서 페기다 반대 시위에도 참여하는 사람이 적은 것이다.

7.3. 드레스덴은 무비판 분위기

작센주의 대도시에 대하여 오래전부터 통용되는 말이 있다. "켐니츠는 생산하고 라이프치히는 장사하고 드레스덴은 소비한다." 드레스덴은 역사적으로 영주 거주 도시 및 군사 주둔 도시였다. 그래서 주민들은 정치 권력에 대해 복종적 관계를 가졌다. 권력에 대해 비판하는 세력은 전면에 나설 수 없었다. 비판적이고 개혁적인 두뇌들이 드레스덴에서 모이는 경우도 있었다. 하지만 드레스덴은 시대에 뒤떨어지고 경직된 분위기 때문에 꽃을 피우지 못한다. 예를 들어 '다리파' 화가들은 20세기 초 드레스덴 공대의 건축학과 학생들이었다. 그들의 아이디어에 아무런 반응이나 호응이 없자 베를린으로 가서 그곳에서 명성을 얻는다.

라이프치히의 네오 나치는 마음대로 돌아다니지 못한다. 라이프치히에는 좌파 세력이 있어서 네오 나치의 데모를 방해한다. 그래서 라이프치히 네오 나치들은 드레스덴으로 가서 방해받지 않고 데모를 한다. 페기다 운동의 주력 부대는 드레스덴의 축구팀과 관련이 있다. 뒤나모 드레스덴이라는 이 축구팀은 팬들의 폭력사태와 외국인 선수 차별 때문에 독일축구연맹으로부터 징계를 여러 번 받았다. 그러자 팬들은 독일 축구연맹을 축구 마피아라고 비난한다. 드레스덴 축구 팬들은 자신을 희생자라고 주장하는 것이다.

똑같은 원리에서 자신을 2차 세계대전의 희생자라고 생각한다. 드레스덴 데모대들은 연합국들이 이미 끝난 전쟁에서 복수심때문에 폭격을 했다는 것이다. 그러나 드레스덴 주변에는 군수공장과 보급창고가 있었다. 이 폭격은 나치와 동독 정부가 선전하여 드레스덴을 희생양으로 만들었다. 연합국의 복수심에서 이루어진 폭격이라고 하면서 자신을 희생자로 선전하는 것이다. 이런 나치의 선전을 그대로 받아들이면서 드레스덴은 자신의 역사에 대한 논쟁은 비켜간다. 더욱이 드레스덴은 주민 비율에서 보면 독일에서 나치당원 숫자가 가장 많았다. 자신을 희생양으로 만들면서 드레스덴의 나치 역사는 어둠에 갇히고 동독 정권과의 논쟁도 비켜가게 되었다.

동독 시절에도 비판적 토론이나 창조적 생각은 할 수 없었다. 그냥 지금까지 있어 온 문화를 그대로 이어 갔다. 토론 문화는 개인 차원이나 소규모에 머물렀고 공개적이거나 공적 차원으로는 이루어지지 않았다. 토론의 주제는 생필품 부족, 수도꼭지 고장 그리고 여행의 자유에 관한 것이 전부였다. 정치적 대안과 같은 주제에 대한 토론은 없었다. 교회 모임이나 또는 문학애호가 서클에서 자기들끼리 모여 토론을 하기도 했다. 하지만 동독 체제를 삶을 보호하는 보호막으로 인정하는 데 머물렀지 정권 비판적 주제로 나아가지 않았다.

동독의 교양층은 통일 후에도 여전히 사적 영역에서 시민적 삶을 누린다. 비판과 토론은 사적인 공간에서만 이루어진다. 그 이외의 나머지 세계에 대한 것은 문학을 통해서나 관심을 드러낸다. 정치적 주제에 대한 솔직한 토론은 여전히 피하는 것이다. 주변 세계의 상황에 대한 불만은 통일 이전이나 이후에도 똑같이 일상적으로 존재하는 것이다. 공적으로 정치 행위는 금기사항이나 마찬가지인 것이다. 그런데 자유로운 대화가 통용되어 있는 공간이 있다. 가정이나 교회 그리고 문학서클이 그것이다. 이곳에서는 계몽주의 비판이나 낭만주의의 세계에 머물고 있지 현대로 나아가지 않는다. 동독 체제는 은밀한 곳에서의 삶을 정당화시켰기 때문이다.

통일 후에도 이런 정치 문화는 기민당 체제하에서 이어져 갔다. 초대 주지사였던 비덴코프를 중심으로 한 기민당은 정치 교육과 토론을 투자유치 방해 요소로 받아들였다. 학교 교육에서도 비판정신을 함양하거나 정치 교육을 하지 않았다. 활기 있는 젊은 교사는 채용하지 않고 동독 시절의 나이 많은 교사를 재교육해서 배치했다. 드레스덴은 역사적으로 반대세력을 용인하지 않는 도시이다. 시민문화나 토론 문화 그리고 반대세력은 원치 않았다. 영주가 머문 도시 드레스덴에는 정치 권력의 권위가 덮혀 있다. 비판적이고 창조적 생각은 뒤로 물러나 있었다.

7.4. 페기다의 영향

2015년 유럽은 그리스와 우크라이나 사태, 그리고 난민문제로 어수선했다. 그 중에서 난민 문제는 연일 대중매체를 장식했다. 전쟁을 피해 또는 보다 나은 인생을 위해 유럽으로 오는 사람들이 매일 보도되었다. 그중에서 지중해를 통해 그리스나 이탈리아로 오다가 익사한 사람들은 수천명을 헤아린다고 했다. 이 중에서 난민 수용소에 대한 극우 세력의 공격은 더 증가되었다. 그중에서도 가장 심하게 난민을 괴롭힌 곳은 작센주의 두 곳이었다. 하이데나우와 프라이탈이다. 이 두 곳은 모두 작센 주정부가 있는 드레스덴의 외곽 도시들이다.

특히 언론의 관심을 끌은 곳은 프라이탈이었다. 작센주의 수도 드레스덴에서 10킬로미터도 떨어지지 않은 위성도시이다. 이곳은 작센주로 배정된 난민을 1차적으로 수용하여 숙식을 제공하는 곳이었다. 호텔은 난민 280명을 수용하여 다른 곳으로 배정될 때까지 일시적으로 머무는 곳이었다. 이 건물 앞에 몇 달째 주민들이 몰려와 시위를 한 것이다. 많을 때는 무려 200명이 몰려와 난민을 폄하하는 구호를 외쳤다. 이들은 구호만 외치는 것이 아니라 히틀러 인사를 하기도 했다. 또 독일 국기와 러시아 국기를 흔들기도 했다.

리히터는 연방정치교육센터의 작센 지부장이며 프라이탈에 살고 있다. 그는 페기다 운동 초기에 페기다 사람들과 대화할 것을 요구했다. 그 자신도 대화를 주선하기도 하면서 페기다 사람들에 대해 색안경으로 바라보지 말도록 요구했다. 그러던 그도 몇 달째 항의하는 데모대를 보고는 실망했다고 했다. “내가 실제 체험한 많은 것들은 비인간적이라고 밖에 말할 수가 없다”라고 했다.

페기다의 주창자 바흐만은 페기다 사람들에게 프라이탈의 난민 수용소 앞에서 항의하도록 권고했다. 마이센 시민들은 여기에 호응해 시내 육교에 큰 플래카드를 내걸었다. "침묵은 동의하는 것이다. 이 땅은 우리 조국이다"라고 하면서 항의에 동참하도록 독려했다. 페기다 주동 인물 대브리츠도 여기에 가담했다. 그는 원래 이곳에서 자민당 당원이었다 쫓겨난 사람이었다. 원래 페기다는 드러내놓고 극우 색깔을 표시하지 않았다. 2015년에 들어오면서 확실히 그 본색을 드러낸 것이다. 특히 드레스덴의 변두리에 있는 작은 도시에서는 페기다의 조직위 인사를 불러 연설을 하게 했다. 이들은 월요일마다 드레스덴으로 가서 페기다 데모에 동참하는 사람들이었다.

8. 페기다는 드레스덴 현상

《감정의 정체상태》를 통해 우리에게도 잘 알려진 동독 출신 심리학자 마츠는 이렇게 동독인들의 심리를 분석했다. 동독인의 심리 저변에는 여전히 긴장감이 감돌고 있는 상태이다. 그 긴장감의 일부는 자신을 서구적 삶에 동화시키고 또 다른 일부는 변화에 저항하는데 쓰여지고 있다. 동독에는 아직도 서독의 68세대와 같은 비판문화가 없다. 그래서 동독의 과거에 대한 섬세하고 비판적인 대결이 없는 것이다. 옳은 지적이다. 동독 '문화'의 특징은 비판의 일관성이 미비한 것이다. 그것은 서독의 68학생운동과 같은 시민운동이 없었고 한번도 시민사회를 살아보지 않았기 때문이다.

예를 들어보자. 자신들을 감시하고 억압했던 슈타지 본부를 데모대가 진입하여 문서 폐기를 저지했다. 그들의 폭력에 치가 떨렸기 때문이다. 그런데 동독에서 슈타지의 공식과 비공식 요원이 많았지만 그것에 대한 반성이나 이데올로기적 대결을 하지 않고 있다. 초등학교에서의 어린아이

요원도 있었지만 누구도 고백하고 있지 않다. 오히려 독일 정부의 슈타지 과거 정리 작업에 동독 주민은 반발한다. 점령 세력이었던 소련을 미워했지만 페기다 사람들은 러시아 국기를 흔들면서 러시아를 지지하는 것이다. 동독에서 나치 과거에 대한 반성이 없는 것은 말할 것도 없다. 동독에서의 이런 비판 없는 문화로 인해서 일관된 비판정신이 결여되어 있다.

마츠에 의하면 동독 시절에는 모두가 서독 사회를 이상화했다. 그런데 통일 후에 깨달은 것은 그곳에 많은 문제점이 있다는 것이다. 그럼에도 불구하고 서독의 사회 모델에 대한 이론적 대결도 없다. 난민 문제와 페기다는 그들의 불만을 드러내는 이상적인 매체라는 것이다. 그것으로 인해 이들은 길거리로 나선다는 것이다. 페기다 사람들은 30세에서 50세이다. 이 사람들은 대개 이론적 배경이나 실천적 경험이 적다. 그래서 정치 현실에 건설적으로 참가를 할 능력이 없다. 이들이 구독하는 동독의 지역 언론은 독일 정치 또는 세계 정세에 대한 논의가 없다. 그래서 주민과 '큰 정치' 사이에는 간극이 있다. 반대 의견이나 민주사회에서 필수적인 상이한 의견에 대한 토론이 불가능한 것이다.

동독의 이런 심리를 작센주의 역사에서 찾는 사람도 있다. 작센주는 17세기부터 18세기 초의 아우구스트 강건왕 이후에 줄곧 내리막길을 걸었다. 외국과의 전쟁에서 주로 쓴맛을 보았다. 19세기 초 나폴레옹과의 전쟁에서 졌다. 나폴레옹과 함께 러시아 전쟁에 참여하여 참패를 맛보았다. 그리고 1866년 독일 전쟁에서 오스트리아 편을 들었다가 프로이센에게 졌다. 1870년 독불전쟁에서는 프로이센과 함께 프랑스와의 전쟁에 나섰다. 이후부터 작센은 프로이센의 일부가 되어 지배를 받게 되었다. 그 다음 제1차, 2차 세계대전 모두가 패배로 이어졌다.

전쟁에서의 끊임없는 패배가 작센주의 사람들에게 영향을 미쳤다는 것이다. 특히 작센주의 아우구스트 강건왕 이후의 어떤 권력도 외세 권력으로 보게 되었다는 것이다. 그래서 동독 정권도 이들에게는 외세 권력이 1990년 통일 독일의 정부도 외세 권력으로 생각한다는 것이다. 그래서 작센주 밖에서 오는 정치 권력에 대해 비판적으로 본다는 것이다. 자신과 과거의 영광스런 작센을 동일화시키고 작센의 모든 것을 이상화 시킨다. 그것은 드레스덴에서 심하다. 작센 영주가 머문 곳이었기 때문이다. 그래서 작센의 '권력'에 대해서는 잘 따르지만 외부 권력에 대해서는 좀 삐딱하다는 것이다. 누구도 작센에 대해 비판할 수 없다. 이런 권위적 집단주의는 외부의 모든 것을 싫어한다.

외부 권력이든, 종교든, 인종이든, 문화든, 작센 이외의 것을 무조건 싫어한다. 그런 거리감과 비판 정신은 일관적이지 못하다. 철두철미하게 따졌던 서독의 68학생운동 같은 것을 경험하지 않았기 때문이다. 또 한 번도 시민사회를 경험하지 못했기 때문이다. 작센 주민은 작센, 프로이센, 나치 정권 그리고 동독 공산당 정권에서 대대로 살아온 것이다. 모두가 권위주의적 전체주의적 권력이다. 비판정신을 한 번도 제대로 배워서 연습하고 펼쳐 볼 수가 없었다. 드레스덴 주민은 비판적이지만 그 비판은 자신에 대해서는 적용되지 않는 비판이다. 그리고 끝까지 밀고 가는 일관성이 없는 비판이다. 그것은 일관성 있는 철저한 비판정신이 아니라 불만 표출에 가까운 것이다. 그들이 읽는 신문은 전국지가 아닌 지방지가 대부분이다. 거기엔 독일 전체나 세계 정세에 대한 분석이 없다. 그냥 지방 소식이 전부이다. 그러니 총체적 입장에서 따져 보는 비판적 사유가 결여되는 것이다.

이런 것을 종합해 보면 드레스덴 분위기는 시대에 뒤처진 것이다. '세상 물정 모르는 사람들의 동네'인 것이다. 그래서 자신들이 최고라고 믿는다. 외세에 대해 비판적이지만 비판적 성찰력이 부족하여 상황을 일관적으로 보지 못한다. 그래서 통일 이후의 모든 불만을 난민으로 돌린다.

자신과 접촉한 적이 없는 외국인과 이슬람에서 불만을 표출하는 것이다. 특히 드레스덴의 역사적으로 권위적인 분위기는 집단주의와 연결되고 이것은 다시 비판정신을 막는다. (이웃의 라이프치히는 역사적으로 상업도시, 박람회 도시, 및 교통중심지로서 같은 작센주에 속하지만 다른 분위기이다.) 드레스덴의 권위적 소집단주의는 비판 문화의 결핍으로 이어진다. 비판정신이 있다고 해도 단편적으로 적용되고 일관성을 잃게 된다. 페기다는 그런 드레스덴 분위기의 분출이다. 많은 사람을 동원하기 위해 동독에 널리 퍼진 인종주의와 반이슬람 분위기로 불을 지핀 것이다. 비판 정신의 일관성이 없는 주민들이 호응한 것이 페기다 운동이다.

제 7 장 후회 없는 남북 통일을 위하여

필자는 유학생 신분으로서 독일의 통일 과정을 현장에서 직접 체험했다. 그것은 누구에게나 주어지지 않는 대단한 행운이었다. 통독은 41년간 서로 헤어져 살던 민족이 하나가 된 것이다. 너무나 행복했던 그들은 아무나 그냥 끌어안고 행복의 눈물을 흘렸다. 모르는 동독 사람들에게 커피와 케이크를 제공하기도 했다. 서독으로 향하던 동독의 트라비가 고장이 나면, 자동차 정비공장들은 모든 작업을 중단하고 먼저 수리해 주었다. 그것도 무상으로 고쳐 주었다. 독일 민족은 1989년 11월에 그렇게 행복해 했다. 그들은 지상에서 가장 행복한 사람들이었다.

필자는 한반도에서의 통일을 염두에 두고 지속해서 통독 이후의 변화과정을 살펴보았다. 통독으로부터 한반도 통일을 위해 무엇을 배울 수 있는가를 염두에 두고서 말이다. 어떻게 하면 통독 과정의 문제점을 한반도에서는 피할 수 있을까 하는 것이 주요 관심사였다. 즉 어떻게 하면 통일에 따른 부대비용을 최소화하면서, 빠른 시일 내에 상호 간의 이질성을 줄일 수 있는가를 따져 보는 일이었다. 남북통일은 통독보다 힘든 과정이 될 것이다. 한반도는 독일과 다르고, 독일보다 약 30년 더 오래 분단되어 있기 때문이다.

남북한은 서로 상이한 체제를 지니고 벌써 70년을 살아왔다. 그렇게 오랫동안 왕래는커녕 서신교환이나 전화 통화도 없이 살아왔다. 더욱이

1950년부터 3년 동안 남북은 처참한 전쟁을 치렀다. 그렇게도 모질게 싸웠다. 그 민족의 아픔도 아직도 모르는 듯, 남북은 여전히 군사적 충돌을 하고 있다. 북한은 지금도 남한과 세계를 협박하고 있다. 남북한은 그 사이에 점점 더 멀어져, 남북한의 동포들은 완전히 이질적으로 되었다. 언어도 서로 달라져 '통역'이 있어야 완전한 대화가 가능하게 되었다. 남북 '문화'의 이질성으로 남북한 민족이 짧은 시간에 동질화된다는 것은 어려운 일이다.

통일 과정 자체도 많은 어려움과 고통이 뒤따를 것이다. 남북의 이질성은 동서독보다 훨씬 크다. 이런 이질성으로 인해서 우리 한민족은 독일보다 더 큰 인내심을 가져야만 한다. 그래야 합리적인 새로운 제도를 만들어 남북이 이질성을 넘어서 진정한 통일의 길을 갈 수 있다. 통독 과정에서 볼 수 있듯이, 새로운 제도에는 득을 보는 사람도 있고 손해 보는 사람도 있게 마련이다. 통일 과정이 본인의 기대와 다르게 진행되면 많은 사람들이 실망할 것이다. 그러면 여러 가지 방법으로 그것에 항의하고 저항할 것이다. 그러면 정치적 사회적 경제적 부대비용은 증가할 수밖에 없다. 이런 추정으로 미루어 보면 한반도에서의 통일이 얼마나 힘든 과정이 될 것인지를 짐작할 수 있을 것이다.

통일에 따르는 많은 법제도가 필요하다. 통일이란 우리가 여태 체험하지 못한 전혀 새로운 세계이다. 그래서 많은 새로운 법 제도가 필요하다. 그 새로운 법 제도는 모두가 모르는 낯선 세계에서의 실험에 가깝다. 잘못 행동하고 결정하면 정치적 사회적 경제적 부대비용은 크다. 특히 법제도는 한번 단추를 잘못 끼면 그 부대 비용은 이루 말할 수 없다. 모두가 칭찬하는 독일 통일의 경우에도 얼마나 많은 실수에 실수를 반복했나. 예를 들어 동독 지역에 집을 짓거나 수리하는 데 세제 혜택을 주었다. 그러나 수많은 사람이 고향을 떠나자 고친 집을 철거하는 데 또 다른 세제 혜택을 주었다.

통독 과정을 체험한 한 유학생으로서, 통독 후의 독일 변화를 연구한 학자로서, 보다 많은 사람이 한반도의 통일에서 행복하기를 바라면서 다음과 같이 생각해 보았다. 통일 과정에서 잘못 내려진 정책은 수많은 희생을 야기한다. 그리고 잘못 끼워진 첫 단추는 고쳐 꿰기 쉽지 않다. 한반도에서의 통일이 독일처럼 될 수도 있다. 아니면 이탈리아, 베트남, 예멘처럼 될 수도 있다는 것을 염두에 두어야 할 것이다. 가장 잘된 통독보다 더 잘 되기를 간절히 바라는 마음에서, 다음처럼 생각해 보았다. 한반도의 통일을 위해서 제도적으로 고려해야 될 내용을 적어 본 것이다. 물론 우리에게 절실하게 요구되는 것은 따로 있다. 법제도 보다 더 중요한 것은 인내심과 희생 정신이다.

제1부는 나중에 우리가 통일에 실망하지 않기 위해서, 제2부는 통일을 위해서 우리가 준비해야 될 것을 적어보았다. 통일을 하게 되면 우리는 모두가 행복해 할 것이다. 지상에서 가장 행복한 민족처럼 즐거워할 것이다. 그러나 다른 나라의 경우에서 보듯이 적지 않은 사람들이 통일에 실망을 하게 된다. 이런 실망을 줄이기 위해서, 우리가 마음으로 준비해야 할 것을 생각해 보았다. 그리고 통일을 준비하기 위해서 그리고 진정한 통일을 위해서 필요한 것들을 적어 보았다. 통일에 따른 경제적 사회적 비용을 줄이기 위한 방안이다. 보기에 따라서는 야박하게 들리기도 하겠지만, 그래야 남북한의 이질감을 빠른 시일 안에 줄일 수 있다고 생각했기 때문이다. 이것은 독일 통일 이후의 문제점을 고려하면서 생각해 낸 것이다.

1. 남북통일에 실망하지 않기 위해서

1.1. 통일의 후유증은 한 세대를 넘길 것이다

"통일의 후유증은 한 세대를 넘길 것이다." 이것은 필자가 지금부터 15년 전 동독 지역을 둘러보고 내린 결론이었다. 당시 통독 후 약 10년이 지났지만, 필자의 눈에 동독 지역은 너무 낯설었다. 서독과는 너무 차이가 나서 마치 독일이 아닌 다른 나라에 왔다는 느낌을 받았다. 당시의 느낌은 현재 통독이 된 지 25년이 지났지만 크게 변한 것이 없다. 이것이 필자를 비롯한 많은 사람들이 동독 지역에서 받는 느낌이다.

필자의 오래된 주장과 느낌처럼, 최근 독일의 한 연구소도 동일한 결론을 내렸다. 필자는 당시 느낌으로 주장했지만, 베를린 인구 및 발전연구소는 데이터를 분석하여 유사한 결론을 내렸다. 그것은 통독 이후 동독과 서독이 어떤 변화를 겪었는지를 분석한 결론이다. 필자의 느낌이나 연구소의 데이터 분석이 말하는 것은 이것이다. 진정한 통일이 되기 위해서는 많은 시간과 인내가 필요하다는 것이다.

1999년은 베를린 장벽이 철거된 지 벌써 10년이 지났다. 대중매체들은 동독이 많은 변화를 했다고 연일 보도했다. 필자도 당시 동서독은 격차를 줄이고 통일의 길을 매진해 가고 있구나 생각했다. 정치가와 학자들이 주장했고 대중매체들도 그렇게 보도했기 때문이다. 필자는 한국인의 눈으로 통일 후 동독의 변화 상황을 알아보고 싶었다. 필자는 통계숫자를 분석하는 것이 아니라, 동독인들의 구체적 삶을 알아보기로 했다. 동독인들은 통일 후 어떤 변화된 삶을 알아보려고 했다. 필자는 동독의 여러 다양한 사람을 인터뷰하려고 했다. 통일 후 비교적 삶이 괜찮은 사람들은 인터뷰에 응했다지만 인생이 많이 힘들어진 사람들은 모두 인터뷰를 거절했다. 이 프로젝트는 독일 학술교류처의 지원을 받아 이루어졌다.

필자는 동독의 여러 지역의 사람들 그리고 가능한 다양한 사람들을 만나려고 했다. 그들의 삶이 통일 후에 구체적으로 어떻게 달라졌는가를 알아보고 싶었다. 그래서 동독의 최북단의 슈베린부터 최남단 드레스덴까지 이동했다. 슈베린은 메클렌부르크-포어포메른주의 수도이고, 드레스덴은 작센주의 수도이다. 말하자면 동독을 관통하면서 여러 도시들의 달라진 모습도 살펴보면서 그곳에 살고 있는 동독인들을 만난 것이다. 통일 후에 동독의 개인들의 삶은 어떻게 변했는지, 또 자신들의 미래는 어떻게 생각하는지를 살펴보았다.

우선 동독의 국가대표 복싱 선수였던 노바콥스키 씨를 만났다. 올림픽 은메달 리스트이기도 한 그는 동독 시절 많은 혜택을 누렸다. 심지어 동독 고위층으로부터 현금 선물을 받기도 했다는 것이다. 동독 정권은 체제 우수성을 스포츠를 통해 과시하려고 했다. 동독뿐 아니라 다른 사회주의 국가였던 소련과 쿠바도 마찬가지였다. 그 결과 동독은 인구 1천 6백만에 불과하지만 올림픽에서 언제나 2등을 차지했다. 1등은 소련이었고, 미국은 동독에 이어서 3등을 차지했다. 동독 정권은 재능 있는 어린 선수들을 발굴하여 집중적으로 훈련시켰고, 또 좋은 성과를 내는 선수들에게 많은 특혜를 제공했다.

필자가 만난 노바콥스키 씨는 바로 그런 부류의 선수였다. 그는 선수 시절 많은 특혜를 받았고, 선수 생활이 끝나자 트럭 운전수로 일했다. 자신의 삶에 만족하지 못한 그는 서독으로 탈출했다. 통일이 되자마자 바로 고향인 슈베린으로 돌아와 자원재활용회사를 창업했다. 먼저 중고 트럭 한대를 구입하여 회사 운영을 시작했다. 필자가 방문했을 때 회사는 이미 성업 중이어서, 여러 대의 트럭이 운행 중이었다. 서독에서 얻은 사업 아이디어으로 남의 부러움을 받는 사업가가 되었다. 그런 성공에도 불구하고 사업체가 혹 부도가 나지 않을까 불안을 숨기지 않았다.

그 다음으로는 그와 비슷한 배경을 갖고 있는 마라토너 출신인 부시 씨를 만났다. 올림픽 동메달 리스트인 부시 씨도 동독 시절에 온갖 스포츠 지원 정책을 누렸다. 통일 후 그는 스포츠 단체에서 사무직을 하면서 평범한 시민생활을 하고 있었다. 그의 부인은 동독 시절에 주택관리 사무소에서 일한 경험으로, 통일 후에는 사민당의 주택문제 담당자로 일하고 있다. 그녀의 직책으로 인해서 이들은 상당한 혜택을 입고 있었다. 방 3개짜리 아파트를 거의 공짜로 살고 있었기 때문이다. 그들이 내는 임대료는 월 6만 정도였다.

이들 부부는 통일이라는 큰 파도를 무리 없이 넘어선 것이다. 두 사람 모두 통일 후에도 연관 분야에서 직장을 얻었다. 또한 보통 사람들이 내는 임대료의 반도 안 내는 경제적 특혜도 누리고 있었다. 그럼에도 이 부부는 통독 후 그들의 생활에 대해서 아주 불만족스러워했다. 통일이 되면 서독인과 같은 부를 누릴 줄 알았는데, 사정이 기대치에 못 미쳤기 때문이다. 그래서 특혜를 누리던 과거 동독 시절을 그리워하면서 미화했다. 또 자신들의 미래에 대해서는 절망적이었다.

통일이 되면서 수많은 동독의 사람들은 실업자가 되었다. 운이 좋으면 고향에서 새로운 일자리를 찾고 그렇지 않으면 일자리를 찾아 서독으로 향했다. 용기가 없거나 사정이 여의치 않으면 조그만 정부 지원금으로 일생을 마쳐야 했다. 다른 사람에 비해서 이들 부부는 행운을 잡은 셈이었다. 통일이라는 큰 변화에도 두 사람 모두가 자신의 일을 계속할 수 있었기 때문이다. 그들의 절망적 넋두리에 놀라 그들의 수입을 물어보았다. 두 사람의 월 수입은 240만 원 정도였다. 공짜에 가까운 월세와 동독의 낮은 물가를 생각하면, 이들의 가처분 소득은 꽤 높은 편이었다.

그럼에도 이들은 통일에 대한 불만을 늘어놓으면서, 동독 시절을 그리워했다. 왜 이들은 자신의 현재 처지를 참담하다고 느낄까? 남편은 올림픽 메달리스트로서, 동독 시절 많은 특혜와 높은 사회적 위상을 누렸다. 부인은 동독 시절에 높은 위치는 아니었지만, 그녀의 직책은 모두가 부러워하는 자리였다. 동독 시절에 집 얻기는 상당히 어려웠는데, 그녀는 시민들에게 집을 배급하는 일을 담당했다. 당시에 특권을 누릴 수 있는 자리였다. 이들의 비참한 느낌은 바로 여기에서 출발한다는 것이 필자의 해석이다. 동독 시절의 특권과 사회적 위상이 사라지면서, 통일의 행복이 사라졌기 때문이다.

또 인상에 남은 인터뷰 대상자는 재취업교육센터 책임자였다. 통일 전에는 석유시추기술학교의 책임자로 일했지만 통일이 되자 그 학교는 문을 닫았다. 서독의 기술 수준과는 너무 차이가 났기 때문이다. 그는 통일 이후에도 유사 직종에서 일할 수 있는 행운을 누렸다. 그렇지만 그는 동서독의 통일 정부를 '서독' 정부라고 칭하면서, 독일 정부의 통일 정책에 대해서 불만을 털어놓았다. 또 서독 사람들에 대해서는 '그들'이라고 칭하면서 미움을 드러냈다. 동독에 대해서는 자부심과 칭찬으로 일관했으며, 동독 시절에 대한 그리움으로 가득했다.

또 다른 인터뷰 대상자는 파벨 여목사였다. 동독 교회는 동독 정권을 무너뜨리는 데 결정적 역할을 했다. 교회는 정부 비판 세력에게 토론의 기회와 공간을 제공하고 은신처를 제공했다. 반정부 시위가 허용되지 않았던 동독에서, 신자들에게 용기를 주어 데모에 가담할 힘을 주었다. 그래서 동독에서의 통일 혁명은 교회에서 시작되었다고 말할 수 있다. 동독 시절에 정부 비판이나 시위는 공식적으로 허용되지도 않았다. 그런데 주민 스스로도 정부 비판을 싫어하는 경우가 적지 않았다. 동독 말기에 라이프치히에서 시위가 발생했을 때였다. 이곳 사람들이 타고 간 자동차는 동독의 북부 지역에서는 주유소에서 주유를 거부하는 사태도 있었다.

파벨 여사는 동독 과거에 대해서 누구보다 비판적이었다. 동독 시절을 그리워한다거나 아쉬워하는 것은 없다고 했다. 그런데 파벨 목사는 슈타지 협력자에 대한 처벌에 명료한 입장을 나타내지 않았다. 필자가 다시 슈타지 처벌에 대해서 물었지만 결과는 마찬가지였다. 동독 정권의 잔재는 정리해야 한다고 했지만, 슈타지 협력자 처벌을 원하지 않는 것이었다. 자신들이 슈타지의 희생자이면서도 그 범죄 사실에 대한 처벌을 반대하는 모순을 보여 준다. 그것은 많은 동독인들이 '서독인'들이 동독의 과거를 정리한다고 생각하기 때문이다. 슈타지 정리 문제에서 동서독의 의견이 분명하게 나뉜다는 것을 다시 확인할 수 있었다.

이것은 15년 전에 인터뷰한 여러 명의 동독인 중에서 내용 일부를 소개한 것이다. 동독인들은 1989년 베를린 장벽이 무너지고 그 다음 해에 통일이 공식적으로 선포되었을 때 얼마나 행복해했던가. 그들이 원하던 자유를 얻지 않았는가. 자유를 위해 길거리에 나서 동독 정권을 무너뜨리지 않았는가. 지금부터 15년 전에 만난 사람들 중에서, 정말 행복해하는 사람은 별로 없었다. 경제적 여건과 개인의 자유가 더 나아졌지만, 행복해하는 사람은 없었다. 모두가 불만스러워했고 미래에 대해서 불안해했다. 심지어는 대놓고 동독의 과거로 돌아가고 싶어했다.

필자가 내린 결론은 이것이다. 경제적으로 부유해지더라도 그것이 일상생활에서의 행복으로 이어지는 것이 아니다. 사업이 성공했지만 부도에 대한 걱정이 머리를 감돌고 있었다. 괜찮은 직업을 가졌음에도 실업자가 되면 어떻게 될까를 고민했다. 예를 들어 독일 연방은행에 취직한 사람마저 실업을 걱정했다. 독일 연방은행은 모두가 꿈꾸는 직장이다. 평생이 보장되고 높은 월급을 자랑하는 곳에 취직을 했음에도 실업의 불안에 떠는 것은 필자의 눈에 좀 낯설었다.

당시 인터뷰한 동독인들의 공통점은 이것이다. 자신의 현재에 대해서 불만스러워하며, 미래에 대해서는 불안해했다. 그 불안의 핵심은 실업에 대한 공포였다. 서독에 대해서 통일에 대해서 거짓말을 했다고 불만을 드러냈다. 인터뷰 대상자 모두가 동독 과거에 대해서는 비판적이지는 않았다. 때로는 자랑스러워하면서 그리움을 드러내고, 때로는 비판과 그리움이 공존했다.

이 인터뷰를 종합해서 당시 필자가 붙인 제목이 "통독의 후유증은 한 세대를 넘길 것이다"(《월간 중앙》 1999년 12월호). 당시는 통일 후 10년이 지난 때였다. 그리고도 15년 이라는 세월이 더 흘렀다. 세부적으로는 사정이 좀 달라진 것이 있지만, 전체적으로는 큰 변화가 없다고 할 수 있다. 즉 많은 동독인들은 통일에 대해서 실망하고 있기 때문이다. 이렇게 본다면 당시의 필자의 인상은 아직도 유효하다는 것이 독일 연구소에 의해서 증명된 것이다.

통계에 따르면 동독인들이 1990년 통일이 되자 그것에 대해서 만족해 했다. 그 만족도는 점차 증가 되다가, 1995년부터는 통일에 대한 만족도는 점차 낮아진다. 통일 이후의 정치 경제적 상황에 대해서 점차 불만족스러워진 것이다. 필자가 이들을 만난 것은 통일에 대한 열광이 좀 식은 때였다. 동독인들의 입장에서 우리가 배울 수 있는 것은, 통일이 오더라도 모든 이들에게 행복을 가져다주는 것은 아니다. 그것도 지속적으로 행복을 주는 것은 쉽지 않다는 것이다.

2. 통일 정책은 면밀하고 장기적이어야 한다

남북한 통일을 말할 때 우리는 보통 독일 사례만을 생각한다. 그러나 독일 통일은 기적에 가깝다. 동서독은 41년간 서로 총부리를 맞대고 있었지만, 피 한방울 흘리지 않고 통일이 되었기 때문이다. 남북한이 분단된 지 거의 70년이 되었다. 더욱이 우리는 6.25전쟁 때 3년 동안이나 모질게 전쟁한 과거가 있다. 또 동독은 북한처럼 잦은 군사도발을 하지 않았고, 군사적 위협도 하지 않았다. 동독은 북한처럼 포격을 가한다거나, 특수군을 밀파한다거나 간첩선을 보낸 적이 없다. 한반도는 여러 측면에서 독일과 다르다.

우리 남북한 통일이 독일처럼 큰 무리 없이 이루어진다면, 그것은 모두에게 좋은 일이다. 독일의 통일은 우리에게 좋은 본보기임은 분명하다. 통일 진행이 어떻게 이루어져야 되는지를 독일의 경우로부터 많은 것을 참고할 수 있다. 그러나 대한민국은 독일이 아니다. 남한은 서독이 아니고, 북한은 동독이 아니다. 한반도에서의 통일은 독일보다 어려운 통일 과정이 될 것이다. 통일에 따른 후유증은 더 클 것이고, 독일에서는 예상 못한 후유증도 생겨날 것이다. 통일 후유증을 한반도에서 최소화하기 위해서, 우리는 독일 이외의 통일 국가들은 살펴볼 필요가 있을 것이다.

2.1. 이탈리아 통일에서 배울 수 있는 것

통일 정책이 왜 면밀하고 신중해야 되는 지는 이탈리아의 경우를 보면 알 수 있다. 이탈리아는 독일보다 오래전에 통일을 했지만, 1백 년이 넘게 통일 후유증에 시달리고 있다. 부자인 북부 이탈리아는 가난한 남부 돕기에 지쳤고, 남부 이탈리아는 자자손손 가난에 시달리고 있다. 가난을 벗어나기 위해서 남부인들은 일자리를 찾아 끊임없이 고향을 떠나고 있다. 이탈리아 통일에서 우리가 배울 수 있는 것은, 시간이 흐른다고 해서 문제가 저절로 해결되지 않는다는 것이다. 재정적 지원만으로 남북의 경제적 사회적 문화적 차이가 줄어들지 않는다는 것이다. 그래서 한반도의 통일 정책 수립을 위해 우리는 이탈리아의 경우를 신중히 살펴보아야 할 것이다.

이탈리아는 1861년에 오스트리아와 프랑스 등의 외세를 물리치고 통일이 되었다. 그 후 150여 년이 지났지만 이탈리아가 진정한 통일이 되었다고 보기 힘들다. 남북 이탈리아 사이의 이질감은 여전히 크기 때문이다. 북부 이탈리아는 가난한 남부를 지원하기 위해 수십 년간 경제적으로 지원했다. 국영기업 이익금의 일부를 강제 징수하여 남부 지원에 쓰기도 했다. 대규모의 경제적 지원을 하면 남북의 경제적 격차는 줄어들 것이라 믿었기 때문이다. 끝없는 경제적 지원에도 남부 이탈리아가 경제적으로 나아진 것이 별로 없다.

오늘날 남부 이탈리아인의 소득은 북부의 반에 불과하지만, 실업률은 정반대로 두 배가 된다. 남부 이탈리아의 청년 실업은 무려 40%에 달하고, 주민의 1/4은 빈민층에 속한다. 산업과 무역이 발달한 북부와는 달리 남부는 내세울 만한 산업이 없다. 통일 이후에도 별로 변한 것이 없다. 대대로 가난에 시달린 남부 이탈리아인들은 일자리를 찾아 지금도 고향을 떠난다. 통일 후부터 가난한 농촌 지역 사람들은 고향을 떠나 오스트리아, 독일, 아메리카 등지로 떠났다. 예를 들어 1960년대 독일이 외국 노동자를 수입할 때 남부 이탈리아인 60만 명이 독일로 발길을 향했다. 문제는 남부 지역에서 아직도 이민 행렬이 그치지 않은 것이다.

남부 이탈리아가 앞으로 경제적으로 번영할 것이라고 믿는 사람은 아무도 없다. 남부 이탈리아인들은 오래전부터 고향을 떠날 시기만을 따지고 있다. 그래도 남부에 번성하는 것이 있다고 시니컬하게 말하는 사람들이 있다. 그것은 마피아를 두고 하는 말이다. 돈 벌이가 별로 없는 남부 출신이 마피아를 결성했는데, 이들이 벌어들이는 돈은 국내 총생산액의 7%에 달한다. 남부 돕기에 지친 북부 이탈리아인들은 '북부동맹'이라는 정당을 만들어, 가난한 남부와 다시 분리 독립하려고 한다. 이 정당은 현재 제3 정당으로 커졌다.

우리가 이탈리아 통일로부터 배울 수 있는 것은 이것이다. 대규모 경제 지원으로 통일의 모든 문제가 해결되는 것은 아니다. 이탈리아에서는 큰 규모의 경제 지원으로 오히려 남부에 있던 소규모 가내기업들을 도산시켰다. 또 남부에 세워진 큰 기업들은 자원, 판로, 인프라 등을 고려하지 않고 만들어서, 오히려 돈만 낭비한 결과가 되었다. 결국 경제적 격차를 줄이기 위한 정책 수립과 시행이 어렵다는 것이다. 또 이탈리아의 경우에 보듯이 정책을 임기응변식으로 수립해서는, 세월이 지난다고 통일이 완성되는 것이 아니다. 첫 정책부터 잘 세워야 남북 통일을 성공적으로 이룰 수 있다는 뜻이다.

2.2. 베트남 통일에서 배울 수 있는 것

이제 베트남의 사례를 살펴보자. 남북의 베트남은 1975년 통일이 되었다. 북베트남 군대는 1975년 4월 30일 남베트남의 수도 사이공을 함락했다. 북베트남은 미국과 한국 등의 지원을 받은 남부를 함락한 뒤, 1976년 공식적으로 베트남 사회주의 국가를 선포했다. 베트남은 20년이라는 오랜 내전 끝에 군사적 통일을 이루었다. 베트남이 군사적으로 통일되어 공산 정권이 수립되자 그 여파로 인접국인 캄보디아와 라오스도 공산화되었다.

북베트남은 남부와의 내전 과정에서 중국으로부터 많은 지원을 받았다. 그러나 통일이 되자 베트남 정부는 남부의 상권을 장악하고 있던 화교를 탄압하여, 양국 관계는 험악하게 되었다. 여기에다 베트남과 중국은 역사적으로 갈등이 깊었다. 베트남은 인접 국가의 캄보디아와도 관계가 나빠졌다. 1976년에 탄생한 폴 포트 정권이 베트남 국경선을 침입하고, 캄보디아에 거주하던 베트남 주민들을 박해했기 때문이다. 베트남 군대는 1979년 캄보디아와 전쟁을 벌여, 그곳의 폴 포트 정권을 무너뜨리고 친베트남 정부를 수립했다.

중국이 지원했던 폴포트 정권이 무너지자 중국은 바로 베트남을 공격한다. 중국으로서는 베트남에 섭섭한 것이 있었다. 베트남은 1969년 중국과 소련이 국경 분쟁을 하고 있을 때, 소련을 지지했기 때문이다. 당시 미군의 신무기를 보유하게 된 베트남군은 중국 군대에 많은 피해를 주었다. 베트남 군대는 내전을 통해서 많은 전쟁 경험을 갖고 있었고, 또 험악한 북부 베트남의 지형에 익숙했기 때문이다. 반면에 중국 군대는 문화대혁명으로 인해서 장비가 후진적이었다. 북부 베트남 일부 지역을 잠시 점령했던 중국군은, 충분히 교훈을 주었다는 말만 남기고 철수한다.

베트남은 9년간의 대 프랑스 독립전쟁 그리고 이십 년의 내전을 겪었다. 통일 이후에 두 번이나 이웃 국가와 전쟁을 치렀다. 북부 베트남은 군사적 장애물을 모두 제거하고 통일을 굳건히 하려고 했다. 적어도 군사적으로는 더 이상 통일의 방해꾼이 생겨나지 않게 되었다. 통일 베트남 정부는 오랜 내전 경험으로 남부 베트남을 빨리 사회주의화하기로 결정한다. 여기에는 남베트남에 대한 불신이 깔려 있었기 때문이다. 남부 지역의 자본주의 제도를 제거하고 사회주의 제도를 정착하기 위해서 여러 가지 정책을 실천한다.

우선 남부 베트남의 35만 명을 정치 수용소에 수감하여 사상적 재교육시켰다. 내전 과정에서 적대적 행위를 했거나 자본주의적 색채가 강한 사람들을 처벌하거나 정치 수용소로 보냈다. 이 와중에 수십 만 명의 사람들이 죽임을 당했다. 또한 남부 주민에 대해서도 인구 재배치 정책을 취하고 사상 교육을 강화했다. 이를 위해서 남부 지역에 무려 1백만 명 북베트남 공무원과 그 가족을 파견한다. 남부 지역에 자본주의 색채를 제거하고 빠른 시일 안에 사회주의 체제를 구축하려고 했다. 이에 위협을 느낀 남부 베트남인들은 대규모 탈출을 시도한다.

1978년과 1979년 사이에만 약 1백만 명이 베트남을 떠났다. 일부는 캄보디아를 통하여 외국으로 빠져나가고, 화교들은 중국으로 망명을 떠났다. 그중 4십만 명이 배를 타고 베트남을 떠났다. 이들은 배를 타고 망망 대해를 거쳐 동남아 지역으로 도망쳤다. 이들 '보트 피플'은 인도네시아나 말레이지아 등지에 도착하여 목숨을 건지기도 했다. 또는 다행히 지나가는 상선에 구조되어 외국으로 망명한 사람도 있지만, 적지 않은 사람들이 바다에서 목숨을 잃었다.

북부 베트남 정부는 통일 후에 남부 지역의 자본주의 문화를 제거하고 사회주의 질서를 도입하려고 했지만 쉽지 않았다. 짧은 기간 동안에 정치, 경제, 사회, 문화의 통합을 이루려고 했지만, 능력과 경험이 부족한 정치가와 행정관료들로서는 무리한 작업이었다. 또한 경제 기반이 약한 상태였기에 국제적 협력 없이는 순탄히 목적을 이루기 힘들었다. 베트남 통일 과정은 통일 후 이질적 두 체제의 통합이 얼마나 어려운가를 말해주는 좋은 보기가 된다. 의지만으로 되는 것이 아니라, 경험과 능력있는 전문가가 필요하다는 것을 말해 준다.

2.3. 예멘의 통일에서 배울 수 있는 것

또 다른 통일의 보기로 예멘을 들어 보자. 한반도와 마찬가지로 예멘도 강대국에 의해서 남북으로 분단된다. 1911년 북부 예멘은 터키에 의해서, 남부 예멘은 영국에 의해서 점령되면서 예멘의 분단은 시작되었다. 이후 북예멘과 남예멘은 온갖 정치적 군사적 갈등을 겪게 되었다. 북예멘은 공화파와 왕정파의 연정을, 남부 예멘은 사회주의 정부 형태를 띠는 양상으로 변모하였다. 서로 상대방 정권을 제거하려는 욕심에서, 남북 예멘은 끊임없는 내전에 빠졌다. 남북 예멘 모두 빈약한 자원에다 취약한 경제 구조로 외부의 지원에 모든 것이 달려 있었다. 소련의 고르바초프가 등장하면서 남예멘의 사회주의 정부에 대한 지원을 줄이자, 남부 예멘은 쇠약한 상태가 되었다. 1980년대 냉전 체제가 완화되자 남북 예멘도 화해 분위기로 접어들었다. 독일이 통일 모드로 들어가자 남북 예멘은 독일보다 먼저 통일을 하겠다면서, 1990년 5월에 통일을 선포했다.

통일을 선언했지만 남북 사이의 갈등 구조는 그대로 존재했다. 예멘은 우선 통일을 선언하고 통합을 천천히 하겠다는, 선 통일선언 후 통합이라는 수순을 밟았다. 그렇지만 군사적 통합과 권력분배 문제와 같은 큰 문제를 제대로 처리하지 못한 것이다. 북부의 큰 세력인 이슬람 원리주의자들과 남부의 사회주의자들이 번번이 폭동을 일으켰다. 경제적으로도 걸프전과 석유값 하락으로 더 어렵게 되었다. 예멘은 걸프전 당시 유엔의 결의안을 무시하고 이라크를 지지하는 외교적 실수를 저질러 상황은 더 어렵게 된다. 이라크는 쿠웨이트를 합병하려는 전쟁에서 패전하게 된다. 전쟁이 끝나자 쿠웨이트는 그곳에서 일하던 예멘 근로자 1백만 명이 강제로 귀국시켰다. 이를 통해서 예멘은 중요한 돈줄이 끊어지면서 경제는 더 힘들게 되었다. 귀국 노동자를 비롯한 실업자 수는 급증하게 되었다.

남북 예멘은 1970년대에 이미 두 차례의 내전을 치렀다. 1990년 통일 이후에도 체제 통합의 실패로 남북 갈등은 상존했다. 남북의 기득권 세력의 권력 다툼과 걸프전 후유증으로 갈등은 다시 폭발한다. 그래서 1994년 또다시 혹독한 내전이 벌어진다. 북부 예멘은 군사력을 총동원하여 남부를 군사적으로 제압하여 통일을 이룬다. 선언에만 그쳤던 1990년의 통일을 제대로 이루겠다는 북예멘의 속셈이었다. 소련의 원조가 끊어진 남부 군대는 약해졌기 때문이다. 군사적 승리를 바탕으로 북부의 주도로 통일 작업이 진행되었다. 남부의 기득권 세력을 제거하여 쉽게 진척되는 듯했다. 그러나 정치적, 행정적 작업의 비효율성과 높은 실업률과 인플레 문제로 인해 어려움의 연속이었다.

통일 작업이 조금씩 진행되는 듯했지만, 반대 세력의 저항도 만만치 않았다. 이슬람 원리주의자와 남부의 사회주의 분리 세력들이 반정부 활동을 강화하고, 또 북부의 시아파 반군 활동이 활발해졌다. 그리고 알카에다가 예멘에 지부를 설립하여 활동을 강화하자, 예멘은 알카에다의 본거지로 변했다. 2011년 아랍의 봄이 예멘에도 덮쳤다. 이슬람 세력과 반정부 세력 그리고 일반 대중까지 반정부 시위에 나서자, 거의 무정부 상태로 변했다. 2013년에는 남부 예멘에서 분리독립을 요구하는 대규모 시위도 벌어졌다.

이란의 지원을 받는 시아파 반군은 2014년에 수도를 점령하여 대통령 하야를 요구하고 있다. 여기에 대해서 사우디 아라비아는 2015년부터 시아파 반군에 대한 군사 공격을 강화하고 있다. 수니파와 시아파의 대결은 예멘에서도 재현되고 있다. 그리고 중동의 패권을 노리는 두 나라는 자기 종파에 대해서 군사적 재정적 지원을 강화하고 있다. 이란은 시아파를, 사우디아라비아와 카타르는 수니파를 지원하고 있어, 예멘은 여전히 강대국의 놀이터다.

예멘의 경우는 외세에 의해서 나눠어진 남북이 오랜 갈등 상태로 있었다는 점이 우리와 비슷하다. 군사적 이데올로기적 우월성을 차지하려는 노력을 지속했다는 점도 유사하다고 할 수 있다. 예멘 통일 과정에서 우리가 배울 수 있는 것은, 통일은 선언만 한다고 되는 것이 아니다. 기득권 세력의 권력 재분배, 군사력의 통합, 정치 행정력의 효율성, 사회 갈등의 해결 등이 이루어져야 통일이 되는 것이다. 예멘은 오랜 대결 구도를 가졌던 체제가 통일이 된다는 것이 얼마나 어려운가를 말해 주는 한 예라고 할 수 있다. 특히 군대의 무기를 회수한다는 것이 중요하다는 것을 말해 주는 사례이다.

3. 통일 환상론에 대한 비판

2014년은 '통일 대박론'으로 점철된 한 해였다. 박근혜 대통령은 2014년 1월 6일 신년기자회견, 그리고 9월 24일 39차 UN총회 기조연설에서 '통일은 대박'이라고 주장했다. 남북한 통일이 되면 한반도 경제가 크게 도약할 것이라는 것이다. 박 대통령은 남북 통일이 되면 얼마나 나아질 수 있는가를 독일 드레스덴을 보기로 들었다. 그것이 이른바 2014년 3월 28일에 드레스덴 공과대학에서 발표한 '드레스덴 선언'이다.

박 대통령은 '한반도 평화통일을 위한 구상'이라는 제목으로, 세 가지 대북 원칙을 발표했다. 그러면서 독일의 통일이 드레스덴과 동독에 얼마나 많은 혜택을 가져다주었는지를 말했다. 통일로 인해서 드레스덴은 '세계적 첨단 과학도시'로 발전했고, 독일은 '유럽의 중심 국가'로 부상했다고 주장했다. 드레스덴은 자유와 풍요가 넘치는 '희망의 도시'가 되었고, 젊은이들에게 드레스덴은 '용기와 영감의 원천'이라고 말했다.

박 대통령이 독일이 통일로 인해서 생겨난 혜택이라고 말한 것은 사실과 다르다. 우선 드레스덴은 통일로 인해서 첨단과학 도시가 된 것은 아니다. 드레스덴의 위상은 오히려 2차 세계대전 이전이 더 높았다. 그리고 독일은 통일로 인해서 유럽 중심 국가가 된 것이 아니라, 19세기 말에 이미 유럽의 주요 국가 대열에 들어 있었다. 20세기에 들어서면서 독일은 더 강해졌고 그러면서 유럽의 세력 균형이 깨어졌다. 그 결과 발생한 것이 제1, 2차 세계대전이다. 그런 역사적 경험 때문에 1990년 통독 직전에, 많은 독일 지식인들과 좌파세력이 통독에 반대한 것이다. 또한 드레스덴에는 모든 이들이 자유를 누리는 곳도, 영감을 주는 곳도 또 풍요가 넘치는 '희망의 도시'도 아니다. 그것은 2015년에 시작된 페기다 운동이 증명해 주는 것이다.

3.1. 통일 대박론에 대한 경계

박 대통령은 통일을 경제적 입장에서 접근한 것이다. 대통령의 이런 통일 대박론에 대해서 국민의 과반수 이상이 공감을 표한다. 2014년 10월 2일자 동아일보에 따르면 응답자의 31.4%는 매우 또는 약간 공감을, 40%는 보통이라고 응답했다. 28.6%는 별로 또는 전혀 공감하지 않는다고 대답했다.

대통령의 이런 주장은 신창민 중앙대 명예교수의 주장과 같은 맥락에 있다. 신 교수의 주장에 따르면 통일비용에서 분단비용을 뺀 순통일 비용은 연간 GDP의 1.35% 내지 2.55%에 달한다. 통일이 되면 이른바 통일 편익이 11.25%에 달하기 때문에, 통일은 우리에게 8.7% 내지 9.9%의 순성장을 가져다준다는 것이다.

이런 맥락에서 경제 전문가들도 유사한 주장을 했다. 매일경제신문사는 북한의 경제개발 아이디어를 모아서 '다가오는 대동강의 기적'이라는 책을 발간했다. 여기에 의하면 남북한이 통일이 되면 대한민국은 강대국으로 발돋움할 것이라는 주장을 하고 있다. 경제 규모는 현재 14위에서 세계 8위로, 인구는 현재의 41위에서 세계 26위로 성장하여 이른바 국력지수는 현재의 14위에서 10위로 올라선다는 것이다.

경제적 측면에서 통일이 많은 이익을 가져다준다는 주장이다. 대한민국 전체가 성장할 것이라는 주장이다. 그런데 이 주장에는 통일이 모든 국민 개개인들에게 '대박'을 가져다줄 것이라는 인상을 야기한다. 통일이 모든 구성원들에게 자동적으로 혜택을 주는 것은 아니다. 우리는 앞에 든 다른 나라의 보기에서 잘 알고 있다. 통일에 대한 기대가 실망으로 바뀐 동독인들은 희망을 잃고 살아가고 있다. 이들은 용기마저 접고 남은 인생을 국가 지원금을 받으면서 절망 속에서 살아가고 있다. 독일뿐 아니라 이탈리아, 베트남 그리고 예멘에서의 통일도 모든 이들에게 '대박'

을 가져다준 것은 아니다.

이런 경제적 측면이 아니라 민족주의적 입장에서 남북 통일을 빨리 이루어야 한다는 사람들도 적지 않다. 우리는 5천 년의 역사를 가진 한민족이기 때문에 빨리 통일이 되어야 한다는 것이다. 그리고 남북한이 통일이 되면 남북 체제의 차이는 쉽게 극복할 수 있다는 것이다. 이 주장의 약점은 통일 과정이 아주 힘든 과정이라는 사실이 무시되고 있다는 점이다. 또 어떤 체제와 어떤 절차를 거쳐야 된다는 구체적인 내용이 빠져 있다. 이것은 예멘과 베트남의 보기에서 좀더 구체적으로 알 수 있을 것이다.

3.2. 통일 조급증에 대한 경계

민족주의적 입장에서 나오는 또 다른 주장은, 한반도는 지구상에서 유일한 분단 국가이기 때문에 빨리 통일되어야 한다는 것이다. 그러나 현재 분단된 나라는 남북한 이외에도 키프로스, 중국 그리고 코소보도 있다. 물론 이 사실이 통일 반대 논리로 승급되어서는 안 된다. 또 남북한 분단이 우리에게 위로가 되는 것은 아니다. 문제는 통일 조급증이 신중하지 않은, 단기적, 포퓰리즘적 정책을 유발할 수 있다는 점이다. 이탈리아, 베트남, 예멘의 경우를 보자. 정치와 행정의 무능력, 무경험으로 인해서 국민의 상당수는 대대로 고생하고 있다. 독일의 경우는 이들 나라에 비해서 순탄한 통일이지만, 비판할 점은 상당히 많다. 통독 과정이 빠르게 진행되었기 때문에 미처 예상하지 못한 일들이 많이 발생했기 때문이다.

독일, 이탈리아, 베트남, 예멘의 통일 과정에서 볼 수 있듯이, 통일과정은 언제나 순탄하지가 않는 법이다. 오랫동안 대결을 벌이던 이질적 두 체제가 하나로 통합된다는 것은 대단히 어려운 일이기 때문이다. 그럼에도 남북통일에 성급한 사람들에게서 흔히 들을 수 있는 이야기가 있다. 독일도 하는데 왜 우리가 못하랴, 우리는 독일보다 더 잘 할 수 있다는 것이다. 그럴 수 있다. 하지만 우리도 자동차를 만들지만 독일 차보다 못하고, 우리나라 맥주는 독일 맥주와는 비교도 할 수 없다. 더욱이 남한은 서독이 아니고 북한은 동독이 아니다.

남북 통일이 되면 한반도가 경제적 도약을 할 것이라고 하는 주장으로 다시 돌아가 보자. 통일이 되면 경제적으로 발전을 할 수 있을 것이다. 물론 그것은 장기적으로 본다면 그렇게 긍정적으로 작용할 수 있을 것이다. 경제적 도약을 주장하는 사람들은 독일의 사례를 든다. 서독 경제는 통일 이전에 아주 튼튼한 상태였고, 통일 후 5년 정도 건설 경기로 인한 혜택을 보았다. 그렇다고 통독이 독일 경제를 도약시킨 것이 아니다. 통일이라는 난제에도 경제가 비교적 괜찮은 상태를 유지하고 있을 따름이다.

독일 경제가 다른 나라에 비해서 비교적 괜찮은 요인은, 통일 때문이라는 주장은 너무 단순하다. 그것을 알아보기 위해서는 정부의 경제 정책, 기업 구조, 교육, 노동조합, 세계의 경제 여건 등을 종합적으로 살펴보아야 할 것이다. 그중에서도 특히 주목해야 할 것은 슈뢰더 정권의 '아젠다 2010'이다. 2003년의 사민당과 녹색당의 연정은 복지제도와 노동시작을 전면적으로 개혁했다. 사민당은 이 정책을 통해서 당원의 1/3이 탈당하는 사태에도 불구하고 추진했던 정책이다. 사민당의 아젠다는 메르켈 정권에도 이어져, 독일 경제는 다른 나라에 비해서 좋은 상태를 보였다. 그러나 '아젠다 2010'의 어두운 면은 하류층에서 나타난다. 하류층의 삶의 질은 그로 인해서 나빠졌기 때문이다.

'통일은 대박'이라는 주장은 감성에 호소하는 것이다. 통일을 하게 되면 모두에게 이득이 생긴다는 오해를 불러일으킬 수 있다. 통일을 하게 되면 분명 이득을 보는 사람들이 있다. 그러나 모든 사람들이 이익을 보는 것은 아니다. 독일의 경우를 보자. 통일 이후에 자본가와 기업은 많은 이득을 보았다. 물론 통일과 세계적 경제 변화의 일환과도 연관이 되는 것이다. 중상류층 이상은 이득을 본 편에 들어가지만, 하류층은 손해를 본 편에 속한다. 통일 비용을 감당하기 위해서 사회복지 비용을 줄였고 많은 하류층 일자리가 사라졌기 때문이다. 뿐만 아니라 모든 변화에는 득을 보는 사람과 손해를 보는 사람이 있게 마련이다. 이를 뭉뚱그려 통일은 대박이라고 주장하는 것은 다분히 감정적 주장이라고 할 수 있다.

통일이 오게 되면 국방비를 줄일 수 있어, 온 국민이 잘살 수 있다는 주장이 있다. 아주 일리 있는 주장이다. 남북의 군사적 대결 구도만 사라져도 우리 삶의 질은 나아질 것이다. 전쟁의 공포에서 벗어나는 것만 해도 얼마나 행복한 일인가. 그럴 경우 물론 국방비를 줄일 수 있는 여지가 있을 것이다. 그러나 한반도는 강대국 사이에 끼여 있고, 우크라이나 사태에서 알 수 있듯이 국제 질서는 언제든 변할 수 있다. 그것도 순식간에 돌변할 수 있다. 군대가 최첨단 무기를 보유하는 데는 적지 않은 예산이 있어야 한다는 것도 생각해야 할 것이다. 아무튼 남북 대치 상황만 사라져도 대단한 이익을 불러올 것임에는 틀림없다. 우리 세대와 자손들도 전쟁 위험이 결정적으로 완화된 상황에서 살아갈 수 있을 것이다.

또 통일이 되면 북한에 많은 일자리가 많이 생길 것이라는 주장도 있다. 물론 대규모 투자를 전제로 한 주장이다. 그런데 누가 북한에 대규모 투자를 할 것인가? 투자가 이루어지기 위해서는 몇 가지 전제 조건이 있다. 도로와 공항 시설, 전기와 통신 시설 그리고 전문 인력이 있어야 한다. 북한은 그런 면에서 좋은 여건은 아니다. 동독 지역을 고려해 보면, 북한이 투자에 그렇게 큰 매력이 있는 곳이 아니라는 것을 알 수 있다. 동독 지역에 투자를 많이 한 국제적 기업은 없다. 동독 지역에 세워진 자동차 공장은 모두가 조립 공장에 불과하다. 따라서 통일이 오게 되면 바로 북한 지역에 대규모 투자가 이루어질지는 알 수 없는 일이다.

남북 통일이 오게 되면 그것은 대단한 역사적 사건이다. 동북아 지역

내지는 아시아에서의 세계사적 사건이 될 것이다. 한반도에 사는 우리들뿐 아니라 주변 국가의 국민들 생활에도 큰 영향을 끼치게 될 것이다. 그러나 통일은 결혼과 유사한 것이다. 한쪽이 간절히 원한다고 이루어지는 것이 아니다. '가족 기업'을 운영하는 북한의 지도층이 실제로 통일을 원하는지는 알 수가 없다. 그들의 특권이 보장되지 않는 상태에서는 알 수 없는 일이다. 그래서 지금 상태에서 통일에 대해서 이야기하는 것은 신중을 기해야 할 것이다. 통일이 정치에 이용되는 포퓰리즘 정치로 흐를 가능성이 있기 때문이다.

또 '결혼'에 성공했다고 모든 문제가 해결되는 것은 아니다. 결혼을 하게 되면 새로운 문제들이 발생하기 마련이다. 독일과 베트남을 보면 예상할 수 있다. 양쪽 사이의 정치적, 사회적, 경제적, 문화적 갈등이 생겨나게 마련이다. 기존의 갈등과 뒤섞여 상당한 기간 동안 어려운 갈등 상태가 지속될 것이다. 통일이 가져다주는 장점은 대단할 것이다. 그렇지만 통일의 긍정적 부분을 강조하는 것은 사태를 왜곡시킬 가능성이 있다. 그것은 포퓰리즘으로 흐르고 내용 없는 논쟁만 야기시키게 된다. 그런 상황에서 내려진 잘못된 통일 정책은 다시 바꾸기가 힘들다.

3.4. 남북 통일은 남북문제가 아닌 국제문제이다

남북 통일에 적극적인 사람들은 흔히 남북한이 통일을 결정할 수 있다고 주장한다. 남한과 북한이 하나가 되겠다는데 누가 감히 간섭할 수 있겠느냐는 것이다. 우리는 독일처럼 전범 국가도 아닌데, 왜 우리끼리 결정하지 못하느냐는 것이다. 그러나 남북한 통일은 국제 질서에 영향을 미치는 사안이다. 남북 통일은 동북아 질서에 적지 않는 변화를 가져올 사건이어서, 우리의 바람과는 달리 국제적 사건이다. 우리가 한반도 문제라고 주장해도, 이웃 국가들은 그렇게 보지 않을 것이다. 문제는 우리가 그것에 대응하는 능력이다.

중국은 미국의 동맹 대한민국이 주도하는 통일을 반가워하지 않을 것이다. 북한이라는 완충지대가 사라져, 미국과 직접 국경선을 맞대는 것과 같은 것이기 때문이다. 러시아의 경우도 찬성할 리가 없다. 미국의 영향력이 좀더 확대되는 것을 의미하기 때문이다. 일본의 입장으로서는 두 가지 의미가 있을 것이다. 하나는 중국의 진출을 막는다는 의미가 있고, 또 하나는 북한의 공격성을 제거한다는 의미가 있어 찬성할 것이다. 하지만 대한민국의 규모가 커지는 것을 좋아하지 않을 것이다.

우리 정부의 외교력으로 이것을 뚫어야 할 것이다. 국제 질서에는 명분과 힘이 있어야 한다. 명분만으로는 부족하고 명분과 더불어 그것을 추진할 수 있는 힘이 있어야 한다. 그 힘은 정치, 군사, 경제적 능력을 말한다. 독일의 예를 보자. 서독이 통일에 대한 속내를 드러내자, 전승국인 영국의 대처 수상이 바로 통독을 반대한다고 했다. 프랑스를 비롯한 주변 국가들 모두가 반대했다.

특히 폴란드는 국경문제까지 걸렸다. 만약 통일 독일이 과거 영토를 돌려달라고 하면, 국토의 반을 넘겨줄 수도 있는 판이었다. 폴란드 서부 지역은 2차 대전 종전 후 소련이 독일로부터 뺏어 폴란드에 넘겨준 것이었다. 소련이 폴란드의 땅을 차지하는 대가인 것이다. 폴란드로서는 보통 문제가 아니었다. 이때 외교 능력을 발휘한 사람이 겐셔라는 외무부 장관이었다. 그는 23년간 독일 외무부 장관을 지낸 정치가로서, 지금까지 세계 최장수 외무부 장관이었다.

그의 혜안과 용의주도함으로 먼저 미국으로부터 통일 승인을 받아 냈다. 2015년 당시 미국 대통령인 조지 W. 부시 대통령은 당시를 이렇게 회고했다. 영국의 대처 수상과 프랑스 미테랑 대통령은 독일 통일을 단호히 반대했다. 또 부시 대통령 주변에서도 반대가 적지 않았다는 것이다.

통일 독일이 다시 유럽 균형을 깨서, 2차 세계대전과 같은 불안을 야기할 수도 있기 때문이다. 그러나 부시 대통령은 독일의 미래는 스스로 결정하도록 해야 된다는 입장을 고수했다는 것이다. 결국 전승국인 미국, 영국, 프랑스는 독일 통일을 지지한다는 입장을 밝혔다.

문제는 전승국가이면서 냉전체제의 또 다른 축인 소련이었다. 더욱이 동독은 소련의 주요 동맹국가로서, 나토와 직접 경계선을 맞대고 있었다. 동독이 서독과 하나가 된다는 것을 소련으로서는 쉽게 수용하기 힘든 상황이었다. 이런 상황에서 소련의 당서기 고르바초프의 입장이 불안해지기 시작했다. 반대 세력이 그의 개혁 정책에 반대하여 쿠데타를 준비했기 때문이다. 고르바초프는 2차 대전 후부터 지속되어 온 냉전체제를 종료시켜, 세계사에서 위대한 일을 수행했다. 그런데 만약 고르바초프가 대통령 직에서 물러나면 모든 게 허사가 될 위험이 있었다.

서방 세계와 독일은 소련에 경제 원조를 하여 그의 입장을 견고하게 해 주었다. 독일은 통일이 된다면 독일의 군사력 축소를 약속했다. 동독에서 철수하는 소련 군대의 막사 및 주거 시설 비용 등을 원조해 주기도 했다. 주요 문제는 통일 독일의 나토 소속 여부였다. 콜 수상은 통일 독일은 완전한 나토 회원국에서 빠지거나 또는 동독 지역은 나토에서 제외하는 안을 생각했다. 고르바초프와는 통일 후 동독 지역에 나토군을 진주하지 않겠다는 구두 약속을 했다. 그러나 나중에 문서상으로는 이 안건에 대한 언급이 없어, 통일 독일은 나토의 완전한 회원국으로 머물 수 있었다. 이것은 콜 수상과 겐셔 외무부 장관의 능력에 따른 것이라고 볼 수 있다.

통일로 가는 또 다른 난관은 독일 주변 국가들이었다. 모두 나치 독일의 잔혹함을 경험했기 때문이다. 모두가 독일이 다시 강대국이 되는 것에 두려움을 갖고 있었다. 그중에서도 가장 완강하게 반대한 주변 국가는 폴란드였다. 독일이 국경선을 문제 삼는 것을 두려워했기 때문이다. 국경선 변경을 두려워하던 폴란드에 대해서는 현재의 국경선을 유지하겠다는 조약을 맺어 안심시켰다. 나머지 주변 국가에 대해서는 이렇게 안심시켰다. 독일이 통일이 된다면 유럽 속의 한 국가로 머물 것이며, 나토의 회원국으로 남겠다고 했다. 다시는 강대국으로 부상하여 주변국가를 침공하지 않겠다는 다짐을 한 것이다. 이렇게 하여 주변 국가들은 모두 독일의 통일을 축하하면서 새 국가의 탄생을 함께 기뻐했던 것이다.

이처럼 우리가 줄 것이 있어야 외교력이 효과를 볼 것이다. 우선 남북한 통일이 주변 질서를 바꾸지 않을 것이며, 평화에 기여할 것이라는 의지를 보여야 한다. 남북한이 통일되는 것 자체가 기존 질서의 변화를 의미한다. 중국과 러시아 그리고 일본으로부터 통일 지지를 얻을 수 있는 카드를 생각해야 할 것이다. 군사력을 줄이는 방법을 생각할 수 있다. 이웃이 원하는 것이 무엇인지를 파악하고 양보할 준비를 해야 할 것이다.

4. 통일 준비와 남북 이질감의 빠른 해소를 위해서

4.1. 전문가 사회가 되어야 한다

선진국과 후진국을 구분하는 잣대는 여러 가지다. 그중 하나가 이것이다. 선진국에는 전문가가 각 분야에 포진해 있다. 자신의 분야에서 본인의 지식을 세계에 내세울 수 있는 전문가가 선진국에는 많다. 사회적 이슈가 있으면 전문가들이 나서 의견을 제시한다. 이견이 있으면 전문가들끼리 토론한다. 일반인들은 그 이슈에 관여할 수가 없다. 전문가와 일반인들 사이의 지식 차이가 크기 때문이다.

예를 들어 독일의 안락사 관련 법 제정 과정을 살펴보자. 국회의원들이 국회에 제출한 법안은 모두 4개였다. 제출된 이 법안은 전문가들의 도움을 받으면서 상임위원회에서 2년 동안 토론되었다. 일반인들은 언론을 통해서 그 진행 과정을 알 수 있었다. 의사, 윤리학자, 신학자, 법학자들이 법 제정을 위해서 조언했다. 오랜 토의 끝에 2015년에 그중 한 안건이 통과되었다. 어떤 종교 단체도 일반인들도 자신들의 주장을 끝까지 내세우지 않았다. 길거리에 나가서 데모하는 사람들도 없었다. 국회 내에서 모든 것이 법 문건으로 처리된 것이다. 우리도 예민한 법을 국회 안에서 조용히 처리할 수 있을까?

남북 통일을 제도적으로 완수하는 데는 많은 전문가가 필요하다. 이들 전문가들의 해박한 지식과 경험으로 민족의 대역사를 이끌어 나가야 한다. 정치가를 비롯한 온갖 이익 집단에 대해서 그들의 전문 지식으로 설득할 수 있어야 한다. 만약 그런 전문가가 우리나라에 없다면, 독일이나 이탈리아 또는 베트남으로부터 '수입'하자. 많은 비용을 들이더라도 통일의 전체 비용에 비하면 아무것도 아니다. 사정이 좀 다르긴 하지만, 한국 사정에 낯선 축구 감독 히딩크와 슈틸리케는 본인의 업무를 잘 하지 않았는가.

우리나라에는 여러 분야에 세계적 전문가가 별로 없다. 이것은 선진국과 다르다. 선진국 전문가의 견해는 권위가 있다. 일반인들은 전문가들의 지식을 듣고 본인의 입장을 정한다. 비전문가가 끼어들 여지가 없다. 전문가 층이 미약한 우리 사회는 비전문가들의 주장에 휘둘린 경우가 한두 번이 아니었다. 모두가 전문가이면서 비전문가였다.

4.1.1. 전문가 사회는 선동적 시위를 막는다

예를 들어 2008년 광우병 사태를 보자. 미국 쇠고기 수입을 반대하는 측에서 광우병 위험을 부각시켰다. 매일 밤 수천 명이 촛불을 들고 서울 중심가에서 시위를 했다. 대한민국 수도는 이 때문에 두 달 동안 마비되었다. 여기에 인기에 영합한 정치가와 유명인사들이 일반인들을 부추기는 발언을 했다. 겁에 질린 어린 학생들도 길거리에 나와 데모를 했다. 온 국민은 불안해했지만, 어느 전문가도 시원한 해명을 해 주지 않았다. 인터넷에서는 검증되지 않은 온갖 소문이 떠돌아 다녔다. 이런 상황을 이용하려는 온갖 정치세력들이 참여하면서, 대한민국 정부는 아무 일도 하지 못하는 무정부 상태가 되었다. 차라리 초기에 외국의 광우병 전문가를 초청하여 사태에 대응했다면 상황은 달랐을 것이다.

2014년 세월호 참사도 이와 비슷하다. 침몰 선박을 구조할 수 있는 전문가가 우리에게 없었던 것이다. 또 그것을 진두지휘할 수 있는 전문가도 체계도 준비되어 있지 않았다. 미국 구조팀은 현장에 왔다가 우리 책임자와 입장이 맞지 않자 철수해 버리고 말았다. 그 후 온갖 주장에 따라 구조 방법을 가지고 시간을 낭비했다. 모두가 대통령만 쳐다보고 있었다. 반정부 세력과 야당은 이 기회를 놓치지 않고 대통령과 정부 흔들기에 나섰다. 세월호 참사에 따르는 사회적 경제적 부대비용은 천문학적 숫자이다. 이와 비슷한 사건은 이명박 정부 시절의 4대강 사업과 노무현 정부 시절의 수도 이전 사업이었다. 모두가 이 문제에 매달려 다른 문제는 생각할 여지가 없었다. 전문가가 아쉬운 대목이었다.

남북 통일은 광우병 사태, 세월호 참사, 4대강 사업 그리고 수도 이전 사업과는 비교할 수 없는 민족의 대사건이다. 과거의 정치적 이슈와는 상대가 안 되는 역사적 사건이다. 민족의 역사적 사건에 비전문가의 주장에 휘둘리면, 그 비용은 감당할 수가 없다. 그리고 자자손손 그것에 시달리게 된다. 최악의 경우는 이탈리아처럼 다시 남북을 분단하자는 집단들이 나올지 모른다. 남북 통일 과정에는 각자의 이익관계가 더 심각하게 얽혀 있기 때문이다.

남북 통일 과정에 많은 사람들이 자신의 이익을 위해서 길거리로 나설 것이다. 새로운 법률이 만들어질 때마다 촛불 시위가 벌어질지 모른다. 여기에 정부와 여당을 비판하는 세력들이 합세할 것이다. 북한 주민까지 데모에 가세하면, 그 규모는 더 클 것이다. 이로 인해서 정책 집행자들이 휘둘리면, 통일 작업은 엉뚱한 방향으로 진행될 것이다. 또는 모두가 대통령만 바라보고 결정 내려 주기를 바라는 비민주적 행동이 나타날 것이다. 대통령이 법령이나 관례를 넘어서 해결해 주기를 바랄 것이다.

통일 과정은 너무 큰 문제여서 대통령이 모두 진두지휘할 수가 없다. 그것은 또 민주주의에도 어긋나는 일이다. 차라리 우리에게 전문가가 없다면, 해외로부터 데려오자. 그것이 훨씬 저렴할 것이다. 또 작업이 효율적으로 진행될 것이다.

4.2. 법치주의 확립이 되어야 한다

흔히 사람들은 선진국 사람들은 법을 잘 지킨다고 말한다. 맞는 말이다. 이것도 선진국과 후진국을 구분하는 척도가 된다. 선진국 사람들은 법과 규정을 잘 지킨다. 대부분의 사람들이 법을 잘 지키고 또 준법정신은 일상화되었다. 그것보다 더 중요한 것은 법과 규정을 안 지키면 처벌받기 때문이다. 한두 번은 법과 규정을 안 지키고도 처벌받지 않을 수가 있다. 그런데 만약 발각이 되면 반드시 처벌받게 되어 있다. 후진국에서는 그것을 빠져나갈 수 있는 방법이 있다. 이것도 선진국과 후진국의 차이이다.

선진국 사람들이 법을 더 잘 지키는 중요한 이유는, 처벌이 두렵기 때문이다. 이 두려움 때문에 준법 정신이 내면화된 것이다. 그래서 대통령이든 청소부든 모두가 법 규정을 지키려 한다. 그 처벌이 두렵기 때문이다. 반면에 법과 규정을 안 지키면 영웅이 되는 나라가 있다. 법과 규정을 지키면 바보가 되는 것이다. 우리나라 국회의원은 예산을 회기 내에 통과시키지 않은 때가 한두 번이 아니다. 국회의원만 그런 것이 아니다. 일반인들도 큰 차이가 없다.

안 지켜도 처벌받지 않을 수 있기 때문이다. 지키지 않은 이유는 법규정이 잘못되었다거나, 가난한 서민들이기 때문이라는 것이다. 여기에 언론들이 왜 법규정이 잘못되었는가를 대서특필하거나, 서민들이 얼마나 힘겹게 살아가는가를 보도한다. 그러면 많은 국민들은 당사자들에게 동정심을 보이거나, 정부의 무능을 비판한다. 규정을 당장 고치거나, 또는 심지어 소급 적용하기도 한다. 또 당사자를 돕기 위한 모금운동을 진행한다. 모두가 법치주의를 방해하는 행위들이다.

법을 새로 제정하거나 고치더라도, 다음부터 적용해야 한다. 바로 지금의 문제 해결을 위해서 법을 새로 만든다. 그래서 이해 당사자들과 정치인들은 온갖 방법을 동원한다. 세월호 특별법을 비롯한 온갖 특별법이 생겨난다. 대통령 선거와 국회의원 선거 때가 다가오면 헌법 개정과 선거법 개정을 주장하는 사람들이 많다. 당내에서는 다가오는 선거에 적용할 공천문제를 다룬다. 그러니 선거철이 되면 온 나라가 선거판이 되고, 국가와 사회의 주요 문제는 잊혀진다. 자주 바뀌는 법과 규정을 지키고자 하는 마음도 동시에 사라진다.

남북 통일 위해서 가장 중요한 '연습'은 법치국가로 만드는 것이다. 남북 기금을 모으는 것보다, 통일 의지를 더 높이는 것보다, 한민족의 단일성을 강조하는 것보다 더 중요하다. 그 어떤 통일 준비보다 더 중요한 것이, 법 지키는 것을 생활화하는 것이다. 법도 제대로 지키지 않는 사회의 특징은, 도덕으로 타인을 심판하는 일이다. 도덕을 무기로 삼아 상대방을 공격하는 것이다. 도덕은 법보다 하위에 있는 사회적으로 공감된 예의 범절이다. 법도 제대로 지키지 않는 사회가 흔히 도덕이라는 이름으로 무기를 휘두르는 것이다.

이런 사람들이 그 다음에 하는 일은 불법 데모를 하는 것이다. 데모대의 규모가 커지면 법 집행이 어렵다고 믿기 때문이다. 독일의 경우 데모를 할 수 있는 자유는 잘 보장되어 있다. 대신에 불법 데모를 하면 반드시 처벌받게 되어 있다. 합법적 데모라고 하더라도, 법이 허용하지 않는 것을 주장하면 처벌을 받는다. 예를 들어 유대인 학살을 부정하거나, 확인되지 않는 사실을 퍼뜨리면 처벌받는다. 나치의 유대인 학살을 부정하면 독일 법에 따라서 처벌받도록 되어 있고, 미확인 내용을 퍼뜨리면 사회안정을 훼손한다는 조항에 어긋나기 때문이다.

4.2.1. 법치주의는 폭력 데모를 막는다

독일에서는 데모대가 주장하는 내용을 바로 정치적 이슈가 되어 법 제정이 되지 않는다. 예를 들어보자. 라이프치히에서는 통일이 된 후에도 10여년 이상 월요 데모를 지속했다. 원래 통일 전에 그 데모는 통독의 시동력 구실을 했다. 통일에 불만인 사람들이 매주 데모에 나선 것이다. 또 드레스덴의 페기다는 2014년부터 1년 넘게 독일 이민법을 고치라고 요구했다. 그러나 독일 정치권은 요동도 하지 않는다. 극우 정당만 그 선동에 합류하고 선동할 따름이다. 설사 데모대가 요구하는 내용이 법 조항으로 바뀐다고 하더라도, 우리나라와는 다르다. 우선 법 제정에 우리나라 보다 많은 시간이 걸린다. 그 과정에 여러 전문가의 조언을 받기도 하기 때문이다. 또한 독일 국회의원들은 자기 분야에서 전문가 수준이다.

우리나라에서는 국회의원도 데모를 한다. 국회에서 모든 문제를 처리해야 된다는 의회민주주의 원칙을 저버린 것이다. 그 외에도 우리나라 국회는 자신들이 만든 법 규정을 잘 지키지 않는다. 전문성과 효율성 면에서 많은 아쉬움이 있는 것도 사실이다. 그래서 모든 문제가 정치화된다. 광우병 사태, 메르스 사태, 4대강 사태, 행정도시 문제 등 모든 것이 전문성에서 벗어나 정치적 문제로 다시 태어나는 것이다.

지난 십여 년간 우리는 큰 사건을 겪었다. 광우병 사태, 행정도시 이전, 세월호 사건, 메르스 사태 등 — 온 국민이 나섰지만 해결은 쉽지 않고, 사회적 부대비용은 엄청났다. 온 국민이 그것에 몰두하기 때문이다. 전문가 부족과 준법 정신이 부족하기 때문이다. 국회의원은 물론이고, 일반의 준법정신이 약하기 때문일 것이다. 사태가 끝나면 무엇이 문제였는가를 확인해 보는 절차가 우리에게 필요할 것이다. 그간의 경험을 보면 통일 과정에서 수많은 데모가 매일 일어날 가능성이 크다. 그리고 이를 통해서 다시 국정이 마비되는 무정부 사태도 배제할 수 없다.

법치제도가 정착되어야 습관적으로 길거리로 뛰쳐나가는 것을 막을 수 있다. 사람들이 데모를 하는 이유는 자기 이익을 관철시키기 쉽기 때문이다. 그것이 과격하면 사회적 동정을 더 많이 받아 관철되기 쉽다. 그래서 재물을 파괴하거나 반대 세력 또는 경찰까지 공격한다. 또 언론의 이목을 더 끌기 위해서 신체를 훼손하거나 심지어는 자살까지 한다. 그런 방식으로 자신의 이익을 관철시키는 사람들이 지속적으로 항의 시위를 하는 것이다.

특히 폭력을 동원한 시위는 엄격히 처벌되어야 한다. 경찰을 공격하는 폭력은 선진국에서는 처벌이 엄하다. 그럼에도 당사자들은 '과격 진압'이 원인이었다는 주장을 한다. '불법' 진압이라는 말은 선진국에도 있다. 규정을 따르지 않고 시위대를 다루는 것이다. 경찰이 규정에 따라 시위대를 다루면, 처벌이나 손해를 보지 않는다. '과격 진압'이라는 말은 언론 용어로서, 마치 '양보 운전'과 같은 것이다. 법 규정에 따라서 운전하면 되는 것이지 굳이 양보 운전을 미덕으로 내세울 이유는 없다. 그것은 이미 준법 운전에 포함되어 있다.

남북 통일에 따르는 온갖 문제를 효율적으로 다루려면, 우리에게 절실한 것은 전문성과 법치주의이다. 문제 해결은 전문가에 의해서 이루어져야 한다. 문제 해결 절차가 답답하더라도 모든 것은 법에 따라야 한다. 그렇지 않으면 모든 것이 일회성 해결 방식으로 처리될 것이다. 법은 무용지물일 때가 적지 않을 것이다. 만약 통일 과정에 그런 일이 벌어진다면, 그것에 따르는 부대비용은 산더미처럼 커질 것이고, 자자손손 그 후유증에 시달릴 것이다. 150년이 지난 통일을 제대로 다루지 못한 이탈리아를 우리는 살펴보아야 할 것이다. 우리보다 선진국인 이탈리아가 아직도 통일 후유증에 시달리지 않는가.

5. 인구이동을 최소로 줄여야 한다

모든 인간은 자신의 의지에 따라 이주할 수 있는 자유가 있어야 한다. 이것은 인간의 보편적 가치로서 모두에게 적용되어야 한다. 지구상의 수많은 인간들이 더 나은 삶을 위해 타향으로 향한다. 한 해 평균 약 2천만 명의 사람들이 행복을 찾아 국경선을 넘는다. 합법과 불법을 따지지 않고 더 나은 곳으로 향한다. 지구에서 가장 많은 사람들이 향하는 곳이 북미와 서부 유럽이다. 대규모로 고향을 등지는 사람들은 중동과 아프리카 지역의 사람들이다. 이들은 내전을 피해서 이웃 국가나 서부 유럽으로 향한다. 그래서 서부 유럽은 2015년 난민 위기를 맞았다.

어떤 정부든 국민이 떠나는 것을 원치 않는다. 사람은 국부의 원천이기 때문이다. 예를 들어 시리아는 국민의 반이 내전을 피해서 피난 중이다. 내전이 끝나도 시리아는 원래의 모습으로 돌아갈 수가 없다. 이북 정부를 약화시키는 가장 효과적인 방법은 주민들을 탈출시키는 것이다. 동독 정부가 1989년에 무기력해져 무너진 것도 주민들의 탈출 때문이었다. 그럼에도 이북 주민을 대량으로 탈출시켜 이북 정부 와해를 추구하지 않는다.

북한 주민들을 대량으로 탈출시키는 것이 쉽지 않다는 것은 다른 문제이다. 북한 정권의 붕괴가 어떤 결과를 가져올지 알 수 없다. 이북을 망하게 하는 방법을 몰라서가 아니라, 그것이 가져올 수 있는 부작용 때문이다. 시리아의 아사드 정권과 유사하다. 아사드 정권을 붕괴시키는 것은 비교적 쉽다. 다만 그것이 중동의 역학 변화와 이스라엘의 안전에 어떤 결과를 가져올지 아무도 모른다. 차라리 예상할 수 없는 미래보다는 현재 상황이 낫다고 생각하기 때문에, 서방 세계는 참고 있는 것이다. 대한민국을 비롯한 이해 당사 국가들은, 북한 정권이 차라리 그대로 존속하는 것이 '비용'이 적게 든다고 생각하는 것이다. 물론 북한이 주목을 끌기 위해서 군사도발을 자주 행하는 것이 큰 문제이다.

만약 남북 통일이 오게 된다면, 북한 주민이 대한민국으로 많이 올 것이다. 통일은 아니더라도 북한 주민이 자유롭게 이주할 수 있기만 해도 그럴 것이다. 물론 얼마나 많은 주민들이 남쪽으로 향할지는 아무도 모른다. 단지 많은 주민들이 남한으로 이주할 것이라는 추측만 할 뿐이다. 대한민국이 한꺼번에 많은 주민을 수용할 수 있는지는 알 수 없다. 주택, 의료, 취업, 교육 등 수많은 문제를 한꺼번에 처리해야 한다. 현재의 우리 정치 및 행정력으로는 쉽게 처리할 수 없을 것이다. 그것은 과거의 여러 위기 대응 방식으로 추측할 수 있다.

독일의 경우를 보자. 동독 정부의 고민은 주민들이 끊임없이 서독으로 향하는 것이었다. 1949년 건국 당시를 제외하고는 서독 행렬이 거친 적이 없다. 그것은 바로 노동력과 국력의 손실을 의미하는 것이었다. 그래서 동독 정부는 베를린 장벽을 쌓았다. 호네커 시절에는 복지를 높여 주민 이동을 막으려 했다. 장벽을 쌓아도 가겠다는 사람은 막을 수 없었다. 땅굴을 파기도 하고, 배를 타고 또는 열기구를 타고서 서독으로 향했다. 대부분이 교육을 제대로 받은 젊은 사람들이었다. 동독 정부는 서독 정부에 그것에 대한 배상을 요구하기도 했다.

5.1. 북한 주민의 대규모 이주를 막을 정책을 개발해야

1990년 전반 독일에서는 통일 작업이 숨가쁘게 진행되었다. 통일 직전 서독 정부의 고민은 동독과는 정반대였다. 어떻게 하면 동독 주민이 대량으로 오지 못하게 막을 수 있는가라는 것이었다. 서독 정부는 동독 주민이 대량으로 서독으로 오는 것을 원치 않았다. 그래서 화폐 개혁을 동독 주민들에게 유리하도록 추진했다. 경제 논리가 아닌 정치 논리로 진행되었다. 그 목적은 동독 사람들이 서독에 오지 말고, 고향에 머물도록 하는 것이었다. 당시 콜 정부는 경제 전문가들의 반대에도 불구하고 동독인들에게 유리하게 화폐 개혁을 추진했다. 경제적으로는 이해할 수 없는 사안이었지만, 정치적으로는 성공한 정책이었다. 동독인들이 이로 인해 서독으로 많이 오지 않았기 때문이다.

만약 한반도에 유사한 상황이 벌어지면 어떻게 해야 할 것인가. 우리도 북한 주민의 대량 이탈을 막아야 할 것이다. 남한으로 단시간에 많은 북한 주민이 몰려오면, 남한은 혼란에 빠지고 북한은 공백 으로 변할 것이다. 대한민국은 6·25전쟁을 제외하고는 대량 주민 이동을 경험한 적이 없다. 1960년대와 1970년대 경제개발 시절의 이동과는 성격이 다르다. 여기에 우리의 고민이 있다. 북한 주민을 막으면 인도주의에 어긋나고, 모든 사람을 오게 하면 남한은 혼돈에 빠질 것이다.

이것은 인도주의와 현실 정치의 갈등이다. 이 문제를 좀더 구체적으로 생각하기 위해서 상상력을 좀 발휘해 보자. 만약 북한 주민이 한꺼번에 서울에 1백만 명 정도가 온다고 가정해 보자. 오늘은 5만 명, 내일은 10만 명, 그렇게 해서 서울에 머무는 수가 1백만 명이 되었다고 생각해 보자. 실제로는 더 많은 사람들이 올 것이지만, 일단 짧은 기간 사이에 그 정도의 숫자가 왔다고 상상해 보자. 우선 그들이 잘 곳부터 마련하기 쉽지 않다. 어디서나 잘 수 있는 건강한 사람도 있겠지만, 타인의 도움이 필요한 사람들도 적지 않을 것이다. 노약자, 임산부, 어린이, 환자 등도 함께 올 것이다.

단기간에는 숙소 마련이 가능하겠지만, 장기적으로는 불가능에 가깝다. 거기다 이들을 위한 일자리 마련도 쉽지 않다. 그들이 배운 기술로 남한에서 구할 수 있는 일자리 찾기가 쉽지 않을 것이다. 의료 및 교육 문제도 심각하게 대두될 것이다. 단기간에는 자원봉사자들의 도움을 받아 어떻게든 처리할 수 있을 것이다. 그러나 장기적으로는 아주 어려운 문제이다. 우리 정부는 대량의 이주민 문제를 해결할 수 없을 것이다. 이주민 문제로 대한민국은 다시 무정부 상태에 돌입할 수 있다. 그러면 통일에 따른 부대비용이 폭발할 것이다. 대한민국의 정치, 경제, 사회는 혼란에 빠질 것이다. 이로 인해 통일 작업은 크게 늦어지고, 남북한 모든 사람들에게 큰 부담이 될 것이다.

인도주의라는 대원칙을 잠시 보류하고 현실 정치로 생각하자. 북한 주민이 대규모로 남한에 오는 것을 막을 궁리를 해 보자. 물리적으로 휴전선에서 통제하는 것보다 북한에 체류할 수 있는 정책을 생각해 보자. 낯선(!) 대한민국으로 가느니 북한에서 그냥 살자는 결정을 내리도록 정책적 배려를 하자. 이 도움이 잘못되면, 경제적 손실을 손실대로 일어나고 주민들을 남한으로 올 생각을 할 것이다. 독일의 화폐교환 정책이 이중효과를 나타내었다. 동독 주민이 고향에 머물도록 하는 데는 어느 정도 성공했지만, 동독의 기업은 도산으로 가는 길을 재촉했다. 이 문제는 통일에 따르는 가장 힘든 과제 중의 하나일 것이다.

6. 전문가를 북한에 많이 파견하자

북한 주민이 대량으로 남한에 오면, 여기에 따른 문제는 폭발적이다. 남한 정부는 이 문제 해결에 몰두하겠지만, 쉽지 않을 것이다. 통일에 따른 다른 문제들도 이로 인해서 해결이 지연될 것이다. 정치가들은 이리저리 다니면서 온갖 훈수를 두고 훈계를 할 것이다. 그러면 정치력과 행정력의 혼란은 심각하게 될 것이다. 세월호 사건을 생각해 보라. 통일은 세월호 사건과는 비교도 안 되는 것이다.

남북 통일에서 중요한 문제는 이것이다. 어떻게 하면 남북한의 이질감을 빠른 시일 안에 줄일 수 있을 것인가. 물론 앞에서 이미 말했듯이, 단기간에는 불가능하다. 만약 두 세대 안에 남북의 이질감이 사라진다면 아주 성공적이라고 할 수 있다. 독일의 경우에 이미 통일 2세대에 들어섰지만, 동서독 이질감은 사라지지 않고 있다. 좌파당의 전신인 동독의 '독일사회당'PDS과 극우 정당인 독일대안정당AfD을 생각해 보자.

독일사회당은 동독 공산당 후신으로 동독 주민의 이익을 대변한다. 독일대안정당은 서독에서 생겼지만 분열되어 지금은 극우 정당으로 변신했다. 독일대안정당은 특히 동독지역에서 제2 정당이 될 정도가 되었다. 남북 통일 후에도 남북 이질감은 쉽게 해결되지 않을 것이다. 남북 갈등이 지금과 다른 양상으로 발전할 수 있다는 생각을 해야 할 것이다.

북한의 통일 세대는 대한민국과 많은 사회적 이질감을 느낄 것이다. 그러나 그 다음 세대가 빨리 남한 사회에 적응할 수 있는 방안을 찾아야 할 것이다. 그렇지 않으면 이탈리아와 같은 현상이 발생할 수 있다. 북한 사회를 빠른 시일 안에 대한민국과 차이가 없는 사회로 만드는 방법을 생각해 보자. 그러기 위해서는 전문가들을 대거 북한에 파견하자. 북한의 정치, 행정, 경제, 교육 등을 빠른 시간에 현대화시키자. 남한 전문가 내지는 해외 전문가가 북한에 많이 진출하게 되면 북한인들의 일자리가 줄어든다. 이것을 감내해야 한다. 북한 사회의 곳곳에 파견하여 빠른 시일 안에 자유민주사회 체제로 바꾸어 나가야 할 것이다. 물론 여기에 남북 갈등이 발생할 수 있다. '남한 점령군'이라는 비난도 생겨날 것이다.

북한 주민의 실업률을 감안하지 말고 북한의 현대화에 매진해야 한다. 그래야 통일 세대는 그렇다고 치고, 다음 세대는 남북한 차이를 적게 느낄 것이다. 서독 사람들은 동독으로 가려고 하지 않았다. 외국이나 마찬가지라고 생각했기 때문이다. 그래서 동독에서 채용된 사람들보다 월급을 20% 높이 책정해 주었다. '서독 점령군'이라는 별명이 붙여졌지만, 이들이 없다면 체제와 문화의 동질화는 더 많은 시간이 걸릴 것이다.

동독 지역의 경우를 보자. 실업을 고려해서 공공기관과 기업에 많은 사람을 채용하게 했다. 실제는 과잉 고용인 것이다. 동독 지역을 가보면 아직도 건성으로 일하는 사람들을 곳곳에서 발견할 수 있다. 그리고 상당한 숫자의 노동자들은 전문성과 노동윤리에서 문제가 있다. 전문 지식도 없고 일을 열심히 하지 않는 것이다. 동독 체제의 유산이다. 이것이 동독의 재건이 늦어지는 이유 중의 하나이다.

예상할 수 있는 문제에도 불구하고, 빠르게 남북한 이질감을 제거하는 길을 택해야 할 것이다. 이를 위해 북한에 남한 사람을 많이 파견하여 남한의 지식을 전달하자. 북한 사회가 빨리 독재 잔재를 털고 시민사회로 넘어갈 수 있도록 해야 한다. 남북한 사람들이 상대편에게서 느끼는 낯선 느낌이 빨리 없어지도록 해야 할 것이다. 그래야 남북한의 동질화 기간이 짧아질 것이다. 북한 주민들은 자본주의 원리, 시민사회의 가치 등에 대해서 잘 모른다. 더구나 그들은 남한 사회의 이런 가치에 대해 부정적인 교육을 받아 왔다. 때문에 시민사회로의 전환 시간은 짧을수록 좋다.

서독 정부가 통일 정책 시행 시 잘못한 것들이 많다. 그중에 하나가 교사 재교육이다. 동독에서 근무했던 교사들에 대한 재교육을 빠뜨린 것이다. 이들 초중고 교사들은 동독에서 하던 그대로 학생들을 가르치고 있다. 동독에서 교사로 재직하던 사람들은 아직도 반자본주의, 반미, 반서독, 반민주주의 등을 가르치고 있다. 이들 교사들에게서 배운 학생들의 갈등을 생각해 보자. 현실적으로는 자본주의와 자유주의 체제하에서 살고 있다. 그러나 학교에서 배우는 것은 그것에 대한 부정적 주장들이다. 교사들은 학생들에게 동독 시절에 대한 동경을 가르치는 것이다.

북한 주민들은 독재체제하에서 살았다. 이들은 자본주의 질서에 적응하기가 쉽지 않다. 모든 것을 국가가 지정해 주었기 때문이다. 유치원부터 직장까지 모든 것이 '배급'되었다. 개인의 자유와 책임에 대해서는 잘 모른다. 이들에게 자본주의 심성을 빨리 배우게 하자. 자본주의와 시민사회에 대한 이해를 더 높이고 적대감을 완화시키자. 이들이 빨리 새로운 질서에 적응함으로써 사회갈등이나 개인 불만을 줄여 갈 수 있게 해야 한다.

7. 정책과 정책 보조금 사용을 검증하자

통일 정책에는 수많은 새로운 정책이 수립되고, 천문학적 단위의 자금이 투입된다. 통일 과정은 누구도 체험하지 못한 새로운 세계를 창조해 나가는 과정이다. 누구도 잘 모르는 미지의 세계를 만들어 가는 작업이다. 이 통일 작업은 규모가 너무 방대하여 전체를 조망하기도 힘들다. 수많은 법과 정책들이 얽혀 있기 때문이다. 어떤 정책이 어떻게 진행되어 어떤 상태인지를 아는 사람은 적을 것이다. 그대로 두면 어디에서 시작해서 어디로 가는지를 모른다.

바로 그렇기 때문에 모든 통일 정책에 대한 평가 및 검토 작업이 있어야 한다. 정책이 제대로 진행되는지, 원래 의도가 제대로 집행되고 있는지를 확인해야 한다. 이를 위한 효과적 방법은 자금 사용처를 확인하는 일이다. 자금이 원래 목적대로 사용되는지를 확인하는 일이다. 동독 재건이 실패한 이유는, 서독의 지원금을 목적에 맞지 않게 사용했기 때문이다. 우리나라 예산의 10년 치가 동독으로 흘러갔지만 어디에 쓰였는지를 확인하지 않았다. 통일 15년이 지난 후에야 조사를 했다. 천문학적 금액

이 대부분 엉뚱한 곳에 쓰였다. 원래 의도는 생산 여건을 빨리 갖추어 경제 개발과 자력 갱생을 추구하는 것이었다. 그런데 그 금액 대부분이 인건비, 또는 스포츠 또는 유희 시설 등에 사용된 것이다.

현재로서는 통일 과정에 얼마나 많은 돈이 들어갈지 모른다. 어디서 그 많은 돈을 끌어와야 되는지도 모른다. 대한민국 경제 사정이 좋으면, 외자를 싸게 끌어올 것이다. 그렇지 않으면 남한이 북한의 '인질'이 되어 모두가 몰락의 길을 갈 수도 있다. 북한 주민의 대량 이탈을 막으려면 인프라 개선과 일자리가 필요하다. 핵심은 빠른 시간에 인프라를 개선할 수 있게 주민들 일자리를 마련하는 것이다. 일자리가 쉽지 않을 것이므로 여러 형태의 보조금이 지급될 것이다. 이것을 확인하고 제대로 집행되지 않으면 단호하게 제어하는 일을 해야 한다. 그렇지 않으면 통일 한국은 동독과 같은 현상을 경험하게 될 것이다.

이탈리아는 통일 후에 후진적인 남부 발전을 위해 많은 돈을 쏟아 부었다. 1백 년 이상 재정적 지원을 했지만, 남북의 격차는 여전하다. 또 서독의 자어란트를 예로 들어 보자. 서독에서 가장 작은 이 주는 2차 대전이 끝난 후에 서독으로 편입되었다. 주민투표를 통해서 프랑스에서 서독으로 편입된 것이다. 서독의 중앙 및 주 정부는 경제 구조가 취약한 이곳에 수많은 돈을 쏟아 부었다. 그럼에도 자어란트 주민들은 미래가 없는 이곳을 떠나 타향으로 향한다. 자어란트는 '서독 내의 동독'인 것이다. 우리는 동독, 남부 이탈리아, 자어란트를 기억하자. 돈을 지원한다고 경제 사정이 자동으로 나아지는 것은 아니다.

우리나라는 농어촌 지원금, 행정도시를 위해서 많은 돈이 흘러갔다. 박정희 정권부터 수십 조의 돈이 농어촌으로 흘러갔다. 그렇지만 농촌과 어촌이 자력으로 살아간다는 소리는 들어 본 적이 없다. 그 돈이 어디로 흘러가 어디에 쓰였지, 그리고 어떤 효과를 나타내었는지를 따져 보아야 할 것이다. 대학 입학 시험에도 특혜를 주었지만, 그들이 어디에 입학하여 그 뒤에 어떤 일을 하는지 모른다.

이와 비슷한 일은 그 이외에도 많다. 노무현 정권 때 지방의 균형 발전을 주장하면서, 행정도시를 옮기는 작업을 시작했다. 수도를 옮기면 지방이 균형 발전한다는 주장이었다. 공무원과 그 가족이 지방으로 이동하면 전국이 균형적으로 발전한다는 것이다. 이 정책은 지금까지 수십 조가 투입된 대규모 사업이다. 하지만 지방이 균형 발전되어 간다는 보도를 접한 적이 없다. 행정도시가 혼란스럽다는 이야기만 들린다. 이것에 대한 조사도 없이, 통근 버스를 투입하고 고속도로를 건설한다고 한다. 지역 균형 발전과는 상관없는 모양이 되었다.

남북통일 작업은 수십 조가 아니라 수천 조 어쩌면 수천 경이 들어가는 사상 최대의 작업이 될 것이다. 재정 규모가 너무 커서 상상조차 할 수 없는 사업이다. 전체를 조망하기조차 힘든 규모일 것이다. 누가 어디서 무엇을 하는지도 잘 모를 것이다. 여기에는 반드시 확인 작업이 필요하다. 그렇지 않으면 농어촌 지원이나 행정도시와는 상대도 안 되는 블랙홀이 될 것이다. 돈은 흘러갔는데 북한은 발전하지 않는 것이다. 그리고 북한 주민은 끊임 없이 고향을 떠나 남한으로 오는 것이다. 돈을 지원하면 반드시 확인해야 한다.

8. 통일 정책이 선거 상품이 되는 것을 막아야 한다

우리나라의 많은 정책들은 정치화된다. 여당이 추진하면 야당은 무조건 반대하는 풍토이다. 야당을 지지한 사람들은 야당 정책에 충성심이 아주 높다. 온갖 논리를 동원하여 여당과 정부가 하는 일을 방해한다. 여기에 객관적 논리가 들어설 자리가 없다. 의학적 주제인 광우병과 메르스도 정치화되었다. 의학전문가는 없고 선동가만 있었다. 이런 분위기에서 통일 정책의 탈정치화를 주장하는 것은 동화 같은 소리다. 모든 이슈가 정치화되는 문화에서, 통일 정책이 선거 '상품'이 되어서는 안 된다는 주장은 비현실적이라고도 할 수 있다.

북한은 우리에게 폭발력 있는 '상품'이기 때문이다. 지금까지 어느 정권치고 북한을 '이용'하지 않은 적이 없다. 북한을 위협으로 이용하기도 했다. 또 대화하고 경제 지원을 해야 한다고 했다. 모두 선거와 연관된 것이라고 할 수 있다. 물론 모든 정책은 선거와 연관되기 마련이다. 북한만큼 우리에게 절실하게 다가오는 이슈는 없다. 같은 민족이면서 군사적 위협은 상존하기 때문이다.

통일 정책도 오늘날의 북한 문제와 마찬가지일 것이다. 국민을 동원하는 주요 이슈가 될 것이다. 특히 이해 당사자들에게는 절실한 문제일 것이다. 그러면 북한 주민의 표를 의식하여 온갖 정책을 쏟아 낼 것이다. 포퓰리즘은 한국 정치에서 많은 영향력을 행사하지 않았는가. 북한 주민은 남한의 반이다. 북한 주민의 표를 얻으면 정권을 잡을 수 있다. 오래된 영호남 갈등은 통일 후에는 남북 갈등으로 변할 가능성이 높다. 통일 정책을 둘러싸고 이해관계가 다를 수 있기 때문이다.

남한의 정당들은 북한에 자신의 세력을 확장하려고 할 것이다. 마치 서독의 정당들이 동독에 세력을 확장해서 집권하려고 하는 것과 마찬가지다. 그 목표에 도달하기 위해서 북한 주민에게 솔깃한 온갖 정책을 쏟아놓을 것이다. 정치 경험이 적은 북한 주민은 바로 반응을 보일 것이다. 이런 포퓰리즘이 상당히 영향력을 행사할 가능성이 크다. 이렇게 되면 북한의 재건 작업은 더 많은 시간이 걸릴 것이다.

북한 주민들은 언젠가 자신들의 정당을 만들 것이다. 통일에 불만을 가진 북한 주민들은 북한 정당에 투표하여 자신의 이해를 표출할 것이다. 북한 정당에 자신을 동일시할 것이다. 중앙정부의 정책에 영향력을 행사하려고 할 것이다. 마친 동독의 정당인 '독일사회당'과 같은 역할을 할 것이다.

지금까지 남북 통일을 위해서 긴급하고 중요하다고 생각한 것만 적어 보았다. 물론 위에 적은 것보다 고려해야 할 것은 더 많다. 그러나 우리나라가 법치 국가와 전문가 사회로 발전하게 된다면 나머지 문제들은 쉽게 풀릴 것이다.

참고문헌*

이기식, 《독일통일 15년의 작은 백서》, 고려대학교출판부, 2008.

이기식, 《독일 통일 20년》, 고려대학교출판부, 2011.

이기식, 〈Perspektiven auf "Ossis", "Wessis" und Fremde in deutschen Pressetexten und zeitgenössischen Kriminalromanen〉, 《독일어문학》, 2010.

이기식, 〈통독의 후유증은 한 세대를 넘길 것이다〉, 《월간 중앙》 1999년 12월호.

통일연구원, 〈분단국 통합과 평화협정〉, 제42차 국내학술회의(2001.10.19) 발표논문집, 학술회의 총서 2001-07.

조상현, 〈예멘 내전과 남북한 통일교훈 분석 — 통합유형을 중심으로〉, 《中東硏究》, 2012년 제31권 2호, 49-78.

주베트남대사관, 〈베트남 통일 이후 국민 통합과정 및 부작용과 우리의 통일 추진에 주는 교훈〉, 2005.

허영식, 〈페기다(Pegida)의 사례를 중심으로 살펴본 다문화와 사회통합의 문제〉, 《한독사회과학논총》 2015.3.

Berlin-Institut für Bevölkerug und Entwicklung (Hg.), Die demografische Lage der Nation. Wie zukunftsfähig sind Deutschlandsregionen?, München 2006.

Berlin-Institut für Bevölkerug und Entwicklung (Hg.), Die demografische Lage der Nation. Was freiwilliges Engagement für die Regionen leistet, München 2011.

Bundesamt für Migration und Flüchtlinge, Aktuelle Zahlen zu Asyl, Dezember 2011.

Bundesministerium des Innern, Jahresbericht der Bundesregierung zum Stand der Deutschen Einheit, 2012, 2014.

Markus Decker, Das braune Erbe der DDR, Frankfurter Rundschau, 2012년 1월 31 http://www.fr-online.de/neonazi-terror/rechtsextremismus-im-osten-das-braune-erbe-der-ddr,1477338,11546388.html

Christoph Dieckmann, Anne Hähnig, Martin Machowecz UND Stefan Schirmer, Warum immer Sachsen? Nirgendwo sonst in Deutschland machen sich Neonazis und Fremdenfeinde derart breit. Ein Erklärungsversuch. Die Zeit, 3. September 2015.

Wihelm Heitmeyer(Hg.), Deutsche Zustände, Frankfurt am Main 2009.

* 여기에 사용된 적지 않은 자료는 오래전부터 모은 것들이다. 그래서 이들 중 일부는 출처를 찾기 힘든 경우가 있었다. 많은 자료들은 독일 신문에서 나온 것들이다. 가장 많이 인용된 언론은 남독신문과 디 차이트이다.

Jana Hensel, Zonenkinder, Reinbek bei Hamburg: 2005, S. 26.
Dietrich Hermann, Warun gerade Dresden? 2015년 1월 14일, Die grüne politische Stiftung, https://www.boell.de/de/2015/01/14/dresden-staat-zivilgesellschaft-pegida
Freya Klier, Braunes Erbe der DDR. "Neger", "Fidschis" und die Heuchelei der Linken.
Die DDR-Bürger misstrauten Normabweichungen. Und die SED bereitete den Nährboden für Rassismus und Ausländerfeindlichkeit, Die Welt, 2011년 11월 21일.
Michael Lühmann, Pegida passt nach Sachsen, Zeit Online, 2014년 12월 16일, (http://www.zeit.de/politik/deutschland/2014-12/pegida-dresden-politische-tradition).
Anetta Kahane, Kampf gegen eine offene Gesellschaft, Frankfurter Rundschau, 2014년 12월 21일, (http://www.fr-online.de/pegida/kolumne-kampf-gegen-eine-offene-gesellschaft,29337826,29393876.html).
Sabine Rennefanz, Eisenkinder. Die stille Wut der Wendegeneration. München: 2013.
KIaus Schroeder, Die veraenderte Republik, Deutschland nach der Wiedervereinigung, Muenchen, 2006.
So geht Einheit. Wie weit das einst geteilte Deutschland zusammengewachsen ist. Berlin-Institut fuer Bevölkerung und Entwicklung. Juli 2015.
Sozialreport 2008. Daten und Fakten zur sozialen Lage in den neuen Bundesländern, Erarbeitet vom Sozialwissenschaftlichen Forschungszentrum Berlin-Brandenburg e.V. im Auftrag der Volkssolidarität Bndesverband e.V., Berlin Dezember 2008.
Süddeutsche Zeitung, 2016년 2월 4일.
Sasa Stanisic, Vor dem Fest München 2014
Gabor Steingart, Deutschland. Der Abstieg eines Superstars, München 2004.
Gunnar Winkler: 20 Jahre friedliche Revolution 1989 bis 2009 – Die Sicht der Bürger der neuen Bundesländer –. UMBRUCH - Beiträge zur sozialen Transformation in den alten und neuen Bundesländern, Band 24, Sozialwissenschaftliches Forschungszentrum Berlin-Brandenburg e.V. Juni 2009.

http://aarmd.blogsport.de/chronik-rechter-uebergriffe-in-sachsen-anhalt/
http://www.abendblatt.de/archiv/2000/article204409325/Wieder-Angriff-auf-Auslaender.html
http://www.berliner-zeitung.de/archiv/lucas-nghidinwa-leidet-an-den-folgen-eines-brutalen-ueberfalls---trotzdem-soll-er-abgeschoben-werden-hiphop—angst-und-manchmal-schmerzen,10810590,9001146.html
http://www.berliner-zeitung.de/archiv/zwei-ueberfaelle-in-jena-machen-ein-problem-deutlich—auslaendische-forscher-fuerchten-um-ihre-sicherheit-in-ostdeutschland-absagen-aus-angst,10810590,9970198.html
https://www.bertelsmann-stiftung.de/de/themen/aktuelle-meldungen/2015/juli/demographischer-wandel-verstaerkt-unterschiede-zwischen-stadt-und-land/

http://www.bib-demografie.de/DE/ZahlenundFakten/12/familien_und_lebensformen_node.html;jsessionid=582A58864BC7440BC6EBB3DA511E6BD5.2_cid292

http://www.bpb.de/apuz/155705/einkommens-und-vermoegensverteilung-in-deutschland?p=all)

http://dipbt.bundestag.de/doc/btd/12/020/1202086.pdf

http://www.bpb.de/gesellschaft/migration/148820/migrantenanteil-in-deutschen-grossstaedten-waechst

http://www.citizentimes.eu/2011/02/01/muslimische-bevoelkerungsentwicklung-1990-2030/

http://www.gehalt.de/arbeit/Gehalt/Gehaltsgruppe

http://www.hagalil.com/or/200xxxxx4/01/liste-rass-2003.htm

http://landschaften.djb-ev.de/node/6

http://www.nogoarea.de/karte-no-go-areas/

http://www.rudolstadt.de/cms/website.php?id=/de/stadt_buerger/aktuelles/archiv/news_080410.htm

http://www.spiegel.de/fotostrecke/pegida-furcht-vor-der-ueberfremdung-fotostrecke-122061.html

http://www.spiegel.de/wirtschaft/soziales/0,1518,799377,00.html

http://de.statista.com/statistik/daten/studie/1324/umfrage/uneheliche-kinder-anteil-an-allen-geburten/

http://www.stern.de/panorama/geflohener-auslaenderbeauftragter-das-neue-leben-des-ibraimo-alberto-1717264.html

http://www.sueddeutsche.de/politik/jahre-rostock-lichtenhagen-spiel-mir-das-lied-vom-tod-1.1448105-2

http://www.sueddeutsche.de/politik/jahre-nach-rostock-lichtenhagen-wenn-die-politik-in-deckung-geht-1.1446003

http://www.taz.de/1/archiv/digitaz/artikel/?ressort=sw&dig=2008%2F04%2F12%2Fa0155&cHash=053b54ef82f3f47644b6984467842fdd

http://web.de/magazine/politik/pegida-bewegung-dresden-stark-30357088

http://www.welt.de/politik/article1899146/Ganz-Ostdeutschland-ist-No-Go-Area.html

http://www.yonhapnews.co.kr/bulletin/2015/01/26/0200000000AKR20150126059600009.HTML?input=1195m

http://www.zeit.de/gesellschaft/zeitgeschehen/todesopfer-rechter-gewalt

http://www.zeit.de/2009/10/Lsp-Rudolstadt

독일 통일 25년 후

초판 발행 2016년 11월 4일
초판 2쇄 2018년 2월 26일

지은이 이기식
펴낸곳 고려대학교출판문화원
www.kupress.com
kupress@korea.ac.kr
02841 서울특별시 성북구 안암로 145
02-3290-4230, 4232
Fax 923-6311
찍은곳 한국컴퓨터인쇄정보

ISBN 978-89-7641-914-9 93300

값 14,000원